高职专业“十二五”规划教材

21 世纪高职高专能力本位型系列规划教材 · 物流管理系列

国际货运代理项目教程

主　编　夏伟华

副主编　王恩军　李小敬　张蒙蒙

参　编　李　旭　姜晓燕　贺　宾

北京大学出版社
PEKING UNIVERSITY PRESS

内 容 简 介

本书针对高等职业教育培养高端技能型人才的需求，根据国际货运代理（简称“国际货代”）主要职业岗位及其工作职责和典型工作任务，以国际货代工作过程为主线，以“国际货代岗位认知—货代采购与销售—货代操作—货代客服”共7个工作项目为载体，按照“接单—订舱—做箱—报关报检—集港装船—货物跟踪—费用结算”的工作过程构建内容框架，涵盖了国际货代企业的核心岗位，如销售岗位、操作岗位、单证岗位、报关岗位及客服岗位等。

本书既可以作为高职院校物流管理专业、报关与国际货运专业、国际贸易专业及其他相关专业教学用书，也可作为国际货运代理企业员工培训教材及参考用书。

图书在版编目(CIP)数据

国际货运代理项目教程/夏伟华主编. —北京：北京大学出版社，2015.10

（21世纪高职高专能力本位型系列规划教材・物流管理系列）

ISBN 978-7-301-26331-0

Ⅰ.①国…　Ⅱ.①夏…　Ⅲ.①国际货运—货运代理—高等职业教育—教材　Ⅳ.①F511.41

中国版本图书馆CIP数据核字（2015）第229567号

书　　名　国际货运代理项目教程

Guoji Huoyun Daili Xiangmu Jiaocheng

著作责任者　夏伟华　主编

策划编辑　李　辉

责任编辑　陈颖颖

标准书号　ISBN 978-7-301-26331-0

出版发行　北京大学出版社

地　　址　北京市海淀区成府路205号　100871

网　　址　http://www.pup.cn　新浪微博：@北京大学出版社

电子信箱　pup_6@163.com

电　　话　邮购部62752015　发行部62750672　编辑部62750667

印 刷 者　北京鑫海金澳胶印有限公司

经 销 者　新华书店

787毫米×1092毫米　16开本　14.25印张　328千字

2015年10月第1版　2015年10月第1次印刷

定　　价　32.00元

前 言

随着国际贸易、国际货物运输的快速发展，国际货运代理已经成为国际贸易中不可缺少的重要组成部分。在经济全球化和市场经济背景下，社会分工日趋明确，国际货运代理不仅仅是国际贸易的一个业务环节，而且被誉为“国际贸易的桥梁”和“国际货物运输的设计师和执行人”，在国际贸易运输和国际物流实践中起着举足轻重的作用。

国际货运代理行业需要大量高素质、高技能的专业人才，为高职院校培养高端技能型国际货运代理人才提供了广阔的市场空间。为了满足行业和岗位需求，编者与国际货运代理企业合作编写了本书。

在编写本书过程中，编者走访了上海、青岛、日照等城市的多家国际货运代理公司，并邀请来自国际货运代理行业企业的专家参与。全书有如下特点：

(1) 采用项目导向、任务驱动的教学模式。全书以项目为载体，以实际业务作为背景，引出若干相关任务。每个项目通过理论讲授与技能训练，使学生完成对国际货运代理基础知识和操作方法的理解和掌握。

(2) 强调实践性，形式生动活泼，可操作性强。本书在编写时突出对实际操作能力的培养，通过全真的案例分析、真实的工作项目、情景模拟和角色扮演，让复杂、抽象的货代工作变得轻松自如。本书不仅注重国际货代工作流程中各个技能点的训练，而且将用人单位要求、职业素养、企业文化等融入书中。

(3) 注重校企合作，工学结合。本书不仅由高职院校一线教师参与编写，而且吸收了国际货运代理从业人员的指导与建议，将企业的工作案例引入书中。

本书由山东水利职业学院夏伟华任主编，王恩军、李小敬、张蒙蒙任副主编，李旭、姜晓燕、贺宾参编。其中，李旭为青岛科源国际货运代理有限公司操作部经理、姜晓燕为德威国际货运代理（上海）有限公司青岛分公司经理、贺宾为日照众合国际货运代理有限公司操作部经理。此外，德威国际货运代理（上海）有限公司、青岛科源国际货运代理有限公司、日照众合国际货运代理有限公司、日照港集团有限公司的有关管理人员在本书的业务程序、项目设计和任务选定方面也提供了很好的建议和意见，在此表示衷心感谢！

本书编写过程中还参考了大量的图书、期刊、论文和互联网资源，在此也向它们的作者表示感谢。

因作者水平有限，经验缺乏，本书不足之处在所难免，请大家不吝指正。

编　者

2015 年 5 月

目　录

项目 1 国际货运代理岗位认知

【学习导航】

【知识目标】

(1) 了解国际货运代理的基本概念；

(2) 了解国际货运代理企业的经营范围、业务内容、服务对象及业务规范；

(3) 了解国际货运代理业务流程；

(4) 掌握国际货运代理企业盈利机制；

(5) 掌握国际货运代理企业内部工作岗位及运行机制；

(6) 掌握国际货运代理的责任。

【能力目标】

(1) 能分析不同类型国际货运代理企业的主要业务内容；

(2) 能讲述国际货运企业盈利机制及岗位工作内容。

【学习情境】

李涛是一名在校的高职物流类专业学生，他了解到：目前，世界上 70%左右的集装箱运输货物、75%左右的杂货运输货物，80%左右的空运货物都是由国际货运代理人完成。我国 80%左右的国际贸易货物运输和中转业务都是通过国际货运代理企业完成的。他意识到随着国际贸易的发展，我国国际货运代理行业将进一步发展，这将是他未来就业的一个很好选择。

讨论：(1) 为什么随着国际贸易的发展，国际货运代理行业将进一步发展？

(2) 国际贸易与国际货运代理、物流等行业之间有什么联系？

【学习任务】

任务 1.1 认知国际货运代理

1.1.1 国际货运代理的定义与分类

1. 国际货运代理的定义

国际货运代理(International Freight Forwarding)简称国际货代，是指具有国际货运代理资质的企业，接受进出口货物收货人、发货人或代理人的委托，以委托人名义或货代公司自己的名义，办理签发运输单证，履行运输合同等有关义务，收取代理费或佣金的行为。

国际货运代理人，是收货方和发货方以外的第三方主体，即中间型企业。它经营的产品是“运输服务”，起到桥梁的作用。国际货运代理人首先从承运人、机场、车队、仓库、口岸、码头、堆场等多方市场主体预订到低价格的运输服务，再把服务销售给托运人，从而解决不同国家间发货人和收货人的远程运输难题。

国际货运代理人可以分为两种：公共货运代理人和无船承运人。公共货运代理人没有自己的提单，只能接受货主的委托，代货主办理仓储、运输、检验检疫、报关、代缴运杂费、寄单等业务；无船承运人除了接受上述业务外，还能以承运人的名义接受货主订舱、收取运费并签发自己的提单。目前，我国的中资货运代理多数属于前者，中外合资或外商独资货运代理几乎全部属于后者。

【知识链接】

开展国际货代业务的前提：国际港站与国际航线；国际运输的实际承运人；稳定的 IT 信息网络系统；庞大的海内外代理的网络体系。

2. 国际货运代理的分类

国际货运代理根据经营范围不同，分为四类，各类代理之间的业务往往互相交错，如有些船务代理也兼营货运代理，有些货运代理也兼营船务代理等，见表 1-1。

表 1-1　国际货运代理的类别

类别	特　征
租船代理	又称租船经纪人，指以船舶为商业活动对象而进行船舶租赁业务的人，主要业务是在市场上为租船人寻找合适的运输船舶或为船东寻找货运对象，以中间人身份使租船人和船东双方达成租赁交易，从中赚取佣金。因此，根据它所代表的委托人身份的不同又分为租船代理人和船东代理人
船务代理	指接受承运人的委托，代办与船舶有关的一切业务的人，主要业务有船舶进出港、货运、供应及其他服务性工作等。船方的委托和代理人的接受以每船一次为限，称为航次代理；船方和代理人之间签订有长期代理协议，称为长期代理
货运代理	指接受货主的委托，代表货主办理有关货物报关、交接、仓储、调拨、检验、包装、转运、订舱等业务的人，主要有订舱揽货代理、货物装卸代理、货物报关代理、转运代理、理货代理、储存代理和集装箱代理等
咨询代理	指专门从事咨询工作，按委托人的需要，以提供有关国际贸易运输情况、情报、资料、数据和信息服务而收取一定报酬的人

1.1.2　国际货运代理的性质与作用

1．国际货运代理的性质

国际货运代理的基本性质是受委托人委托或授权，代办各种国际贸易所需要的运输服务，并收取一定报酬，或作为独立的经营人组织并完成货物运输、保管等业务，因而被认为是国际运输的组织者，也被誉为“国际贸易的桥梁”“国际货物运输的设计师和执行人”。国际贸易与国际货运代理的关系如图 1.1 所示。

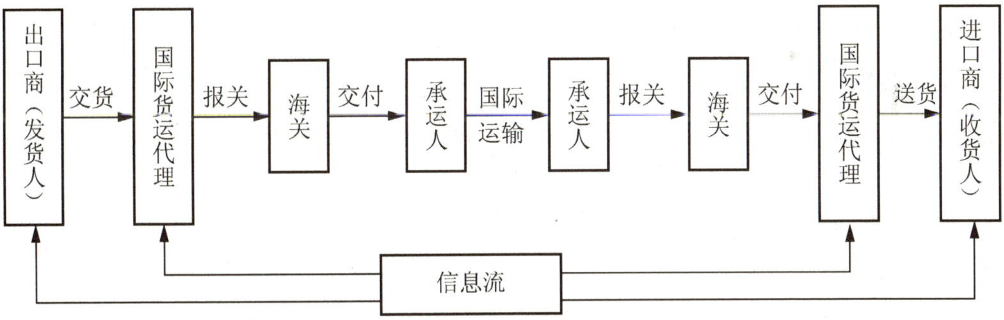

图 1.1　国际贸易与国际货运代理的关系

2．国际货运代理的作用

国际货运代理在促进本国和世界经济发展的过程中起着重要的作用，不仅可以促进国际贸易和国际运输业发展，而且可以为国家创汇。其主要作用表现在以下几个方面。

1) 组织协调

组织运输活动，设计运输路线，选择运输方式和承运人(或货主)，协调货主、承运人及其与仓储保管人、银行、港口、机场、车站、堆场经营人和海关、检验检疫、进出口管制等有关部门的关系。

2) 专业服务

提供货物的承揽、交运、拼装、集运、接卸、交付服务；办理货物的保险、报关、报检、进出口管制等手续；代理委托人支付、收取运费，垫付税金和政府规费。

3) 沟通控制

保持货物运输关系人之间以及运输关系人与其他相关企业、部门之间的有效沟通；开拓国际快递运输方式、运输路线，制定运输费用，控制货物的全程快递运输。

4) 咨询服务

向委托人提供运费、包装、进出口必要的单证、金融、法律、领事要求等明确、具体的咨询意见；协助委托人设计、选择适当的处理方案，避免或减少不必要的风险、周折和浪费。

5) 降低成本

可以选择货物的最佳运输路线和运输方式、最佳仓储保管人、装卸作业人和保险人，争取公平、合理的费率，还可以通过集运效应使所有相关各方受益，降低货物运输关系人的业务成本。

6) 资金融通

可以代替收、发货人支付有关费用及税金，提前与承运人、仓储保管人、装卸作业人结算有关费用，凭借自己的实力和信誉向相关方提供费用、税金担保或风险担保。

任务 1.2 认知国际货运代理企业

1.2.1 国际货运代理企业的主要类型

国际货运代理企业从事着与国际货物运输相关的业务。不同的企业由于自身条件和经营范围的限制，从事着不尽相同的业务。因此，可以将国际货运代理企业划分为国际货物运输代理企业、船舶代理企业、无船承运人和第三方物流经营人。

1. 国际货物运输代理企业

国际货物运输代理企业是指受进出口货物的收货人、发货人的委托，代为办理国际货物运输及相关业务，并收取相关服务费用的企业。目前，我国货代企业主要从事海上运输代理业务、航空运输代理业务、国际陆路运输代理业务和国际多式联运业务。

2. 船舶代理企业

船舶代理企业是指受船舶所有人的委托，代办与船舶有关的一切业务的企业。船舶代理业务范围较广，主要包括船舶进出港业务、货运业务、船舶供应和船舶服务业务以及其他服务性业务。

3. 无船承运人

无船承运人是指以承运人身份接受货主(托运人)的货载，同时以托运人身份委托班轮公司完成国际海上货物运输，根据自己为货主设计的方案开展全程运输，签发经过备案的无船承运人提单的企业。无船承运人购买公共承运人的运输服务，再以转卖的形式将这些服务提供给包括货主、其他运输服务需求方。

4. 第三方物流经营人

第三方物流是指生产经营企业为集中精力搞好主业，把原来属于自己处理的物流活动，以合同方式委托给专业物流服务企业，同时通过信息系统与物流服务企业保持密切的联系，以达到对物流全程的管理和控制的一种物流运作与管理方式。第三方物流经营人在委托方需求的推动下，从提供简单的存储、运输等单项服务转为提供全方位的物流服务，包括物流活动的组织、协调和管理，设计和建议最优物流方案，物流全程的信息收集等。目前第三方物流已广泛被西方流通行业所接受。

1.2.2 国际货运代理企业的经营范围

根据《中华人民共和国国际货物运输代理业管理规定实施细则(试行)》第32条规定，国际货运代理企业的经营范围如下所述。

(1) 揽货、订舱(含租船、包机、包舱)、托运、仓储、包装。

(2) 货物的监装、监卸、集装箱装拆箱、分拨、中转及相关的短途运输服务。

(3) 报关、报检、报验、保险。

(4) 缮制签发有关单证，交付运费，结算及交付杂费。

(5) 国际展品、私人物品及过境货物运输代理。

(6) 国际多式联运、集运(含集装箱拼箱)。

(7) 国际快递(不含私人信函)。

(8) 咨询及其他国际货运代理业务。

除以上各项业务外，现在的国际货运代理企业还可以从事第三方国际物流服务、无船承运业务等。

【知识链接】

每个国际货运代理企业实际经营的国际货运代理业务范围，应当以在工商管理机关登记的经营范围为准。当国际货运代理企业根据实际，需要扩大经营范围，兼营其他业务时，依照相关法律、法规和规章，需要有关主管部门审查、批准的，应当到相关部门办理审批手续，并在工商行政管理机关登记；兼营的其他业务不需要相关主管部门审批的，也应向工商行政管理机关申请登记。

1.2.3 国际货运代理企业的服务对象与业务内容

1．国际货运代理企业的服务对象

从国际货运代理的基本性质来看，货运代理企业的主要服务对象是委托方(货主或货代)。货代接受委托方委托，就有关货物运输、转运、仓储、装卸等事宜，一方面与货物委托方订立运输合同，另一方面与运输部门签订合同。对货物托运人来说，货运代理是货物的承运人。

2．国际货运代理企业的业务内容

国际货运代理企业的业务内容因服务对象、服务类别、服务方式等的不同可以划分为不同的方面，细分成不同的项目。国际货运代理企业的业务内容按照服务对象可以分为以下几个方面。

1) 作为货主代理人

国际货运代理企业可以作为出口货物发货人和出口货物收货人的代理人，其业务操作步骤见表1-2。

表 1-2　货主代理人业务操作步骤

发货人的代理人	收货人的代理人
1. 提供车次、船期、航班、运价信息	1. 查询货物抵港信息，通知收货人
2. 根据发货人要求选择合适的承运人	2. 审核运输单据，做好接货准备
3. 接受、审核发货人提供的货运资料	3. 向承运人或代理支付运费、杂费
4. 缮制货运单据，以备出口通关	4. 办理进口通关手续
5. 洽订车辆、舱位	5. 办理提货手续
6. 安排货物交接，办理装箱事宜	6. 安排货物出仓、转运、分拨等事宜
7. 办理报关报检等出口通关手续	7. 向收货人交付货物及相关单据
8. 查询货物出运信息，告知托运人	8. 记录货物损失情况，协助收货人索赔
9. 领取海运提单，交付托运人	
10. 费用结算	

2) 作为承运人代理人

国际货运代理企业可以作为出口货物承运人和进口货物承运人的代理人，其业务操作步骤见表 1-3。

表 1-3　承运人代理人业务操作步骤

出口承运人的代理人	进口承运人的代理人
1. 回复托运人船期、航班等运输信息	1. 取得、整理、审核进口货物运输单据
2. 承揽货物，签订运输合同	2. 通知收货人货物运抵信息，通知提货
3. 缮制放箱单，安排货物进场或集港	3. 缮制货运单据，办理进口通关手续
4. 协助承运人配载，装船、装机	4. 安排卸货作业，办理货物的转运、交接
5. 缮制并向托运人签发提单、运单	5. 收取运杂费，办理放货手续
6. 办理货物中转手续	6. 汇总货运单据，办理支付、结算手续
7. 向目的地代理传送货运文件和信息	

3) 作为独立经营人

国际货运代理企业作为独立经营人，可以以无船承运人、多式联运经营人、仓储保管人或专业顾问等身份提供服务，业务操作步骤见表 1-4。

表 1-4　独立经营人业务操作步骤

无船承运人 多式联运经营人	1. 在货物起运地办理货物交接手续，签发货运单据 2. 与实际承运人签订运输合同 3. 安排货物运输，跟踪监管货物运输过程 4. 申办货物过境、转运手续 5. 定期向发货人、收货人发布货物信息 6. 通知货运运抵时间，安排目的地代理办理提货、交货手续 7. 向货主或其代理收取、结算运杂费 8. 办理索赔、理赔手续
仓储保管人	1. 清点货物数量，检查货物包装和标志，与货主办理货物交接手续 2. 根据货主要求，代为检验货物品质 3. 根据验收结果，办理货物入库手续 4. 根据货物的性质、特点，分区、分类保管

续表

仓储保管人	5. 编制保管账卡，做好盘点记录 6. 妥善保管货物，及时保养、维护 7. 审核货主填制的提货单或调拨单等出库凭证，登入保管账卡 8. 配货、包装、刷唛，集中到理货场所等待运输 9. 复核货物出库凭证，向货主或承运人交付货物，核销储存货量
专业顾问	1. 向客户提供有关法律、法规、规章、惯例和运输信息 2. 就客户的运输路线、运输方式、运输方案提出意见和建议 3. 就货物的包装、装载形式、方式、方法提出意见和建议 4. 就货物进出口通关提供咨询意见 5. 就货物的运输单证和银行要求提出意见和建议 6. 就货物的运输保险险种、保险范围等提供咨询意见 7. 就货物的理赔、索赔提出意见和建议 8. 客户提出咨询的其他事项

【知识链接】

承运人责任险

所谓“责任保险”，是指以被保险人的民事赔偿责任为标的的保险。所谓“承运人责任险”，是指客运经营者、危险货物运输经营者根据有关法律、行政法规和规章的规定，保险自己在运输过程中发生交通事故或者其他事故，致使旅客遭受人身伤亡和直接财产损失或者危险货物遭受损失，依法应当由被保险人对旅客或者危险货物货主承担的赔偿责任，由保险公司在保险责任限额内给予赔偿的法律制度。这是国家为了保护道路运输受害人能够得到及时救助或赔偿而采取的一项强制保险制度。

1.2.4 国际货运代理企业的设立

1．设立条件

(1) 申请设立国际货运代理企业可由企业法人、自然人或其他经济组织组成。与进出口贸易或国际货物运输有关并拥有稳定货源的企业法人应成为大股东，且在企业中控股。企业法人以外的股东不得在国际货代企业中控股。

(2) 国际货运代理企业应当依法取得中华人民共和国企业法人资格。企业组织形式为有限责任公司或股份有限公司。

(3) 国际货运代理企业的注册资本最低限额应当符合下列要求：

① 经营海上国际货物运输代理业务的，注册资本最低限额为500万元人民币；

② 经营航空国际货物运输代理业务的，注册资本最低限额为300万元人民币；

③ 经营陆路国际货物运输代理业务或国际快递业务的，注册资本最低限额为200万元人民币。

(4) 国际货运代理企业营业条件如下所述：

① 具有至少5名从事国际货运代理业务3年以上的从业人员，取得国家商务部颁发的资格证书。

② 有固定的营业场所，自有房屋、场地须提供产权证明；租赁房屋、场地须提供租赁契约。

③ 有必要的营业设施，包括电话、传真、计算机、短途运输工具、装卸设备、包装设备等。

④ 有稳定的进出口货源市场，是指在本地区进出口货物运量较大，在货运代理行业具备进一步发展的条件和潜力，并且申报企业可以揽收到足够的货源。

2. 设立程序

2005 年 2 月 16 日，国家商务部、工商管理总局发布的《关于国际货物运输代理企业登记和管理有关问题的通知》中指出："以后企业申请从事国际货物运输代理业务，商务主管部门不再对其进行资格审批，申请人直接向所在地工商行政管理部门办理登记注册。"

货运代理企业设立、变更以后，应当填写国际货运代理企业备案表，对该表所列项目进行备案。国际货运代理企业备案表见表 1-5。

目前，我国仅对全部由国内投资主体投资设立的货运代理企业及其分支机构实行登记注册后的备案制度，对于外商投资国际货运代理企业的设立仍然实行审批制度。

表 1-5 国际货运代理企业备案表(一)

(法人企业适用)

备案表编号：

企业中文名称		企业经营代码：	
企业英文名称			
住　　所			
经营场所(中文)			
经营场所(英文)			
工商登记 注册日期		工商登记 注册号	
企业类型		组织机构代码	
注册资金		联系电话	
联系传真		邮政编码	
企业网址		企业电子邮箱	
法定代表人姓名		有效证件号	

业务类型范围

运输方式	海运□　空运□　陆运□
货物类型	一般货物□　国际展品□　过境运输□　私人物品□
服务项目	揽货□　托运□　定舱□　仓储中转□　集装箱拼装拆箱□ 结算运杂费□　报关□　报验□　保险□　相关短途运输□　运输咨询□
特殊项目	是否为多式联运　是□　否□　是否办理国际快递　是□　否□ 信件和具有信件性质的物品除外□　私人信函及县级以上党政军公文除外□

备注：

备案机关

签　章

年　　月　　日

1.2.5 国际货运代理企业的内部运行

1. 国际货代企业的盈利机制

国际货代企业经营的产品是“运输代理服务”，它以较低的成本向船东、码头、机场、车队、堆场、仓库等采购服务，再以较高的价格销售服务，从中赚取差额利润，如图 1.2 所示。

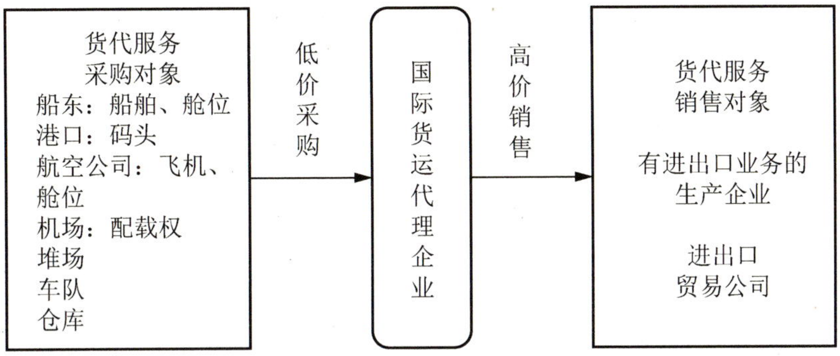

图 1.2 国际货代企业的盈利机制

第一步，采购货代服务。货代公司以低价向拥有资源的主体预订相应的服务，形成自己的成本体系。

第二步，销售货代服务。货代公司按高价格向货主(有货物运输需求的货主)销售货代服务，即“揽货”，形成自己稳定的客户资源。

第三步，代理运输并赚取差价。货代公司办理货代业务，按照业务流程代理运输的各项工作，并按高价收取货主的费用，按低价支付给船东等承运人，赚取差价。

2. 国际货代企业的部门设置

国际货代企业内部往往实行流程型管理，建立以业务流程为中心的、扁平化的“流程团队”。一般按市场部、操作部、财务部、客服部来设置，每个部门下设若干细分岗位，其工作流程如图 1.3 所示。

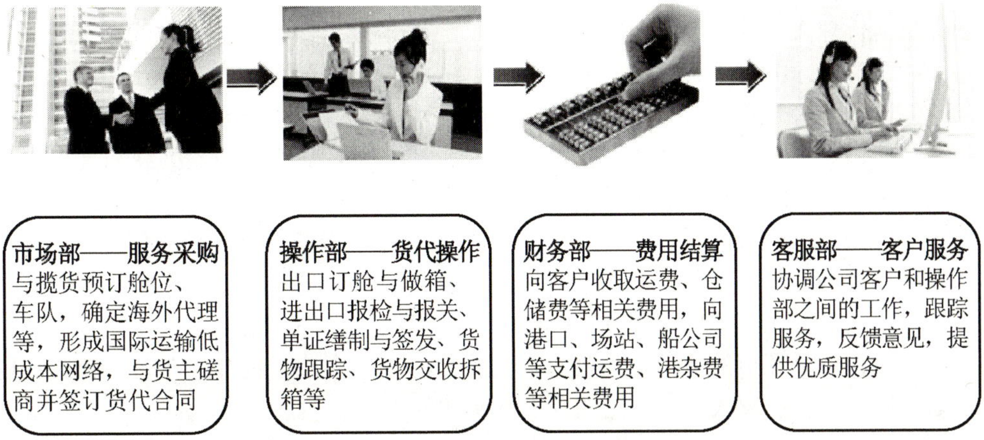

图 1.3 国际货代企业部门工作流程图

在扁平化的流程结构下，各个部门处于不同工作流程的节点上，在工作中有可能直接面对顾客，要对公司总体目标负责，对整个流程和规章制度负责。

1) 市场部

市场部是公司的采购与揽货部门，负责市场开拓和管理，构建较低的服务成本体系，销售货代服务，同时形成稳定的客户资源。

2) 操作部

销售部(综合事务部)接单后，操作部直接面对客户，为客户提供各种服务。其主要工作就是将客户的资料整理核对准确，保证货物顺利、及时地出运。中间最重要的几个环节是订舱、核对报关资料、安排车队和核对提单。操作部的工作为货物的顺利出运提供了保障。

3) 财务部

向货主收取相关费用，快速反馈必要的信息给客户，做好全程跟踪，实现客户最大满意度。支付各种应付费用，确认所属操作客户的应收、应付款项，根据付款通知，及时、准确地开具银行票据与客户结算。

4) 客服部

客服部的主要作用是协调公司客户和操作部之间的工作，维护客户，跟踪服务，反馈客户对公司的意见和建议，协助操作部做好各项工作，使货主真正体会到货代公司的优质服务。

3. 国际货代企业的工作流程

国际货运代理企业的业务流程主要分为三步。

第一步，预订舱位、车队、海外代理等。通过与船东、航空公司、机场、车队、报关公司、堆场、港口码头等联系，形成资源网络。

第二步，“揽货”。与有进出口业务的公司及外向型生产企业等进行磋商并签订国际货运代理合同。

第三步，履行合同。按照业务流程办理货物运输的各项工作。

4. 国际货代人员素质要求

在公司中，公司的每位员工都可能直接面对客户，此时，在客户眼中，员工就代表公司，员工形象就是公司形象，员工的业务素质和职业素养就是公司的品牌形象。

1) 国际货代人员的业务素质

国际货运代理人作为“国际运输的桥梁”，对于运输工具、承运人、航线、港口、运价等要有全面的了解，才能发挥其优势与专长。

(1) 树立公司本位观，维护公司资信。公司员工应时刻站在公司的立场和高度上，凭借专业知识和技能，借助信息和业务关系网络，树立一切为了客户的思想，处理和维护好公司与各方客户的关系，不断提高服务质量。

(2) 立足本地、面向世界。只有立足本地，才能与货主企业建立充分的信任感；只有面向世界，才能在世界范围内进行业务活动，满足各种贸易的运输需要。因此其从业人员除必须具有良好的外语基础、有关国际贸易和运输方面的专业知识外，还应掌握并在实践中逐步精通国际货物运输各个环节的业务，并与有关机构如海关、商检、银行、保险、仓储、包装、各种承运人以及各种代理人建立广泛的联系和密切的关系。

(3) 精通国际货运业务知识，做到“六知”。“六知”是国际货运代理人必备的专业知识，即做到“知线、知港、知船、知货、知价、知规程”。“知线”是指了解国际航线的现状与构成；“知港”是指了解装、卸港口情况；“知船”是指了解主要班轮船公司及所属船舶的基本状况；“知货”是指了解货物对运输的要求；“知价”是指了解海运、空运、陆运等运价市场；

"知规程"是指了解货代业务各个工作环节的业务规程。

(4) 加强责任风险防范的职业敏感性。在国际货代操作过程中，有可能因为公司自身或分包人的过失，未能履行义务给委托人或第三人造成损失，所以公司在追求利润的同时，应尽可能地对可能带来的责任风险进行预防。公司员工要加强风险意识，提高专业敏感度和职业敏感性。

【案例 1-1】

货代业务员 A 接到一个客户要运到雅加达的小箱，他想的不是如何尽快安全地帮客户将货物运输出去，而是想着怎么赚取更多的利润。同行应该知道，去雅加达的货物，拼箱要比整箱利润大，而且可以说是暴利。货代业务员 A 竟然将客户的一整箱货物拆成拼箱运往雅加达。结果他自己是赚了很多利润，但是却给客户带来了巨大的损失，可能导致客户失去其国外的客户。因为对拼箱和整箱的货物，国外收取的费用有很大的差别，国外收货人会多付出很多费用才能提取货物。

【分析】以上案例正是货代人员没有责任感和风险意识、急功近利的表现，只在乎自身的利益，而忽略了货代业务员的责任，没有考虑怎样为客户着想，虽然得到了一时的利益，却损失了永远的信任。

2) 国际货代人员的职业素养

国际货代人员除了具备专业技能之外，更要关注个人修养的提升和综合素质的提高，养成良好的职业素养。

(1) 敬业精神。要做好工作，不仅要细心，更重要的是把公司的工作当成自己的事，保持高度的细致与耐心，分清关键与主次，不允许有任何的偏差，否则就会延误，造成损失。如进出口单证，要求严格做到单证相符、单单一致，所有文件必须完全一致，否则客户可以因存在不符点而拒付货款。

(2) 奉献精神。圣弗朗西斯说过一句话很有道理："索取使人疏远；奉献促进团结。"如果我们愿意无私地为公司工作，公司就会不断向成功迈进。在货代业务高度依赖网络的背景下，货代公司的员工就要奉行网络奉献精神，对于网络上的客户、信息和沟通，都要给予最大的尊重和支持。

(3) 时效精神。国际货代工作对时效性要求高，稍有耽误，就可能承担后果与责任：如港口、码头、堆场、机场、场站、舱位等占用费的损失；因无法保证"单证相符、单单一致"，使收货人无法提货、发货人无法取得货款或退税额；还可能导致延误交货、货物变质、无法交货、外贸违约、关系破裂等严重后果。

(4) 责任精神。强烈的责任感是国际货代行业的关键职业素质。如果不能做到严格认真、积极负责，就无法在这个行业立足。作为国际货代工作人员，不仅要认真把事做对，还要用心做好，以保证每笔业务的顺利开展与实施。

【案例 1-2】

青岛的货代业务员 B 委托上海的货代业务员 A 出运一票整箱的货物，但是报关和拖车是自己操作的，也就是说 A 手上除了提单并没有任何凭据能够保证 B 一定付款。按照正常程序是 B 付款后，A 将提单寄给 B，而 B 在出了提单之后很为难地告知 A，公司美元账户上面资金周转有些困难，但是提单不能拖客户的，否则损失会很大，B 希望 A 能将提单先行寄给他，B 愿意出一份付款保函，保证货款于当月 25 号之前付给 A。A 认识 B 也很长时间，凭自己的感觉认为 B 还是一个比较可信的人，所以决定承担责任。但是公司出口部没有一个人支持 A 这样的做法，都认为风险太大。A 就写邮件给老板，抄送给出口部的负责人，很幸运 A 得到了老板的支持，老板愿意和 A 一起承担责任。就这样 A 将提单寄给了 B，而后来 B 也按照约定将货款及时付给了 A 公司，虽然没有收到货款之前，A 一直提心吊胆，不过 A 这份承担的勇气是值得肯定的，其实很多公司需要这样的货代业务员。结果当然是 A 得到了 B 更大的信任，合作也越来越频繁。

【评析】 在没有其他保障的情况下，支付提单的风险是最大的，这中间需要对客户有着绝对的信任，如果不够了解客户而胡乱去承担这个风险，换来的可能就是自己极大的损失，所以当遇到这样的风险时还需要衡量好利害关系。

任务 1.3 认知国际货运代理的责任

国际货运代理的责任，是指国际货运代理作为代理人和当事人两种情况时的责任。国际货运代理具有两种不同的法律地位，即代理人和当事人，而且他们的活动范围本质上已超越国境，却没有一个国际公约来明确规定其活动范围，各国法律仅能管辖本国活动，因此导致许多法律冲突。

目前，各国对货运代理所下的定义及业务范围的规定有所不同，但按其责任范围的大小，原则上可分为三种情况。

情况 1：作为国际货运代理，仅对自己的错误和疏忽负责。

情况 2：作为国际货运代理，不仅对自己的错误和疏忽负责，还应使货物完好地抵达目的地，这就意味着他应承担承运人的责任和造成第三人损失时的责任。

情况 3：国际货运代理的责任取决于合同条款的规定和所选择的运输工具等。

1.3.1 国际货运代理的责任

1. 国际货运代理作为代理人的责任

国际货运代理作为纯粹的代理人，通常应对其本人及雇员的过错承担责任。其错误和疏忽大致包括如下内容。

(1) 未按指示交付货物。

(2) 尽管得到指示，办理保险仍然出现疏忽。

(3) 报关有误。

(4) 运往错误的目的地。

(5) 未能按必要的程序取得再进口(进口)货物退税。

(6) 未取得收货的货款而交付货物。

国际货运代理还应对其经营过程中造成的第三人财产灭失或损坏或人身伤亡承担责任。如果国际货运代理能够证明他对第三人的选择做到了合理的谨慎，那么他一般不承担因第三人的行为引起的责任。

【案例 1-3】

2013 年 2 月，某货运代理公司接受某进出口公司的委托出运一批货物，即 100 桶扑热息痛，40 桶葡萄糖酸钙，至哥伦比亚。当货物运抵目的港后，哥伦比亚海关发现实际货物为 140 桶扑热息痛，海关当即将多发的 40 桶扑热息痛(价值 3 800 美元)没收，并罚款 1 900 美元(合计 5 700 美元)。

该进出口公司得知这一错装事件后，于 2013 年 4 月通知货运代理。货运代理立即进行调查，查明果然是多装了 40 桶扑热息痛，同时误将 40 桶葡萄糖酸钙留在货运代理仓库内。究其原因，是因为业务人员工作疏忽，在开出仓单时，仅写了一种货名(即扑热息痛)而造成的。事故发生后，客户要求中方为其洗刷走私罪名和取消没收货物及罚款的决定。为此，货运代理与哥伦比亚驻中国大使馆签证处联系，请他们出具签证以免除哥伦比亚海关的处罚。哥伦比亚驻中国大使馆商务参赞处要求提供公证处公证及外交部领事司的证明，方可办理签证。为搞清具体解决途径，货运代理的上级主管部门与买方所在国的有关部门直接联系。然而，最终还是无法免除被哥伦比亚海关没收和罚款的处罚。结果货运代理需承担由于代理过失(即打单错误)所引起的全部经济损失。

【评析】这起情节极简单、责任极分明的案件向人们揭示了一个极易被忽视的道理，即货运代理看起来是一种无本生意、极易操作的业务，其实并非如此。它学问很多也很深，任何一个环节出现错误，如选择运输工具有误、选择承运人有误、发往目的地有误、报关内容有误、投保有误、保单内容被忽视以及仓库保管不当等，都可能造成无法挽回的损失。因此，在发达国家，货运代理为转移其风险，一般都投保货运代理责任险。

2. 国际货运代理作为当事人的责任

国际货运代理作为当事人，系指在为客户提供所需的服务中，以其本人的名义承担责任的独立合同人，他应对其为履行国际货运代理合同而雇用的承运人、分货运代理的行为或不行为负责。在国际多式联运业务中，只要签发了多式联运提单，不管是否实际参与运输，都应对全程运输负责。因此，在多式联运过程中，一旦发生货物灭失或损坏，作为多式联运经营人的货运代理，理应向委托人承担货损货差的赔偿责任，然后，向发生货损货差区段的实际承运人(责任人)追偿。

作为当事人，国际货运代理不仅对其本身和雇员的过失负责，而且应对在履行与客户所签合同过程中提供的其他服务的过失负责。其中对客户的责任主要表现在以下三个方面。

(1) 对于大部分情况属于货物的灭失或残损的责任。

(2) 对于因职业过失，尽管既非出于故意也非由于粗心，但给客户造成了经济损失，如不按要求运输，不按要求投保，报关有误造成延误，货物运至错误目的地，未收回提单而放货，向错误的收货人交货等。

(3) 对于延迟交货。尽管按惯例，国际货运代理一般不确保货物的到达日期，也不对延迟交货负责，但目前的趋势是对过分的延误要承担适当的责任，此责任限于被延误货物的运费或两倍运费。

【案例 1-4】

香港某出口商委托一多式联运经营人作为货运代理，将一批半成品的服装经孟买运至印度的新德里。货物由多式联运经营人在其货运站装入两个集装箱，且签发了清洁提单，表明货物处于良好状态下接收的。集装箱经海路从香港运至孟买，再由铁路运至新德里。在孟买卸船时发现其中1个集装箱外表损坏。多式联运经营人在该地的代理将此情况于铁路运输前通知了铁路承运人。当集装箱在新德里开启后发现，外表损坏的集装箱所装货物严重受损；另一集装箱虽然外表完好、铅封也无损，但内装货物已受损。香港出口商要求多式联运经营人赔偿损失。

【评析】多式联运经营人对全程运输负责。作为当事人，国际多式联运经营人收到货物后，如货物是处于多式联运过程中产生的损失，则首先应由多式联运经营人承担责任，然后再向实际责任人追偿。

在本案中，集装箱是多式联运经营人自己装箱，并已承认收货时货物外表状况良好，因而对于两个集装箱货物的损失，多式联运经营人都要负责。其中，第1个集装箱是在香港至孟买的海运途中损坏的，很明显，货物也是此时受损的。多式联运经营人在赔付出口商时，可根据《海牙规则》或《海牙—维斯比规则》享受责任限制，且有权向海上承运人索赔。对于第2箱货损，应看作隐藏损害，因为货损发生在哪一阶段无从查明。此时，多式联运经营人的责任可以按照国际商会对于“统一联运单证”的规定限制在2SDR/千克。

3. 国际货运代理对海关的责任

有报关权的国际货运代理在替客户报关时应遵守海关的有关规定，向海关当局及时、正确、如实地申报货物的价值、数量和性质，以免政府遭受税收损失。同时，如果报关有误，国际货运代理将会受到罚款的惩罚，并难以从客户那里得到此项罚款的补偿。

4. 国际货运代理对第三人的责任

国际货运代理对第三人的责任多指对装卸公司、港口当局等参与货运的第三人提出的索赔所承担的责任。这类索赔可分为两大类：一是第三人财产的灭失或损坏以及由此产生的损失；二是第三人的人身伤亡及由此产生的损失。

1.3.2 国际货运代理的责任限制

国际货运代理在对其过失或疏忽承担责任的同时亦享有责任限制。责任限制是一项特有的法律制度，即依据法律的有关规定，责任人将其赔偿责任限制在一定范围内。

在国际货物运输中，往往会由于责任人(如船长、船员或货运代理)的过失造成货物的损害，或造成第三人的重大财产损失。这种损害或损失常常是严重的，涉及的赔偿金额也是巨大的，有时甚至会超过货物本身的价值或船舶的价值。为了保护本国航运业，各国通常将这种赔偿责任用法律加以限制。

【知识链接】

不同国家制定的国际货运代理赔偿标准

国际货运代理协会(FIATA)推荐的标准交易条件范本成为各国制定本国标准交易条件的总原则。根据该原则，英国国际货运代理协会标准交易条件规定：赔偿限额为2SDR/千克(毛重)，每宗案件最高赔偿限额不超过75 000SDR；新加坡货运代理协会标准交易条件规定：赔偿限额5新加坡元/千克，每宗案件最高赔偿金额不超过10万新加坡元；马来西亚货运代理协会标准交易条件规定：赔偿限额为5马来西亚令吉特/千克，每宗案件最高赔偿限额不超过10万马来西亚令吉特；印度货运代理协会标准交易条款规定：赔偿限额为15印度卢比/千克，每宗案件最高限额不超过15 000印度卢比。

【案例1-5】

发货人空运20包不同种类的电器从东京运至伦敦。航空公司要求每包填写一张航空运单。由于该批货物必须在固定航班之前安排装运，其中1包装机后未签运单，而承运人也表示同意。当该批货物在目的地交付时，发现4包电器(包括未填运单的那包)严重损坏。这是由于航空公司的雇员在装机时未尽到正确合理的谨慎而致。由于1包货物未签运单，承运人仅对其余3包享有责任限制。

【评析】本案未涉及货运代理，然而货运代理应注意的是，在其代委托人追偿时，应清楚承运人在何种情况下不得享受责任限制，这样就可为委托人的利益获得最大限度的赔偿。本案中，空运承运人须对其雇员过失所造成的货损负责，但他只有权对其中签发了运单的3包货物以17SDR/千克享受责任限制(除非该货物的价值已由托运人事先声明且承运人已接受)。而对于未签运单的货物，承运人则无权享受责任限制，必须以货主的实际损失给予赔偿。

1.3.3 国际货运代理的除外责任

除外责任，又称免责，系指根据国家法律、国际公约、运输合同的有关规定，责任人免予承担责任的事由。国际货运代理与承运人一样享有除外责任，对于承运人，我国《海商法》

规定了12项免责事由，《海牙规则》和《海牙—维斯比规则》规定了17项免责事由。对于国际货运代理，其除外责任，通常规定在国际货运代理标准交易条件或与客户签订的合同中，归纳起来包括以下7个方面。

(1) 客户的疏忽或过失所致。

(2) 客户或其代理人在搬运、装卸、仓储和其他处理中所致。

(3) 货物的自然特性或潜在缺陷所致，如由于破损、泄漏、自燃、腐烂、生锈、发酵、蒸发或由于对冷、热、潮湿的特别敏感性。

(4) 货物的包装不牢固、缺乏或不当包装所致。

(5) 货物的标志或地址错误或不清楚、不完整所致。

(6) 货物的内容申报不清楚或不完整所致。

(7) 不可抗力所致。

【案例1-6】

一批空运货物，其中有一包是易碎货，即陶器和瓷器(如盘子、茶杯等)。发货人在托运单上正确地描述了包裹中货物的性质，但在其负责填写的航空运单中，却未写明该包裹中易碎货物的性质。在目的地，卸货操作人员不知晓该包裹中货物的性质。至交货时发现该批货物已严重受损，收货人向承运人提出索赔。承运人拒绝赔付。

【评析】托运人应对货物的正确性负责，不仅指托运单要正确填写，而且包括航空运单的正确性，无论运单是由其本人，或其代理人，或其承运人以及承运人的代理人签发。本案中，托运人要对航空运单中货物描述的不正确负责，因为正是这种不正确性导致了货损。因而，承运人不负责赔偿。至于空运代理人是否负责，则要视托运人是否将货物易碎的性质通知了他以及航空运单是谁填写的，如已通知空运代理人并由其填写，那么空运代理人有过失，应承担责任，反之无过失不应承担责任。

任务1.4 认知国际货运代理行业组织

1.4.1 世界国际货运代理行业发展

从公元10世纪起，货运代理开始出现。随着公共仓库在港口及城市的建立，海上贸易的扩大及欧洲交易会的举办，货运代理业逐步得到发展。到了16世纪，已有相当数量的货运代理公司签发自己的提单、运单及仓储收据等。18世纪，货运代理开始把几家托运人运往同一目的地的货物集中起来托运，同时开始办理投保。

20世纪八九十年代，随着世界经济的全球化和信息时代的到来，国际贸易和货物运输迎来了大发展的时期。国际海上运输进入了以集装箱为运输主体的新时代。国际多式联运业务在欧洲和北美地区以空前的规模发展起来。“门到门运输”和货物仓储、配送及物流供应链管理等业务，促使全球贸易发展，也迫使货运代理从传统业务向“现代物流经营者”转型。

20世纪末21世纪初，是全球货运代理行业迅猛发展的黄金时期。如今，据FIATA统计，全世界 70%～80%的集装箱运输货物是由货运代理掌控着，它们对国际贸易及世界经济发展起着越来越重要的作用。

1.4.2 我国国际货运代理行业概况

我国国际货运代理行业是从20世纪80年代中期起步的，但是，随着对外开放的加快，国际货运代理业发展迅速。我国国际货代企业遍布各省、自治区、直辖市，分布在30多个部门和领域，国有、集体、私营、外商投资、股份制等多种经济成分并存，已经成为我国对外贸易运输事业的重要力量。目前，我国80%的进出口贸易货物运输和中转业务(其中，件杂货占70%，集装箱货占90%)、90%的国际航空货物运输业务都是通过国际货运代理企业来完成的。

尽管我国国际货运代理企业数量不少，但其整体实力和管理水平与世界先进水平还有很大差距。从整体上讲，货代行业的现状可以用“小、少、弱、差”四个字来概括。所谓“小”就是经营规模小，资产规模小；所谓“少”就是服务功能少，专业人才少，有效的经销手段少；所谓“弱”就是竞争力弱，融资能力弱；所谓“散”就是服务质量参差不齐，经营秩序不规范，缺乏有力的网络支持和网络分散。

1.4.3 国际货运代理的行业组织

1．国际货运代理协会联合会

国际货运代理协会联合会(International Federation of Freight Forwarders Associations)，法文缩写FIATA——“菲亚塔”，是一个非营利性的国际货运代理行业组织。1926年5月31日在奥地利维也纳成立，总部设在瑞士苏黎世，并分别在欧洲、美洲和太平洋、非洲、中东四个区域设立了地区办事处，任命了地区主席。其中，亚洲和太平洋地区秘书处设在印度孟买。

该联合会的宗旨是保障和提高国际货运代理在全球的利益，工作目标是团结全世界的货运代理行业；以顾问或专家身份参加国际性组织，处理运输业务，代表、促进和保护运输业的利益；通过发布信息，分发出版物等方式，使贸易界、工业界和公众熟悉货运代理人提供的服务；提高制定和推广统一货运代理单据、标准交易条件，改进和提高货运代理的服务质量，协助货运代理人进行职业培训，处理责任保险问题，提供电子商务工具。

2．国际航空运输协会

国际航空运输协会(International Air Transport Association，IATA)是一个由世界各国航空公司所组成的大型国际组织，其前身是1919年在海牙成立并在第二次世界大战时解体的国际航空业务协会，总部设在加拿大的蒙特利尔，执行机构设在日内瓦。和监管航空安全和航行规则的国际民航组织相比，它更像是一个由承运人(航空公司)组成的国际协调组织，管理在民航运输中出现的诸如票价、危险品运输等问题。

协会的宗旨是“为了世界人民的利益，促进安全、正常和经济的航空运输，扶植航空交通，并研究与此有关的问题”“对于直接或间接从事国际航空运输工作的各空运企业提供合作的途径”“与国际民航组织及其他国际组织协力合作”。

3．中国国际货运代理协会

在我国，国际货运代理行业发展迅速，为规范行业经营秩序、协调维护行业利益、服务国际货运代理企业，建立国际货运代理的行业自律组织就显得十分必要。2000年3月，中国国际货运代理协会(China International Freight Forwarder Association，CIFA)获准筹备，2000年9月6日宣告成立。协会是在民政部登记注册，由中国境内的国际货运代理企业自愿组成的、非营利性的、以民间形式代表中国货运代理业参与国际经贸运输实务并开展国际商务往来的全国性行业组织，其宗旨如下。

(1) 维护我国国际货运代理行业利益，保护会员企业正当利益。

(2) 促进我国国际货运代理行业健康发展，更好地为我国对外经济贸易事业服务。

中国国际货运代理协会的主要业务范围是：协助政府主管部门依法规范国际货运代理企业经营行为，整顿行业秩序；开展行业市场调研，编制行业统计；组织行业培训及行业发展研究；承担政府主管部门委托的部分职能；为会员企业提供信息咨询服务；代表行业加入国际货运代理协会联合会，开展同业国际交流。

4. 各地方国际货运代理协会

在我国改革开放不断深化，国际货代业务迅速发展条件下，各地方国际货运代理协会在20 世纪 90 年代纷纷成立。协会本着“服务行业、服务企业”的办会理念和宗旨，协助政府部门加强行业管理，维护当地国际货代市场的经营秩序；研究国际货代发展趋势；代表会员利益，反映行业呼声；开展各类培训，提高从业人员素质；协调行业内外各种关系，促进当地国际货代行业的健康发展。

【学习测评】

一、单选题

1. 货运代理人是货物运输工作中的(　　)。
   A. 托运人　B. 承运人　C. 中间人　D. 收货人
2. 中国国际货运代理企业业务备案工作由(　　)负责具体组织实施。
   A. 中国国际货运代理协会　B. 工商管理部门
   C. 人事部　D. 劳动部
3. NVOCC 是指(　　)。
   A. 国际货物运输代理企业　B. 船舶代理企业
   C. 无船承运人　D. 第三方物流
4. 接受承运人的委托，代办与船舶有关的一切业务的人是指(　　)。
   A. 租船代理　B. 船务代理　C. 货运代理　D. 咨询代理
5. 我国某货主委托代理人安排货物出口事宜，由于货主所提供的货物资料不清楚，造成货运代理人在办理货物出口申报时资料被退回，影响了货物的正常出运。为此造成货主的损失，应当由(　　)承担。
   A. 货运代理人　B. 报关行　C. 船公司　D. 货主

二、多选题

1. 国际货运代理人可以分为两种，分别为(　　)。
   A. 船务代理人　B. 公共货运代理人　C. 无船承运人　D. 第三方物流经营人
2. 国际货运代理企业的经营范围包括(　　)。
   A. 揽货、订舱　B. 船舶进港业务　C. 报关、报检　D. 国际多式联运
3. 国际货运代理人所从事的业务范围非常广泛，通常为接受客户的委托，完成货物运输的某一个环节或与此有关的各个环节的任务，其服务对象有(　　)。
   A. 出口商　B. 进口商　C. 班轮公司　D. 航空公司
4. 下列属于国际货运代理的国际组织有(　　)。
   A. 国际货运代理协会联合会　B. 国际航空运输协会
   C. 中国国际货运代理协会　D. 中国报关协会

5. 依据我国海商法的规定，承运人对(　　)原因造成的货损负责任。
A. 船舶不适航　　B. 管货过失　　C. 航行过失　　D. 货物固有缺陷

三、案例分析

1. 发货人将500包书委托给伦敦一经营多式联运业务的货运代理，货物自伦敦运抵曼谷。该批货物装入一集装箱，且由货运代理自行装箱，然后委托某船公司承运。承运人接管货物后签发了清洁提单。货物运抵目的港曼谷，铅封完好，但箱内100包书不见了。发货人向货运代理起诉，诉其短交货物。

请分析货运代理是否应该对丢失货物负责，并分析原因。

2. 某货代公司接受货主委托，安排一批茶叶海运出口。货代公司在提取了船公司提供的集装箱并装箱后，将整箱货交给船公司。同时，货主自行办理了货物运输险。收货人在目的港拆箱提货时发现集装箱内异味浓重，经查明该集装箱前一航次所载货物为精萘，致使茶叶受精萘污染。请问：

(1) 收货人可以向谁索赔？为什么？

(2) 最终应由谁对茶叶受污染事故承担赔偿责任？

【技能训练】

一、训练内容

1．查询我国国际货运代理企业

训练要求：分组(4～6人)，上网查询我国主要国际货运代理企业，如中国外运股份有限公司、中国远洋运输集团、中国外轮代理总公司、中海集装箱股份有限公司等，分析各公司的主要业务范围及各领域的工作内容，同时对比有关职能机构及业务流程，将研究分析的内容制作成PPT，各小组派1人课堂汇报，各小组派学生构成7人评委席。

考核指标：①PPT 精美程度；②汇报人的表达能力；③资料的详细程度；④内容是否条理清晰。

2．体验国际货运代理网络平台业务

训练要求：浏览中国国际海运网、锦程物流网等国际较大型的物流平台，并在某个平台上注册，以虚拟的船东、国际货运代理、货主等不同的身份登录平台，了解供求关系及变化的市场行情，了解海运航线、海陆空运输价格、保险等，同时写出相关报告。

考核指标：①所浏览网站的名称；②已注册成功的网站及账号；③已查询到的航线；④ 已查询到的海陆空货运价格分析。

二、网络学习资源

中国国际货运代理协会(http://www.cifa.org.cn)
中国对外贸易运输(集团)总公司(http://www.sinotrans.com)
中国远洋运输集团(http://www.cosco.com)
中国外轮代理公司(http://www.penavico.com.cn)
中海集装箱运输股份有限公司(http://www.csc.com)
锦程物流网(http://www.jctrans.com)

项目 2

国际货运代理采购与销售

【学习导航】

【知识目标】

(1) 掌握世界主要承运人、港口与航线；

(2) 掌握开发供应商及索取报价的方法与渠道；

(3) 了解国际货运运输价格及国际货代公司内部报价运作机制；

(4) 掌握“揽货”的方法，掌握按不同的货代服务要求与货主进行业务磋商的技巧；

(5) 了解国际货代合同磋商与签订流程，掌握相关环节的操作技巧；

【能力目标】

(1) 具备运价计算、航线比较和货代采购能力；

(2) 具备开发和维护客户的能力。

【学习情境】

海航国际货代公司实习生小王经过一段时间对相关知识的学习及部门内容培训，对公司业务已有基本了解，部门经理决定让小王在已有船东资源的基础上负责业务销售工作，同时协助业务操作部门做好业务执行工作。

随后日照华润服装有限公司有一批服装要运往美国，现在正在找有实力的国际货代公司。业务经理让小王负责跟进此项业务。

讨论：(1) 了解日照华润服装有限公司。

(2) 日照华润服装有限公司运的货物是什么？货量多少？最终目的港是哪里？运期是什么时候？对航线、船东、船期、价格等有什么要求？

(3) 根据要求寻找合适的船公司，商谈货运价格。

(4) 如有可能，务必揽到此业务，最终与华润服装有限公司签订国际货运代理合同。

【学习任务】

根据学习情境提供的信息，借助岗位培训知识和网络资源，小王了解到本公司的服务主要包括国际海运集装箱进出口运输代理，进出口散杂货运输代理，办理进出口报关报检，进出口货物拆装箱等业务。小王还了解到，国际货运代理公司是供需链的中间环节，公司营销部不仅负责揽货，还要负责采购，即向拥有实际运输载体的承运人采购服务，然后将得到的服务以揽货的形式推销给进出口公司或国际货运代理公司。

海航国际货运代理公司的营销部主要负责两项工作，一是负责与各海船公司、码头、托车行、报关行等单位实体建立关系，争取优势运价；二是负责将公司提供的服务推销给客户。

作为国际货运代理公司营销部的工作人员，首先要掌握国际货代“六知”，即知线、知港、知船、知货、知价、知规程。在此首先介绍前五项，在具体业务操作中再具体介绍货运代理业务操作规程。

任务 2.1　认知海运地理与航线

2.1.1　海洋与运河

(1) 世界上有四大海洋，分别是太平洋、大西洋、印度洋和北冰洋，海洋与国际货物运输情况见表 2-1。

表 2-1　海洋与国际货物运输

海洋名称	特　征
太平洋	太平洋是世界上面积最大、海水最深、岛屿和边缘海最多的海洋，位于亚洲、大洋洲、南美洲、北美洲和南极洲之间；太平洋航线是美洲各国同亚洲国家的国际贸易航线
大西洋	大西洋位于欧洲、非洲、南北美洲和南极洲之间，是国际贸易运输繁忙、航线最密、港口最多的大洋
印度洋	印度洋位于亚洲、大洋洲、非洲和南极洲之间；印度洋航线以石油运输线为主，此外有不少是大宗货物的过境运输

续表

海洋名称	特　征
北冰洋	北冰洋位于地球的北极附近，因为过于寒冷、冰山出没、安全性差、沿岸人口少、港口少、贸易不活跃，只有俄罗斯有一条海参崴至摩尔曼斯克的航线，国际贸易运输作用不大

(2) 世界最主要的国际运河有苏伊士运河、巴拿马运河和基尔运河，见表 2-2。

表 2-2　世界主要的国际运河

运河名称	特　征
苏伊士运河	位于埃及东北部，沟通了地中海和红海，连接了大西洋和印度洋。最大通过能力为 25 万吨，它是远东通往欧洲的重要通道
巴拿马运河	斜贯巴拿马共和国中部，沟通太平洋和大西洋，最大通过能力为 6.2 万吨。它是远东通往北美东和拉美东的重要通道
基尔运河	也叫“北海—波罗的海运河”，沟通了波罗的海和北海，是波罗的海通往大西洋最短的通道，它使波罗的海和北海之间的航程比绕行丹麦缩短了 685 千米，具有重要的经济价值和战略意义

【知识链接】

给地球做个“心脏搭桥”——巴拿马运河百年故事

从大航海时代到 1914 年，西班牙、法国、英国等殖民帝国都曾试图在中美洲开辟一条连接大西洋与太平洋的水道。但只有 20 世纪初的美国人做到了这一点。经过 19 世纪的发展，当时的美国已经成为主宰美洲的地区性力量，它对于大西洋的最大恐惧已经消失：一条打通两洋的运河，不会成为欧洲列强便捷进入美国西海岸的通道，它甚至无须与它们分享运河的所有权。

20 世纪初，美国仍只是一支大西洋力量：其主要工业、经济中心、港口和主要军事力量都分布在大西洋沿岸。如何完成从大西洋国家到大西洋－太平洋两洋国家的转变？答案即：巴拿马运河。

通过巴拿马运河，以美国东岸为起点，到美国西岸的航程减少了 6 146 英里，到南美洲西岸的航程减少了 5 515 英里，到亚洲的航程减少了 1.147 1 万英里。这意味着，美国大西洋沿岸经济中心与环太平洋地区的贸易和市场开拓成为可能。

2.1.2　海运航线

航线是船舶在两个或多个港口之间从事货物运输的路线。按船舶营运方式分定期航线和不定期航线；按航程的远近分为远洋航线、近洋航线和沿海航线；按航行的范围分太平洋航线、大西洋航线、印度洋航线、环球航线。

世界主要大洋航线如下。

1. 太平洋航线

太平洋沿岸有 30 多个国家和地区，经济水平比较发达，有以下几条航线。

1) 远东—北美西海岸航线

该航线包括从中国、朝鲜、日本和俄罗斯远东海港出发到加拿大、美国、墨西哥等北美西海岸各港的贸易运输线。目前我国已与北美西海岸港口之间辟有定期集装箱航线，该航线以日本、美国、加拿大贸易量最大，其次是韩国。

2) 远东—加勒比海、北美东海岸航线

该航线常常经夏威夷群岛南，北至巴拿马运河后到达。我国北方沿海港口出发的船只多半出东海走该航线。

3) 远东—南美西海岸航线

从我国北方沿海各港口出发的船只多经琉球庵美大岛、硫黄列岛、威克岛、夏威夷群岛之南的莱恩群岛附近，穿越赤道进入南太平洋至南美西海岸各港，但不过巴拿马运河。

4) 远东—东南亚航线

该航线是中国、朝鲜、日本货船去东南亚各港，以及经马六甲海峡去波斯湾、地中海、西北欧、东西非、南美东海岸各港常走航线。东海、台湾海峡、巴士海峡、南海是该航线船只的必经之路，航线繁忙。

5) 远东—澳大利亚、新西兰航线

该航线在西太平洋以南航行，离陆地近，航线较短。由于北部一些岛国(地区)工业发达而资源贫乏，南部国家资源丰富，因而初级产品运输特别繁忙。

6) 澳新—北美东西海岸航线

有澳新至北美海岸多经苏瓦、火奴鲁鲁等太平洋上重要航站到达。澳新至北美东海岸需经巴拿马运河到达。

2．大西洋航线

大西洋水域辽阔，海岸线曲折，有许多优良港湾和深入大陆的内海。北大西洋两侧是西欧、北美两个世界经济发达的地区，又有苏伊士运河和巴拿马运河通印度洋和太平洋。大西洋有以下几条航线。

1) 西北欧—北美东海岸航线

该航线连接北美和西北欧两个经济发达的地区，航运贸易的历史悠久，船舶往来频繁，客货运量大。该航区冬季风浪大，并有浓雾、冰山，对航线有安全威胁。

2) 西北欧—地中海、中东、远东、澳新各港航线

西北欧至地中海航线主要是欧洲西北部与欧洲南部国家之间的连线，距离较短。但过苏伊士运河至中东、远东、澳新地区航线就大大增长，但它们仍是西北欧与亚太地区、中东海湾间最便捷的航线，货运量大，是西北欧地区第二大航线。

3) 西北欧、北美东海岸—加勒比海航线

该航线多半出英吉利海峡后横渡北大西洋。它同北美东海岸各港出发的船舶一起，一般经莫纳、向风海峡进入加勒比海，还可经巴拿马运河到达美洲太平洋岸港口。

4) 北美东海岸—地中海、中东、亚太地区航线

该航线是世界最繁忙的航段，是北美、西北欧与亚太海湾地区贸易往来的捷径。该航线需横渡北大西洋，货物以石油、集装箱货为主。

5) 欧洲—南美东海岸或非洲西海岸各港航线

该航线多经加纳利群岛货达喀尔港歇脚，是连接欧洲发达国家与南大西洋两岸发展中国家的贸易航线，欧洲国家输出的大多是工业品，输入的主要是初级产品。

6) 北美东海岸—加勒比海沿岸各港口航线

该航线较短，但航船频繁，不仅有两地区各国港口间往来船只，还有过巴拿马运河至远东、南北美西海岸国家港口间往来船只。

7) 南北美洲东海岸—好望角航线

北美东海岸港口经好望角至中东海湾是巨型油轮的运输线，20 万吨级以上油轮需经此航线，还有西北欧的巨型油轮也经此航线。南美洲东岸港口过好望角航线不仅有原油，还有铁矿石等初级产品。中国、日本、韩国等运输巴西的铁矿石经过此航线。

3．印度洋航线

印度洋航线以石油运输线为主，此外有不少是大宗货物的过境运输。印度洋有以下几条航线。

1) 波斯湾—好望角—西欧、北美航线

该航线主要由超级油轮经营，是世界上最主要的海上石油运输线。

2) 波斯湾—东南亚—日本航线

该航线东经马六甲海峡(20 万载重吨以下船舶可行)或龙目海峡、望加锡海峡(20 万载重吨以上超级油轮可行)至日本。

3) 波斯湾—苏伊士运河—地中海—西欧、北美航线

该航线目前可通行载重达 30 万吨级的超级油轮。

除了以上三条油运线之外，印度洋其他航线还有：远东—东南亚—东非航线；远东—东南亚、地中海—西北欧航线；远东—东南亚—好望角—西非、南美航线；澳新—地中海—西北欧航线；印度洋北部地区—欧洲航线。

4．集装箱运输的主要航线

世界上共有三条主要集装箱航线。

1) 远东—北美航线(习惯称为(泛)太平洋航线)

该航线又分为两条航线：一条是远东—北美西海岸航线，另一条为远东—北美东海岸航线。远东—北美西海岸航线主要由远东—加利福尼亚航线和远东—西雅图、温哥华航线组成。该航线主要涉及亚洲的高雄、釜山、上海、香港、东京、神户、横滨等港口，北美西岸的长滩、洛杉矶、西雅图、塔科马、奥克兰和温哥华等港口。远东—北美东海岸航线涉及北美东海岸的纽约、新泽西、查尔斯和新奥尔良等港口。

2) 远东—欧洲、地中海航线(也称欧地线)

欧洲的主要港口有：荷兰的鹿特丹，德国的汉堡、不莱梅，比利时的安特卫普和英国的伦敦、菲利克斯托、利物浦。

地中海地区主要涉及的港口有：位于西班牙南部的阿尔赫西拉斯，意大利的热亚陶罗和位于地中海中央、马耳他岛南端的马尔沙什洛克港。

3) 北美—欧洲、地中海航线(也称跨大西洋航线)

北美东岸的主要港口有：加拿大的多伦多、渥太华、蒙特利尔、魁北克，美国的波士顿、纽约、芝加哥、底特律、费城、华盛顿、休斯敦等。

【知识链接】

海上丝绸之路

丝绸之路是当时对中国与西方所有来往通道的统称，实际上并不是只有一条路。除了陆上交通以外，还有一条经过海路到达西方的路线，这就是所谓的海上丝绸之路。作为中国古代对外贸易的重要通道，海上丝

绸之路早在中国秦汉时代就已经出现，到唐宋时期最为鼎盛，具体路线是：由广东、福建沿海港口出发，经中国南海、波斯湾、红海，将中国生产的丝绸、陶瓷、香料、茶叶等物产运往欧洲和亚非其他国家，而欧洲商人则通过此路将毛织品、象牙等带到中国。

海上丝绸之路的开辟，使中国当时的对外贸易兴盛一时。元朝时的意大利人马可·波罗就是由陆上丝绸之路来到中国，又由海上丝绸之路返回本国的，他的游记里记载了沿途南洋和印度洋海上的许多“香料之岛”。

由于时代的变迁，海上丝绸之路自 1842 年鸦片战争开始后就走到了尽头，留给后人的则是一个又一个谜团。一些研究学者认为，郑和下西洋使中国和世界各国的海上丝绸之路得到了更为彻底的贯通，也是证明历史上存在海上丝绸之路的重要依据之一。

任务 2.2 认知船舶与承运人

2.2.1 吨位

吨位是表示船舶大小的指标，按计算方法不同可以分为重量吨位和容积吨位。其中重量吨位又可分为排水吨位和载重吨位，前者可分为满载、空船、实际的排水吨位，后者又可分为总载重吨和净载重吨。容积吨位可分为注册总吨和注册净吨。各个具体吨位指标的使用范围不同，作用不同，可以根据实际情况确定使用。

【知识链接】

关于吨位的知识

1．排水吨位

排水吨位是船舶在水中所排开水的吨数，也是船舶自身重量的吨数。排水吨位又可分为轻排水量、重排水量和实际排水量三种。

(1) 轻排水量(Light Displacement)，又称空船排水量，是船舶本身加上船员和必要的给养物品三者重量的总和，是船舶最小限度的重量。

(2) 重排水量(Full Load Displacement)，又称满载排水量，是船舶载客、载货后吃水达到最高载重线时的重量，即船舶最大限度的重量。

(3) 实际排水量(Actual Displacement)，是船舶每个航次载货后实际的排水量。

2．载重吨位

载重吨位表示船舶在营运中能够使用的载重能力。载重吨位可分为总载重吨和净载重吨。

(1) 总载重吨(Gross Dead Weight Tonnage)，是指船舶根据载重线标记规定所能装载的最大限度的重量，它包括船舶所载运的货物、船上所需的燃料、淡水和其他储备物料重量的总和。

总载重吨＝满载排水量－空船排水量

(2) 净载重吨(Dead Weight Cargo Tonnage)，是指船舶所能装运货物的最大限度重量，又称载货重吨，即从船舶的总载重量中减去船舶航行期间需要储备的燃料、淡水及其他储备物品的重量所得的差数。

船舶载重吨位可用于对货物的统计；作为期租船月租金计算的依据；表示船舶的载运能力；也可用作新船造价及旧船售价的计算单位。

3．注册总吨

注册总吨又称容积总吨，是指船舱内及甲板上所有关闭的场所的内部空间(或体积)的总和，是以 100 立方英尺或 2.83 立方米为一吨折合所得的商数。

4．注册净吨

注册净吨又称容积净吨，是指从容积总吨中扣除那些不供营业用的空间后所剩余的吨位，也就是船舶可以用来装载货物的容积折合成的吨数。

2.2.2 船级

船级是表示船舶技术状态的一种指标。在国际航运界，凡注册总吨在100吨以上的海运船舶，必须在某船级社或船舶检验机构监督之下进行监造。在船舶开始建造之前，船舶各部分的规格须经船级社或船舶检验机构批准。每艘船建造完毕，由船级社或船舶检验局对船体、船上机器设备、吃水标志等项目和性能进行鉴定，发给船级证书。证书有效期一般为4年，期满后需重新予以鉴定。

船舶入级可保证船舶航行安全，有利于国家对船舶进行技术监督，便于租船人和托运人选择适当的船只，以满足进出口货物运输的需要，便于保险公司决定船、货的保险费用。

世界著名船级社主要有英国劳埃德船级社(L.R.)、德国船级社(G.L.)、挪威船级社(D.N.V.)、法国船级局(B.V.)、日本海事协会(N.K.)、美国航运局(A.B.S.)、中国船级社(C.C.S.)。

2.2.3 船舶的种类

船舶的种类很多，通常可根据其用途划分，有时也根据需要按不同的要求划分，如按航区划分，可将船舶分为极区船、远洋船、沿海船和内河船。现从航运生产实际出发，按船舶的用途进行区分，船舶的种类见表2-3。

表2-3 船舶的种类

货船	辅助船	工程船
1. 杂货船 2. 固体散货船 3. 液体散货船 4. 集装箱船 5. 滚装船 6. 特种货物运输船 7. 多用途船 8. 客货船 9. 载驳船 10. 渡船	1. 拖船 2. 油/水供给船 3. 消防船 4. 交通船 5. 破冰船	1. 起重船 2. 挖泥船

1．货船

1) 杂货船(General Cargo Ship)

杂货船是专门运输包装成捆、成包、成箱的零星杂货的船，又称普通货船。这种船航行速度较快，船上配有起吊设备，货舱一般分为两层或多层，以适应装载不同的货物。此类船舶的优点是对货物种类和码头条件的适应性强，缺点是装卸效率不高。船舶载重量一般在1万～2万吨。杂货船如图2.1所示。

2) 固体散货船(Solid Bulk Cargo Ship)

固体散货船是专门从事大宗固体散装货物，如粮食、谷物、矿砂、水泥和饲料等运输的船舶。这类船舶多为单甲板尾机型船。根据运输货物的种类和船舶结构形式的不同，此类船舶又可进一步分为通用型散货船、专用型散货船和自卸式散货船。此类船舶一般有固定的航线，在国际海上货物运输中占较大的比例。固体散货船如图 2.2 所示。

图 2.1　杂货船

图 2.2　固体散货船

3) 液体散货船(Liquid Bulk Cargo Ship)

液体散货船是专门从事大宗液体散装货物的运输船舶。按液体性质不同，又分为油船(专门运输原油或成品油的船舶)、液化气船(专门运输液化石油气或液化天然气的船舶)和液体化学品船。此类船舶多为单甲板尾机型船。液体散货船在数量和运量上在世界海运中占相当大的比例。液化石油汽船如图 2.3 所示。

4) 集装箱船(Container Ship)

集装箱船是专门从事集装箱运输的船舶。集装箱船一般不设装卸设备，利用岸上集装箱装卸桥进行集装箱的吊装和吊卸作业。集装箱船一般为尾机型或中尾机型船舶。集装箱船的装卸效率高，船舶的航速高。集装箱船以装箱数作为船舶大小的标志，大型集装箱船的装箱数已达 7 000 TEU。集装箱船一般采用班轮运输方式。集装箱船如图 2.4 所示。

图 2.3　液化石油气船

图 2.4　集装箱船

【知识链接】

集装箱船的演化

半个世纪前，人们改变了货船和油轮，使之能够容纳集装箱。如今，货船的设计都追求容量最大化。

1956—1970 年，改造货船，长度 135m，容量 500TEU。

1956—1970 年，改造油轮，长度 200m，容量 800TEU。

1970—1980 年，集装箱船，长度 215m，容量 1 000～2 500TEU。

1980—1988 年，巴拿马型船，长度 290m，容量 3 000～4 000TEU。这一时期的货船采用了突出的“球鼻状”船锚，降低了水面阻力，节省了燃油；但由于行驶平缓，更容易受到海盗袭击。

1988—2000 年，后巴拿马型船，长度 305m，容量 4 000～5 000TEU。

当时，容量超过 5 000TEU 的货船无法通过巴拿马运河。运河后来进行扩建，扩建后可通过的货船容量增加到 12 000TEU。

2000—2005 年，加长巴拿马型船，长度 335m，容量 5 000～8 000TEU。

2006 年至今，新巴拿马型船，长度 396m，容量 11 000～15 500TEU。

2015 年，EEE 级船型，长度 400m，容量 18 000TEU。

5) 滚装船(Roll on/Roll off Ship)

滚装船主要用来运送汽车和集装箱。这种船本身无须装卸设备，一般在船侧或船首、船尾有开口斜坡连接码头，装卸货物时，汽车或者是装在拖车上的集装箱连同拖车一起直接开进或开出船舱。这种船的优点是不依赖码头上的装卸设备，装卸速度快，可加速船舶周转。滚装船如图 2.5 所示。

图 2.5　滚装船

6) 特种货物运输船(Special Cargo Vessel)

此类船舶专为运输特种货物设计建造的，如木材运输船(Timber Carrier)和冷藏货物运输船(Refrigerated Cargo Ship)等。木材运输船甲板通常设计用来装载木材，并在甲板两舷设置护栏支柱；冷藏货物运输船专用于运输肉类、鱼类和水果等容易腐烂变质的货物。此类船舶的货舱都具有良好的隔热功能，装备制冷设备。近年来，由于冷藏集装箱运输发展迅速，在一定程度上代替了冷藏船，但在远洋捕鱼船队中，冷藏船还发挥着重要的作用。特种货物运输船如图 2.6 所示。

(a) 木材运输船　　(b) 冷藏运输船

图 2.6　特种货物运输船

7) 多用途船(Multipurpose Vessel)

多用途船是为了提高船舶的适货性，设计成适合于载运两种或两种以上货物的船舶，可分多用途杂货船和多用途散货船两种。多用途杂货船由杂货船演变而来，装载杂货，同时可装载集装箱和重大件货物。多用途散货船由散货船演变而来，装载散货，同时又可装载集装箱等。多用途船是目前发展比较快的一种运输船舶。多用途船如图 2.7 所示。

8) 客货船(Passenger/Cargo Ship)

此类船舶用于运送旅客及携带行李。此类型船通常设有一些货舱，除了装载旅客随身携带的行李外，有的船还兼营货运，称为客货船。客货船如图 2.8 所示。

图 2.7　多用途船

图 2.8　客货船

9) 载驳船(Barge Carrier)

载驳船又称子母船，指在大船上搭载驳船，驳船内装载货物的船舶。载驳船的主要优点是不受港口水深限制，不需要占用码头泊位，装卸货物都在锚地进行，装卸效率高。目前较常用的载驳船主要有 LASH(Lighter Aboard Ship)和 Seabee 两种类型。载驳船如图 2.9 所示。

10) 渡船(Ferry)

渡船是在海峡或江河运送旅客和车辆的专用船舶。渡船的航程较短，船身较宽，保证有宽敞的载运车辆面积。从广义上说，渡船属于滚装船的一种。渡船如图 2.10 所示。

图 2.9　载驳船

图 2.10　渡船

【知识链接】

船型认知

巴拿马型(Panamax)是一种专门设计的适合巴拿马运河船闸的大型船只，这些船只的船宽和吃水受到巴拿马运河船闸闸室的严格限制，越来越多的船只在建造时精确地匹配巴拿马运河船闸的限制，以便在适应巴拿马运河的航道的前提下运送尽量多的货物。很多干散货，比如谷物，主要通过巴拿马级船只运送。此类船只的日益增加正成为巴拿马运河的一大难题。巴拿马级船只，由于其非常精确地适合巴拿马运河，留出的余量很小，船只必须受到非常精确的控制，过闸时间也可能因此延长，并且过闸时间限定在白天。因为一些大型船只不能安全地通过盖拉德人工渠，运河只能以单向通过的方式来保证这些大型船只的安全。

超巴拿马型，指那些比巴拿马型更大，无法通过巴拿马运河的船只，例如超级油轮和超大型集装箱船。美国的重型航母也属于超巴拿马型，例如尼米兹级航母长达 333m，船宽 41m，飞行甲板宽 76.8m。

2. 辅助船

1) 拖船(Tug)

拖船是在港区内对大型船舶进出港和靠离码头提供拖带作业的船舶，也可将拖船与无动力船组成一支船队，作为船队的动力船使用。大功率的拖船还用于海上拖带作业。拖船如图 2.11 所示。

2) 油/水供给船(Fuel/Water Supply Vessel)

油/水供给船是对不能进港的大型船舶或对航行途中的船舶补充油料和淡水的船舶。船上设有储存油、水的专用液体舱和泵供给系统。供油船如图 2.12 所示。

图 2.11 拖船

图 2.12 供油船

3) 消防船(Fire Fighting Ship)

消防船是对发生火灾的船舶提供灭火和救援帮助的专用船舶。此类船一般设有高压水炮、水—空气泡沫两用炮、干粉炮等和大功率消防泵，以及装载灭火专用化学品的舱柜。船上配置水幕自救喷射系统，能有效降低热辐射对自身的影响。消防船如图 2.13 所示。

4) 交通船(Crew Boat)

交通船是为港区内船舶或海上作业平台运送工作人员的专用船舶。此类船舶的航程离岸、基地较近，船上一般不设炉灶、生活舱室及其他生活设施。交通船如图 2.14 所示。

图 2.13 消防船

图 2.14 交通船

5) 破冰船(Icebreaking Ship)

破冰船是为冰区航行的船舶开辟航道的专用船。此类船的首端为前倾型，船体结构经特别加强，船上设有专门的压载水舱，以供船在破冰时使用。破冰船如图 2.15 所示。

3．工程船

1) 起重船(Floating Crane)

起重船是专门从事水面吊装作业的船舶，也称浮吊。此类船舶装备一门起重吊杆、多台绞车以及发电系统，大型起重船的吊起重量可达几百吨。起重船一般没有自航动力，船位的移动靠拖船拖带。为了固定船位，船上装备多个定位锚。起重船如图 2.16 所示。

图 2.15　破冰船

图 2.16　起重船

2) 挖泥船(Dredger)

挖泥船是专门从事疏浚航道的船舶，也称航道疏浚船，按其工作原理分为链斗式、耙吸式和绞吸式等。挖泥船如图 2.17 所示。

图 2.17　挖泥船

【知识链接】

世界航运巨头——马士基

几个世纪以来，全球贸易的发展带动了航运业的繁荣，而马士基集团正是丹麦航运业的代表。从 1904 年创建以来，马士基集团已经发展成为世界最大的航运集团，2013 年马士基集团的总收入为 474 亿美元。如今，在全球 142 个国家，几乎都可以看见马士基标志性的蓝底白色七星，还有船身上的“Maersk”标志。

尽管马士基集团已经家喻户晓，但是其背后的统领者——穆勒家族却鲜为人知。事实上，马士基集团的全称是A.P.穆勒–马士基集团，而A.P.穆勒正是马士基航运帝国的缔造者阿诺德·彼得·穆勒名字的缩写。

1904年，他和父亲彼得·马士基·穆勒（P.M.穆勒）共同创立了斯温堡汽船公司，这是马士基集团的前身。1965年，穆勒家族的第三代传人马士基·迈克–凯尼·穆勒继承了家业，并将马士基集团打造成为全球最大的航运集团。

不过，无论是A.P.穆勒还是马士基·迈克–凯尼·穆勒都生性低调，不愿在公众面前抛头露面，更是很少接受采访。他们如同沉默的水手一般，始终保持着小心谨慎的态度，在暴风雨来临时紧紧抓住手中的舵。

2.2.4 世界主要船公司

国际货运代理业务员应该熟悉世界排名靠前的轮船公司，既要知道其中英文名称，又要知道这些公司的英文缩写名，见表2-4。

表2-4 世界主要船公司

中文名称	注册地	英文名称	英文简称
马士基航运	丹麦	Maersk	MSK
法国达飞航运	法国	CMA CGM-the France	CMA CGM
地中海航运	瑞士	Mediterranean Shg Co.	MSC
长荣集团	中国台湾	Evergreen Marine	EMC/EVG
韩进海运	韩国	Hanjin Shipping	HJS
大阪商船三井	日本	Mitsui O. S. K. Lines	MOL/MOSK
太平船务	新加坡	Pacific Int'l Line	PIL
美国总统轮船	新加坡	American President Lines	APL
东方海外	中国香港	Oocl Line	OOCL
中海集装箱运输股份有限公司	中国	China Shipping Container Lines Co. Ltd.	CSCL
中远集运	中国	COSCO Container Line	COSCO
现代商船	韩国	Hyundai	HMM
万海航运股份有限公司	中国台湾	Wan Hai Lines Ltd.	WHL
日本邮船	日本	NYK Line	NYK
赫伯罗特	德国	Hapag-Lloyd	HLG
南美轮船公司	智利	Compania SAV	CSAV
汉堡南美航运集团	德国	Hamburg- Sud Group	HSG

【知识链接】

世界航运业形成四大联盟

2M联盟：2014年10月10日，马士基宣布，其与地中海航运在亚欧、跨大西洋、跨太平洋航线上进行为期10年，名为2M的船舶共享协议获得美国联邦海事委员会(FMC)的批准，标志着2M联盟正式成立。2015年1月19日至25日，2M联盟正式运营。

O3 联盟：2015 年 1 月 19 日至 25 日，法国达飞（CMA CGM）、中海集运（CSCL）和阿拉伯联合轮船（UASC）组建的 O3 联盟正式运营。

G6：2012 年组建，成员为美国总统轮船、商船三井、赫伯罗特、日本邮船、东方海外和现代商船。

CKYHE：2002 年组建 CKYH，2014 年 2 月 20 日长荣海运加人，组建 CKYHE，成员为中远集运、川崎汽船、阳明海运、韩进海运、长荣海运。

任务 2.3　认知海运货物与运价

凡是经由运输企业承运的一切原料、材料、工农业产品、商品以及其他产品或物品都称为货物(Cargo 或 Goods)。海运货物特指经由海上运输企业承运的货物。

2.3.1　海运货物的种类

1．按货物装运形态分类

1) 件杂货(General Cargo)

件杂货是在运输过程中，均经包装而形成袋装、桶装、箱装、捆装等形态之后再进行运输的货物，包括机电、化工、纺织服装及其他工业制成品、冷冻食品和一般食品等，这类货物一般都有包装。在集装箱出现后，件杂货又可分集装箱货物和杂货。

2) 散装货(Bulk Cargo)

散装货通常是一种按计量形式装运和交接的货物，包括干质散装货(Dry Bulk Cargo)和液体散装货(Liquid Bulk Cargo)。

干质散装货是指在运输过程中其物理形态为细小的粉末状或颗粒状的货物，如煤炭、矿粉、粮食、化肥和水泥等货物。在大批量水路运输时，通常也采用散货运输方式。液体散装货是指在运输过程中其物理形态为气体，经压缩变为液态，装在容器中进行运输的货物，如石油、石油制成品、液化天然气、液化煤气等。

【知识链接】

世界海运货物相关统计

联合国和一些主要航运国家的航运咨询机构每年都对世界海运货物进行统计，但由于统计口径不同，各类货物运量统计存在差异。

英国“德鲁里”咨询公司将小宗散货划分为 7 类。

(1) 农产品：包括原糖、大米、木薯、油料作物种子(如向日葵籽、油菜籽、花生、大豆)，以及其他油料作物。

(2) 林产品：包括原木、木材、成组锯木、造纸木材、木屑、胶合板、纸版、纸及印刷品。

(3) 肥料：包括原料硫黄和磷酸钾及最终产品。

(4) 矿产品：包括除铁矿石外的金属矿石(锰、镍、铬矿)、盐和石膏。

(5) 钢铁：包括废金属、全部钢半成品和钢材、生铁。

(6) 加工产品：包括水泥、石油焦。

(7) 其他散杂货：包括小批量的化工原料、建材原料、其他原料，如稀有金属矿砂、重晶石、纯碱、菱镁石、硼砂、氟石、珍珠岩、陶土、玉米、鱼粉等。

各类咨询公司对大宗散货的分类基本是一致的，主要是铁矿石(包括团矿、精矿和球团矿)，煤炭，粮谷，铝矾土，磷矿石5类。大宗散货占全部干散货运量的比例多于60%，而铁矿石、煤炭、粮谷三大散货约占大宗散货的90%，因而这三种货物对干散货市场起着重要作用，其贸易量的变化会导致巴拿马型船舶和好望角型船舶运价的大幅波动。

2. 按货物性质分类

1) 普通货物

普通货物主要分为清洁货物、液体货物和粗劣货物，见表2-5。

表2-5 普通货物类别

类　别	定　义	示　例
清洁货物 Clean Cargo	指清洁、干燥的货物，也称精细货物(Fine Cargo)	如运输保管中不能混入杂质或被沾污的棉纺织品；供食用的食品中的糖果、粮食、茶叶；不能受压、易于损坏的易碎品中的陶瓷器、玻璃制品；各种日用工业品等
液体货物 Liquid Cargo	指盛装于桶、瓶、坛等容器内的流质或半流质货物	液体货物在运输过程中，包装容器易破损而使液体滴漏，如油类、酒类、药品和普通饮料等
粗劣货物 Rough Cargo	指具有油污、水湿、扬尘和散发异味等特性的货物	如能散发气味的气味货物(Smelly Cargo)中的生皮、骨粉、鱼粉、烟叶、大蒜等；易扬尘并使其他货物受到污染的扬尘污染性货物(Dusty and Dirty Cargo)中的水泥、炭黑、材料等

2) 特殊货物

特殊货物主要指危险货物、冷藏货物、贵重货物、活的动植物和长大、笨重货物，见表2-6。

表2-6 特殊货物类别

类　别	定　义	示　例
危险货物 (Dangerous Cargo)	指具有易燃、易爆、毒害、腐蚀和放射线以及污染环境等性质的物质，在运输过程中可能引起人身伤亡和财产损毁，必须按照有关危险货物运输规则的规定进行运输的货物	危险货物还可以分为若干种类和不同等级
冷藏货物 (Reefer Cargo)	指在常温条件下易腐烂变质和其他需按指定的某种低温条件运输的货物	如易腐性货物中需处于冷冻状态运输的肉、鱼、鸡等，处于低温状态运输的水果、蔬菜、药品等
贵重货物 (Valuable Cargo)	指价格昂贵的货物	如金、银等贵重金属，以及货币、高价商品、精密仪器等
活的动植物 (Live Stock and Plants)	指具有正常生命活动，在运输中需要特别照顾的动物和植物	如牛、马、猪、羊等家畜以及其他兽类、鸟类、家禽、鱼类等活的动物；树木等植物
长大、笨重货物 (Bulky and Lengthy Cargo, Heavy Cargo)	指单件货物体积过大或过长，重量超过一定界限的货物	重件货物(单件重量为5t以上的货物)，长大件货物(长度超过12m的货物)

2.3.2 海运货物的计量

海运货物的计量标准化可以提高载货容积的利用程度，可以提高仓库空间的利用程度。它是衡量船舶载重量的重要依据，也是确定和计算运费的基础，与货物装卸、交接也有直接关系。

一般重货按照重量计量，轻泡货按照体积计量。

1．按货物重量计量(衡重)

以每公吨(MT)为计算单位。欧洲国家有时使用长吨(Long Ton)为计量单位，美洲国家有时使用短吨(Short Ton)为计量单位。换算标准为

1 公吨＝1 000 千克＝0.984 长吨＝1.102 3 短吨

货物的重量可分为净重、皮重和毛重(总重)，在国际海运中，货物的重量一般采用毛重(总重)。

重量的测量原则上应按件称重，但因条件或时间限制，可以采用整批或分批称重、抽件称重并求平均值等方法求得。

货物重量的测量可使用轨道衡、汽车衡、吊钩秤、皮带秤、定量秤等工具设备。对于散装大宗货物还可以采用水尺检量来测量。

【知识链接】

水尺检量

利用船舶装卸货物前后水尺的变化计算载货重量的一种方法，即利用装(卸)货前后船舶吃水的变化量，扣除其他载荷的变化，可得装(卸)货量。

适用于价值较低的固体散货计量，如煤炭、生铁、废钢铁、矿石、硫黄、盐、化肥等。

2．按货物体积计量(丈量或量尺)

货物按体积计量，指测量货物的外形尺度并计算体积。货物的外形尺度指货物外形最大处的长、宽、高之乘积。一般而言，在国际海运中，货物体积的测量是以货件的最大方形进行的，长、宽、高皆取最大值。货物的长、宽、高以米为计量单位。

3．其他

有些海运货物按货物数量或包装件数来计量，如按件(Unit)或按头(Head)计量，前者如车辆等，后者如活牲畜等。还有些货物按价值进行计量，如贵重货物等。

2.3.3 海运货物的积载

货物积载因数(Stowage Factor)是各种货物每一吨在货舱中正常堆积时所占的空间(立方米或立方英尺)。它是船舶配积载工作中十分重要的货物资料，用于计算一定重量的某种货物需占多少货舱容积，或一定的货舱容积能装载多少吨某种货物等。

在运输中，货物正常堆积时的货堆体积包括货件之间必需的间隙及正当衬垫所占据的空间。确切的数据应根据对货堆的实际丈量和如下的计算得出：

货物积载因数＝货物的体积(立方米)÷货物的重量(吨)

海运货物积载因数的大小说明货物的轻重程度，反映一定重量货物需占用的船舶舱容、仓库库容或集装箱箱容。其数值越大，说明货物的体积越大，货物越轻；反之，其数值越小，说明单位货物的体积越小，货物越重。

在实际工作中，常依据货主申报的货物毛重和估计尺寸，并考虑在货物堆装时有一定的货舱容积损失，经计算得出货物的积载因数。但由于估计尺寸较粗略，以及在不同区域装载时货舱容积损失的大小有所差别，所以得出的数据不准确。此外，某一货种的积载因数还由于货物种类、包装规格、包装方式、品质等级方面的不同而有所不同，所以在使用积载因数时要格外注意。例如，橡子仁在散装方式下积载因数是 1.49，在袋装方式下是 1.67。可到专业网站查询并下载积载因数表。

在集装箱装箱过程中，能否最大化地利用集装箱内容积，货物的积载因数至关重要。为了方便从业人员制订装箱计划，有效利用集装箱内容积，切实提高集装箱运输的经济效益，锦程物流网提供了 942 种货物的积载因数查询功能，查询网址为 http://info.jctrans.com/gongju/jz.asp。部分货物积载因数见表 2-7。

表 2-7 部分货物积载因数

货物英文名称	货物中文名称	积载因数	包装
HYROCHORIC ACID	盐酸	1.8	PLASTIC DRUM
BORIC ACID	硼酸	1.8	BAG
PRITING INK	油墨	1.31	DRUM
RANGA OF PAINTS	油漆	1.04	DRUM
RED LEAD	红丹	1.06	BAG
ZINC CHLORIDE	氧化锌	1.21	BAG
CANDLE	蜡烛	1.6	BAG
OXILIC ACID	草酸	1.54	BAG
POYVINYL CHORIDE	聚氯乙烯	1.34	BAG
PVC RESINS	树脂	1.46	BAG

2.3.4 危险货物

1．危险货物的含义

危险货物是一个总称，它包括很多品种，不同国家、不同行业有不同的规定和表述，且每年都会有新品种被列入危险品范畴。国际海事组织制定的《国际海运危险货物规则》(简称《国际危规》)将危险品分为九大类，具体范围和标准与各国规定稍有不同。

我国交通主管部门以《国际危规》为蓝本，制定并实施了我国的《水路包装危险货物运输规则》(简称《水路危规》)。因此，危险货物就是一个特定范围，应是条文所列明的，必须按条件所要求的防范措施才能运输的货物。

根据我国《危险货物分类和品名编号》(GB 6944—2012)，危险货物的构成要素如下所述。

(1) 货物本身具有爆炸、易燃、毒害、感染、腐蚀、放射性等特殊性质。

(2) 容易造成人身伤亡、其他财产损毁和环境污染。

(3) 在运输、储存、生产、经营、使用和处置中需要特别防护的物资和物品。

三项条件必须同时具备，缺一不可。

2．危险货物的包装

(1) 包装材料的材质、规格和包装结构与所装危险货物的性质和重量相适应。包装容器与拟装物不得发生危险反应或削弱包装强度。

(2) 充装液体危险货物，容器应留有正常运输过程中最高温度所需的足够膨胀余位。易燃液体容器应至少留有5%空隙。

(3) 液体危险货物要做到液密封口；对可产生有害蒸气及易潮解或遇酸雾能发生危险反应的应做到气密封口。对必须装有通气孔的容器，其设计和安装应能防止货物流出或进入杂质水分，排出的气体不致造成危险或污染。其他危险货物的包装应做到密封不漏。

(4) 包装应坚固完好，能抗御运输、储存和装卸过程中正常冲击、振动和挤压，并便于装卸和搬运。

(5) 包装的衬垫物不得与拟装物发生反应，降低安全性，应能防止内装物移动和起到减震及吸收作用。

(6) 包装表面应清洁，不得粘附所装物质和其他有害物质。

3．危险货物的标志

大部分危险货物在装运过程中，必须遵照交通部门颁发的《危险货物运输规则》执行。在包装和运输过程中，应在包装的明显部位标明危险货物的标志。

危险货物的标志由危险货物的标记、标签和标牌组成。标记是指标注在包装危险货物外表的简短文字或符号，包括危险货物的完整学名、联合国编号、海洋污染物标记。标签是以危险货物运输规则中规定的色彩、图案和符号绘制成的菱形标志，醒目地表示包装危险物的性质。标牌是放大的图案标志(25cm×25cm)，粘贴于较大的运输单元上，如集装箱、可移动的罐柜等。

《国际危规》规定：危险货物的所有标志均须满足至少三个月的海水浸泡后，能够既不脱落又清晰可辨。

出口时，在国内属危险货物、国际不是危险货物的情况下，全程运输中(国内运输区段和国际运输区段)都可以免贴标志，在运输单据中的特约事项栏内注明“外贸出口，免贴标志”。

进口时，在国内属危险物、国际不是危险货物的情况下，仅国内运输区段按危险货物办理。

部分危险品标志如图 2.18 所示。

图 2.18　部分危险品包装标志

2.3.5 海运运价

1．班轮运价

在班轮运价中，船舶的一切正常营运支出均由船方负担(如装船、卸船和理舱在内的费用)。班轮运费是班轮公司运输货物而向货主收取的费用。它包括货物的装卸费和货物从装运港至目的港的运输费用和附加费用，即由基本运费和附加费两部分组成。

1) 基本费率

基本费率指每一单位(如1运费吨)货物收取的基本运费，简称O/F(Base Ocean Freight)，包括货物从装运港的装货费用和在目的港的卸货费用，以及从装运港到目的港的运输费用。基本费率有等级费率、货种费率、从价费率、特殊费率和均一费率之分。目前，多数航线上采用等级费率。其计算标准主要有以下几种。

(1) 按货物的毛重计收，在运价表中以字母"W"表示，一般以公吨为计费单位，也有按长吨或短吨计费的，称为重量吨(Weight Ton)。重货一般按照重量吨计收运费。

(2) 按货物的体积计收，在运价表中以字母"M"表示，一般以1立方米或40立方英尺为1尺码吨(Measurement Ton)。轻泡货一般按照尺码吨计收运费。

重量吨与尺码吨统称运费吨(Freight Ton)。

(3) 按货物的价格计收，称为从价运费。在运价表中以"A.V."或"Ad Valorem"表示，一般按FOB货价的一定百分率收费。

(4) 按货物的毛重或体积计算运费，取较高者，运价表中以"W/M"表示。

(5) 按货物的毛重、体积或价格三者中较高的计收，在运价表中以"W/M or A.V."表示。按货物毛重或体积从高计收后，再加一定百分率的从价运费，运价表中以"W/M plus A.V."表示。

(6) 按货物的件数计收。如汽车按量(Unit)，活牲畜按头(Head)。

(7) 临时议定。适用于粮食、豆类、煤炭、矿砂等运量大、货价低、装卸速度快的农副矿产品，由货主与船公司临时议定。

2) 附加费

为了使基本费率在一定时期内保持稳定，又能正确反映出各港的各种货物的航运成本，班轮公司在基本费率之外，又规定了各种附加费。由于附加费名目繁多，在班轮运费中又占着很大的比重，因此，在具体业务中要多加注意，防止漏计或错计。附加费主要有以下几种。

(1) 码头操作费或码头处理费(Terminal Handling Charge，THC)。这是国际班轮公会和航线组织联合从2002年1月起向中国货主征收的附加费用。对此费用，货主与船公司之间存在较大争议。货主认为，按班轮条款，码头操作费应该已包含在运费里了，因此加收THC属于不合理收费；但船公司却称收取此项费用是降低成本的机制，用作抵销向码头经营商支付的装卸作业费用。这一争议至今未能解决。

(2) 燃油附加费(Bunker Adjustment Factor，BAF or Bunker Surcharge，BS or Fuel Adjustment Factor，FAF)。这是由于燃油价格上涨，使船舶的燃油费用支出超过原核定的运输成本中的燃油费用，船公司在不调整原定运价的情况下，为补偿燃油费用的增加而加收的附加费。

在已经征收燃油附加费的情况下，如果燃油价格又突然上涨，船公司可能不调整原燃油附加费，而在正常收取燃油附加费以外还增收应急燃油附加费(Emergency Adjustment Surcharge，EAS)。

(3) 货币贬值附加费(Currency Adjustment Factor，CAF)。这是由于国际金融市场的汇率发生变动，计收运费的货币贬值，为了弥补船公司在货币兑换过程中的汇兑损失而加收的附加费。一般以基本运费的百分比计收。随着汇率变动，该附加费的标准也将不断变化。

(4) 旺季附加费(Peak Season Surcharge，PSS)。这是在每年运输旺季时，船公司根据运输供求关系状况而加收的附加费，也称“高峰附加费”。这是目前在集装箱班轮运输中出现得较多的附加费用。

(5) 自动舱单系统录入费(Automatic Manifest System，AMS)。“9・11”事件以后，因反恐需要，自 2003 年 2 月 1 日起，美国海关要求凡启程运往美国港口的集装箱货物，其承运人必须在国外港口装货前至少 24 小时内以电子方式通过美国设置的“自动舱单系统”，向美国海关提交准确完整的货物申报单。现在所收的 AMS，即自动舱单系统录入费。

（6）ISF 进口安全申报费。美国海关的新规定，要求进口商在装船前 24 小时向美国海关进行货物信息申报，由进口商提供的有 10 项申报内容，由船公司提供的有 2 项申报内容，称为 ISF 10+2。ISF 进口申报费为每单 USD35，若产生更改，改单费为每次 USD40。如未按要求申报，将受到 USD5 000 的罚款。

（7）其他，如港口拥挤附加费、转船附加费、直航附加费、选港附加费、绕航附加费、变更卸货港附加费等，这些附加费会在不同的时间、不同的场合、不同的航线上发生。

由于附加费种类繁多，托运人在询价时要问清除了基本运价外还有哪些附加费用，有时附加费占整体运费的 30%以上。货代业务员在报价时也务必将每条不同航线所要征收的附加费解释清楚，以免收费时引起争议。

有时船公司为方便起见，将基本运费与各种所需的附加费合在一起对外报价，简称“ALL IN”价格。

2．班轮运费的计算

1) 班轮运费的计算公式

总运费＝基本运价×运费吨＋附加费总和

2) 运费计算步骤

(1) 选择相关运价本。

(2) 根据货物名称，在货物分级表中查到运费计算标准和等级。

(3) 在等级费率表的基本费率部分，找到相应的航线、启运港、目的港，按等级查到基本运价。

(4) 从附加费部分查出所有应收(付)的附加费项目和数额(或百分比)及货币种类。

(5) 根据基本运价和附加费算出实际运价。

(6) 运费＝运价×运费吨。

3) 计算实例

【例 2-1】

某货轮从上海装运蛋制品直航英国伦敦，毛重 20 公吨，共 22 立方米，蛋制品为 12 级货物，按“W/M”标准计费，每运费吨基本费率是 116 美元，燃油附加费按 35%计，另有直航附加费每运费吨 18 美元，求总运费。

解：

货物计费标准为“W/M”，且 20＜22，选择运费吨为 22；

确定货物基本费率为116美元/运费吨；

共有两项附加费，燃油附加费按基本运费计算，直航附加费按每运费吨计算：

总运费＝22×116×(1＋35%)＋ 22×18＝3 841.20(美元)

该批货物的总运费为3 841.20美元。

【例2-2】

我国出口箱装货物一批，报价为CFR利物浦每箱35美元，英国商人要求改报FOB价。该批货物的体积为45cm×40cm×25cm，每箱毛重为35千克，货物计费标准为“W/M”，基本运费为120美元/运费吨，并加收燃油附加费20%，港口拥挤附加费10%。问：我方应如何报价?

解：

每箱货物毛重W＝0.035(公吨)，每箱货物体积M＝0.45×0.4×0.25＝0.045(立方米)

因为W<M，所以按体积单位计算运费：

总运费＝120×0.045×(1＋20%＋10%)＝7.02(美元)

FOB价＝CFR－F＝35−7.02＝27.98(美元)

3．集装箱班轮运费

集装箱班轮运费的计算基本上分为两个大类：一类是袭用杂货班轮运费计算方法，即以每运费吨为单位(俗称散货价)；另一类是以每个集装箱为计费单位，即包箱费率。

包箱费率是以每个集装箱为计费单位，也称均一费率。常见的包箱费率有以下三种表现形式。

1) FAK包箱费率(Freight for All Kinds)

FAK包箱费率，即对每一集装箱不细分箱内货类，不计货量(在重要限额之内)统一收取的运价，也称均一包箱费率。

采用这种费率时货物仅分为普通货物、半危险货物、危险货物和冷藏货物四类。由于受运输市场供求关系变化影响大，变动较为频繁。一般适用于短程特定航线的运输和以CY-CY、CFS-CY方式交接的货物运输。

2) FCS包箱费率(Freight for Class)

FCS包箱费率，是按不同货物种类和等级制定的包箱费率。集装箱普通货物的等级与件杂货一样分为1～20级。一般来讲，等级低的低价货费率要高于传统件杂货费率，等级高的高价货费率要低于传统费率，同等级的货物按重量吨计费的运价高于按体积吨计费的运价。这也反映了船公司鼓励货主托运高价货和体积货。

3) FCB包箱费率(Freight for Class and Basis)

FCB包箱费率，是按不同货物的类别、等级及计算标准制定的包箱费率。使用这种费率计算运费时，首先不仅要查清货物的类别等级，还要查明货物是应按体积还是重量作为计费单位，然后按等级、计算标准及交接方式、集装箱类别查到每只集装箱的运费。

【例2-3】

胜利轮从广州港装载杂货——人造纤维，体积为20立方米、毛重为17.8公吨，运往欧洲某港口，托运人要求选择卸货港Rotterdam或Hamburg，Rotterdam和Hamburg都是基本港口，基本运费率为USD80/RT，三个以内选卸港的附加费率为每运费吨加收USD3.0，计费标准为“W/M”。请问：

(1) 该托运人应支付多少运费(以美元计)?

(2) 如果改用集装箱运输，海运费的基本费率为USD1 100.0/TEU，货币附加费10%，燃油附加费10%。改用集装箱运输时，该托运人应支付多少运费(以美元计)?

(3) 若不计杂货运输和集装箱运输两种运输方式的其他费用，托运人从节省海运费考虑，是否应选择改用集装箱运输？

解：

(1) 因为 20 立方米大于 17.4 公吨，所以计费重量为尺码吨，该运量为 20 立方米，则

运费＝运费率×尺码吨＝(80＋3)×20＝1 660(美元)

(2) 因为该票货物的毛重和体积都小于 1 个 20'GP 的载重和体积，所以只需选用 1 个 20'GP。

运费＝(1＋10%＋10%)×1 100×1＝1 320(美元)

(3) 应选用集装箱运输。

任务 2.4 国际货运代理采购

国际货运代理采购流程：了解航线与船东资源→向船公司询盘→船公司报价→分析船公司报价→向货主报价。

1．了解船东资源

了解公司所经营的主要航线、承运人信息等，通过网络了解船期情况，将航线、承运人等情况进行分类整理。

2．向船公司询盘

在公司接到意向订单后，应根据客户要求运输的货物、运输路线、运输时间等情况向相关船公司询盘。在询盘时首先录入公司的相关信息，然后填写船货信息，包括货物描述、出发地、目的地、运输路径、运输方式、集装箱尺寸和类型、已选箱型、估计货物数量等。

3．船公司报价

通过向承运人询盘，得到各承运人的海运报价及船期信息。各船公司从上海到长滩的集装箱运价信息、运输方式及付款方式等内容见表 2-8。

表 2-8 船公司报价表

From: Shanghai To: Long Beach 货币单位：USD

Carrier (船公司)	Term	20'GP	40'GP	40'HQ	ETD (预计离港时间)	Time (day) (船期)
COSCO	CY	1 570	2 070	2 070	Tue/Wed/Thu/Fri	12
MSC	CY	1 420	1 775	1 775	Wed	14
MSC	CY	1 550	1 950	1 950	Mon/Sat	13
YML	CY	1 731	2 161	2 211	Sun	14

4．分析船公司报价

比较分析各船公司给出的报价、海运费及相关附加费信息，按照客户的运价要求，加入货运代理公司的利润，如 USD30/20'GP，看能否使船公司报价与公司利润之和不高于客户要求的运价。如果高于客户要求的运价，还需和船公司进行进一步的磋商，以争取更优惠的价格。

华润服装有限公司所要求运输的服装经货代公司询价，得到船公司报价见表 2-8。

5. 向货主报价

货代公司在获取船公司报价后，向客户进行报价，按船东报价信息提出 3 种方案供客户选择。

方案 1：COSCO

报价：USD1 570/20'GP

备注：以上为全包价(ALL IN)，包含 AMS(输舱单费)、FAF(燃油调整附加费)、THC(码头操作费)和 DOC(文件费)。

船期：直达，航程 12 天。

方案 2：MSC

报价：USD1 420/20'GP

备注：以上为全包价(ALL IN)，包含 AMS(输舱单费)、FAF(燃油调整附加费)、THC(码头操作费)和 DOC(文件费)。

船期：直达，航程 14 天。

方案 3：MSC

报价：USD1 550/20'GP

备注：以上为全包价(ALL IN)，包含 AMS(输舱单费)、FAF(燃油调整附加费)、THC(码头操作费)和 DOC(文件费)。

船期：直达，航程 13 天。

由于客户要求运输时间不超过 13 天，经过比价分析，客户选择了第 3 种方案，由船公司 MSC 负责该批货物的运送。

至此海航国际货运代理公司完成了接单后的货运代理业务采购和报价工作，在客户确定承运人后，货运代理公司将与客户签订国际货运代理合同，公司营销部将该业务的具体执行交由操作部完成，同时移交与该批货物相关的合同、发票、箱单等资料。

【行业指点】

货代公司与船公司

货代公司与船公司有时是买卖关系，有时又是竞争对手。货代公司可以每个季度向船公司拿出舱位来卖给客户，也可以直接和船公司签署一段时间的订舱货价，还可以在旺季的时候向船公司预先付钱买下一些舱位。

货代公司得到船公司给出的价格后，加上自己的利润卖给客户，这是大部分货代公司的销售模式，按照往常船公司都是按月调整运费；有时也用约价，不管是旺季还是淡季都使用约价，对旺季而言，约价潜藏巨大利润，对淡季而言，利润很少，还有可能是负数；有时购买舱位，这多发生在旺季，货代公司预计某个航次舱位在将来一段时间将供不应求，就预先把钱给船公司预定好部分舱位，以满足自己的需求，甚至可以高价卖出。

约价：也称套约价，是工厂、外贸公司或货代公司跟船公司订有合约，规定把所有的货都从有这个合约的公司出，然后，船公司就给这个有合约的公司放一个合约中的价格。这个约价比正常要低，只要是出货的提单抬头写这个有合约的公司名就好。船公司主要和一些出口产品量大的客户才谈约价。套约的货物只要能跟约价上的品名相关即可按套约的价格出口。

任务 2.5 国际货运代理销售

国际货运代理销售是指国际货代公司从船公司取得运输代理服务资格后，集中精力将这些服务销售出去，以形成企业的利润。这里所指的“销售”是开发和维护稳定的发货人和收货人，通常向外贸公司销售服务，也可以向货运代理销售服务，如一级货运代理可以将服务销售给二级或三级货代，由此谋取利润。国际货运代理销售一般由公司的营销部或销售部完成。

2.5.1 揽货概述

揽货(Canvass)，是通过与客户直接洽谈，通过电话、传真、互联网、广告等方式，争取对货物的承运权，以期获得更好的经营效益的行为，又称“揽载”。

1. 揽货对象

国际货运代理公司的揽货对象主要有两类：一是“直客”，业界称之为直接客户，指外贸工厂、国际贸易公司；二是间接客户，即同行客户，同行是指国际货运代理公司，如 A 货代将揽到的货物转给同行 B，则 A 货代是 B 货代的间接客户，B 货代是 A 货代的拼装人(Co-loader)。

【行业指点】

揽货技巧

如果货代公司是船公司的代理，或者跟船公司有很好的关系，或者有约价，那该公司既可以开发外贸公司，出口工厂，同时也可以联系同行。联系同行的业务可能对于迅速提升业绩是一个捷径，但前提是公司要有比较好的运价。

如果货代公司规模不大，运价也没有优势，揽到货就找同行或者船公司现询，则该公司最好还是针对一些规模不大的直客。把服务做好，流程做好做快。

如果货代公司的优势是做散杂货，联系的公司就应该是一些中大型的出口商或者国有企业。

如果货代公司做进口有优势，那就多联系做进口的客户，同行的货可以不用联系。

做直客比较复杂，每个环节都要自己盯着，哪个环节出了纰漏都会有麻烦。而与同行做一般是做三自(自报关、自报检、自做箱)，比较简单，对于刚起步的新人是个捷径。

做直客不能着急，要慢慢积累，不怕少，要做稳做精，服务一定要到位。做同行货只要有好的运价就比较容易拿货装箱，报关由同行做，很多麻烦同行就会解决。

2. 揽货渠道

一名合格的揽货员应该学会在浩瀚的信息中查询有用的货源资料。货源资料包括客户名称、联系电话、地址、客户简介等，如果有公司网页、E-mail、部门负责人联系方式等将对工作更有帮助。

1) 电话簿

电话簿也称黄页，是揽货员非常有用的渠道之一。

2) 互联网

充分利用国际互联网，查找合适的企业，特别是一些专业网，如中国外贸企业网、中国企业网等。

3) 商场

揽货员可以从大型商场或百货公司收集资料，包装盒上生产厂家的地址、网址、联系电话是最新、最可靠的。

4) 媒体

揽货员可以利用海报、报纸、电视等各种媒体收集资料，因为很多看似无用的宣传资料对揽货员而言是非常有用的。如企业在做销售推广，商品销往世界各地，该企业就成为潜在的直客。

5) 会展

展销会、交易会或博览会等各种会展商家云集，既是外销员的战场，又是揽货员的战场。会展上大量散发的宣传资料是货物信息的最好载体，是揽货员研究运输方式、判断货物销售季节的分析资料。

6) 关系网

社会关系是揽货员揽货的重要渠道，揽货员可以多参加同学会、同乡会等，以期认识更多合作伙伴。

2.5.2 揽货程序

国际货运代理企业的揽货程序一般经过以下 6 个步骤，如图 2.19 所示。

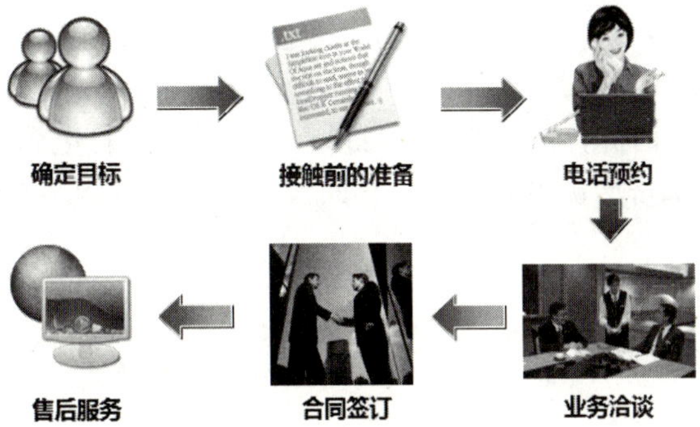

图 2.19 国际货运代理揽货程序

1. 确定目标

确定目标，即确定开发客户的目标。开发客户就是招揽货源，也是揽货程序的开始，是揽货成败的关键。外贸工厂、国际贸易公司、国际货代公司等都是揽货目标。在揽货时要注意找到决策关键人，如贸易公司的货运负责人。

【案例 2-1】

面对拒绝

两名货代业务员同时打电话去一家工厂，都被前台工作人员拒绝了，而且可能前台工作人员还说了一些比较让人受挫的话语。一名货代业务员决定放弃了，因为他觉得这家公司不可能打进去了。而另外一名货代业务员思考了一下，觉得这个前台工作人员能这样拒绝他，也一样拒绝了很多人，真正找到那个负责货运的人的货代业务员并不多，甚至可以说是寥寥无几。如果自己能通过一些方式找到负责人，自己岂不是会比别人打进这家公司的机会大很多？所以，经过思考，他多次地打电话，直到找到负责人为止。这中间就需要货代业务员的技巧了，那么大家想想他成功的机会是不是会很大呢？

【分析】货代业务员在工作中是需要不停思考的，面对的拒绝远远超过成功，请思考客户的每一次拒绝，从中总结一些得失，来提高自己的应对能力。

2．接触前的准备

1) 与客户初次电话沟通

通过电话、E-mail、QQ 等方式与有意向的客户交流，了解到货运要求后，马上电话联系客户。联络过程中要找出货运决策关键人，提高成功率。在打电话时，可以直接联系外贸公司进出口货运的负责人。

2) 进一步了解客户要求

了解客户要求是很重要的环节，向负责人介绍公司服务流程，讨论货物出运要求，具体询问细节如下。

(1) 货物的目的地和来源国家、出货时间、是否指定货。

(2) 货物性质：品名、数量、价值、包装，是否危险品或特种货物，监管证件要求及特殊保管要求。

(3) 运输方式：海运、空运、铁路、公路等。

(4) 时限要求：货物出运时间、航线、航期、是否转船等要求。

(5) 操作质量要求：货差率、货损率、接货及时性、包装等。

(6) 财务要求：付款方式(预付或到付)、保险、发盘、代收款等。

3) 客户询价与业务员报价

(1) 客户询价。客户询价有很多方式，可以口头询价，如打电话；也可以是书面的，如发 E-mail、商业广告、要求寄送价目表、网站信息发布等。通过网站询价的方式使用较为频繁，见例 2-4。

【例 2-4】

[海运集装箱] SHANGHAI(上海)–HAMBURG(汉堡) 整箱 货盘信息

货盘属性：普通货主货盘

起始港：SHANGHAI(上海)

目的港：HAMBURG(汉堡)

货物品名：普货

箱型/箱量：1×40 GP 普柜 HQ，分拨标准：40 GP 普柜 HQ；总重量：电询 TON

付款方式： 预付

进出口：出口

指定走货时间(最早–最晚)：最早走货时间：2014/3/27；最晚走货时间：2014/4/5；班期：不限

请问：上海到汉堡的 40 英尺高柜的价格是多少？

(2) 业务员报价。业务员不但要报准价，同时要及时了解市场行情和同行报价。业务员可以经常向同行询问价格，以及时掌控货运价格。

根据对象不同，业务员的报价方式分为直客报价、同行报价和网络报价。

按环节划分，报价可以分为分项报价与全包价。分项报价对海运、空运、驳船、拖车、报关、报检、仓储、保险等分别计费；全包价分为整箱价和散货价。

按公司价格管理层次不同，报价分为底价、对外标准报价和合同客户报价。各种服务的底价管理由业务主管负责，特殊价格或同行报价要由上述负责人决定，普通业务员无权决定。

报价需慎重，需要灵活发挥，看情况报价，注意客户的出价并存档。业务员在与客户交流时，对市场价、公司底价、报价方式及佣金给付方式要相当清楚。多数货代公司会给业务员谈价幅度，第一次报价要留有余地，为面谈做好铺垫。

揽货员在对客户报价时，必须核实相关运价、运输条款、船期，在确定有能力接受委托的情况下，如实告知客户完成此次委托所需时间和船期，并按公司对外报价表向客户报价，如所报价格低于本公司公布运价，则按公司《运价管理规定》执行。

4) 营销环境调查

正式约见客户前，揽货员要充分掌握客户和竞争对手的资料，如了解客户的营业状况、需要及货运特性，建立客户档案；了解竞争对手特别是客户以前的货代公司信息，建立竞争者档案，然后制订访问计划。揽货员需要准确预测市场未来动向，能与同行交换情报，讨论市场趋势，也可以和老客户讨论未来发展方向，为客户做出合理的货运方案。

3. 电话预约

在初步了解客户和货运信息后，揽货员应尝试约见有合作机会的客户。约见客户时首先应确定约见时间和地点，可以征求客户的意见，以客户要求为先。如同意见面，没有确定具体时间，应保持联系，尽快拜访。

4. 业务洽谈

业务洽谈是揽货的核心，直接关系揽货成败，因此揽货员应高度重视洽谈的技巧和艺术性。针对直客或货代公司等不同洽谈对象，揽货员应具体情况具体分析，灵活应对。业务洽谈从准备到面谈需要注意以下事项。

(1) 预约准备：客户所走航线的海运费，包括市场价、底价、报价、佣金，人民币费用，客户潜在的需要，准备如何解答、特殊需要等。

(2) 制造气氛：很好的谈话氛围是面谈取得效果的关键，要善于把握谈话的气氛，适时调整自己，与客户面谈时应注意得体的称呼、穿着、礼貌的举止、交谈距离等。

(3) 善于倾听：这是得到客户信息的重要途径，听的同时也要注意与对方交流，如你的表情、姿势、适当的回应等。

(4) 把握关键点：通过交谈了解到客户的需要，如优惠运价、通关能力、良好的服务、信用等。

(5) 必要的告辞：太易于应付的客户，实际上并不热衷与你合作，业务员的销售时间分秒必争，不要浪费在不必要的谈话上。

5. 合同签订

在与客户签约前，揽货员要与客户反复商谈，即客户跟踪或业务跟踪。经过一番询盘还盘后，双方意见趋于一致，揽货员应及时把握机会，与客户签订服务合作协议。国际货代企业接单就是接受客户委托，签订国际货代服务协议书。国际货代服务协议书格式多样，大部分是一份货物托运单，空运常用空运单代替，也有比较正式地签订一份委托运输代理合同。

散装货托运单见表 2-9。集装箱货物托运单见表 2-10。

表 2-9　散装货托运单

<table>
<tr><td colspan="6">海运出口托运单
SHIPPING LETTER OF INSTRUCTION</td></tr>
<tr><td colspan="6">托运人 Shipper:</td></tr>
<tr><td colspan="6">编号 No.:　　　　船名 S/S:　　　　目的港 For:</td></tr>
<tr><td rowspan="3">标记及号码
Marks & Nos.</td><td rowspan="3">件数
Quantity</td><td rowspan="3">货名
Description of Goods</td><td colspan="3">重量公斤 Weight Kilos</td></tr>
<tr><td>净 Net</td><td colspan="2">毛 Gross</td></tr>
<tr><td colspan="3">运费付款方式 Method of Freight Payment</td></tr>
<tr><td colspan="6">共计件数(大写) Total Number of Packages in Writing</td></tr>
<tr><td colspan="3">运费计算 Freight</td><td colspan="3">尺码 Measurement</td></tr>
<tr><td colspan="6">备注 Remarks</td></tr>
<tr><td colspan="2">抬头 Order of</td><td colspan="2">可否转船 Whether Transshipment Allowed</td><td colspan="2">可否分批 Whether Partial Shipment Allowed</td></tr>
<tr><td colspan="3">通知 Notice</td><td>装运期 Period of Shipment</td><td>效期 Period of Validity</td><td>提单份数 No. of B/L</td></tr>
<tr><td colspan="3">收货人 Receiver</td><td>银行编号 Bank No.</td><td colspan="2">信用证号 L/C No.</td></tr>
</table>

散装运输托运单(件杂货物运输＋大宗货物散装运输)是散装货物在托运所需的装货单(S/O)和收货单(M/R)的基础上发展而成的一种综合单据。一套完整的散装海运托运单共有 12 联。

第一联，船代留底。

第二、三联，运费通知单(1)(2)。

第四联，装货单(Shipping Order, S/O)，此联经船代盖章后即确认货已配定船只，海关在此联上盖章放行，船方凭此联收受货物，又叫关单。

第五联，收货单，即大副收据(Mate's Receipt, M/R)货物装上船后，大副在此联上签收，船公司或船代凭此联签发全套正本海运提单。

第六联，货运代理留底。

第七、八联，配舱回单(1)(2)。

第九联，货主留底。

第十联，港务部留存，用于收取港务费。

第十一、十二联，备用联(为空白)。

表 2-10　集装箱货物托运单

<table>
<tr><td colspan="3">Shipper (发货人)</td><td colspan="3" rowspan="3">D/R No. (编号)</td></tr>
<tr><td colspan="3">Consignee (收货人)</td></tr>
<tr><td colspan="3">Notify Party (通知人)</td></tr>
<tr><td colspan="3">Pre-carriage by (前程运输)</td><td colspan="3">Place of Receipt(收货地点)</td></tr>
<tr><td colspan="2">Ocean Vessel(船名)</td><td colspan="2">Voy. No.(航次)</td><td colspan="2">Port of Loading(装货港)</td></tr>
<tr><td colspan="2">Port of Discharge (卸货港)</td><td colspan="2">Place of Delivery (交货地点)</td><td colspan="2">Final Destination (目的地)</td></tr>
<tr><td>Container No.
(集装箱号)</td><td>Seal No.(封志号)
Marks & No.
(标记与号码)</td><td>No. of Containers or Pkgs,
(箱数或件数)</td><td>Kind of Pkgs ;
Description of Goods (包装种类与货名)</td><td>Gross Weight
(毛重/千克)</td><td>Measurement
(尺码/立方米)</td></tr>
</table>

续表

Total Number of Containers or Packages (IN WORDS) 集装箱数或件数合计(大写)					
Freight & Charges (运费)	Revenue Tons (运费吨)	Rate(运费率)	Per (每)	Prepaid (运费预付)	Collect (运费到付)
Ex Rate (兑换率)	Prepaid at (预付地点)	Payable at (到付地点)		Place of Issue (签发地点)	
	Total Prepaid (预付总额)		No. of Original B(S)/L (正本提单份数)		
Service Type on Receiving □—CY □—CFS □—DOOR	Service Type on Delivery □—CY □—CFS □—DOOR		Reefer Temperature Required (冷藏温度)	F	C
Type of Goods (种类)	□Ordinary (普通) □Reefer (冷藏) □Dangerous (危险品) □Auto. (裸装车辆) □Liquid (液体) □Live Animal (活动物) □Bulk (散货) □____,		危险品	Class Property IMDG Code Page UN No.	
可否转船			可否分批		
装 期			有 效 期		
金 额					
制单日期					

集装箱货物托运单又称场站收据(Dock Receipt, D/R)，是指承运人委托集装箱堆场、集装箱货运站或内陆站在收到整箱货或拼箱货后签发的收据，是集装箱运输专用的出口单据。托运人或其代理人可凭场站收据，向船代换取已装船或备运提单。不同的港口、货运站使用的也不一样，其联数有 10 联、12 联、7 联不等，以 10 联单较为常用。

第一联，货主留底。

第二联，集装箱货物托运单(船代留底)。

第三、四联，运费通知单(1)(2)。

第五联，装货单场站收据副本(关单)。

第六联，场站收据副本——大副联。

第七联，场站收据(正本)。

第八联，货代留底。

第九、十联，配舱回单(1)(2)。

当客户接受报价并下委托时，揽货员有责任向客户提供该公司的空白集装箱货物托运单，也可接收客户自己的托运单，但此类托运单应包括该公司托运单的主要条款。同时要求客户在托运单上签字、盖章(境外客户、托运私人物品的非贸易订舱者签字即可)。如客户不能及时提供内容详细的托运单，则必须在装船前补齐，否则由此产生的费用由客户负责。

接受货主委托时(一般为传真件)需明确货运重点信息，示例如下。

(1) 商品名称：低压聚乙烯(HDPE)High-density polyethy lene plastics。

(2) 商品编码：3901.1000。

(3) 数量：3 000 袋，每袋 25kg。

(4) 支付方式：L/C。

(5) 价格条款：每吨 USD800CIFtianjin。

(6) 包装：塑料袋装。

(7) 预计到港时间：2014 年 10 月 20 日。

(8) 装运港：西雅图。

(9) 目的港：天津港。

同时，与客户确认报关报检、保险办理等其他货运相关事宜。

6．售后服务

业务员填好货物托运单后，接着填写工作流程单，详细记录客户的要求，然后传递给后续部门。揽货的售后服务是指从接收客户委托开始直至在目的地交付收货人并完成所有委托事项为止，是国际货代企业履行服务合同、提供国际货代服务产品最重要的内容之一。

2.5.3 揽货注意事项和技巧

1．充分了解合作伙伴和目的国货运法律

国际货运代理企业离不开承运人、仓库、堆场、货运站、码头、机场、车站、保险公司、报关行、拖车行、控箱公司等关系企业的协作，对以上关系企业的操作程序要了然于胸；同时对目的国货运法律也要熟悉，以应付客户的各种问题。例如，美国国内道路限重严格，各州法律规定均不相同，一般小柜 17.3t，高柜 19.5t。

对合作伙伴的适时价格也要充分了解，以便向客户报出正确价格，如各码头费用、拖车费用、海运费和空运费都在随时波动。海运方面要掌握发货港到各大洲及客户常用港口的运杂费，各主要船公司的船期；空运方面要掌握发货空港到各大洲及客户常用空港的运杂费，各主要航空公司的航班时刻；陆运方面要掌握各大城市的公里数和拖箱费及港口装箱费；对于所有的运输方式，报关费、报检费、文件费，修箱、洗箱、租箱、仓租等费用都必须有所了解。揽货员应常备一份各种运杂费清单。

2．建立服务优势，掌握报价技巧

国际货运代理企业要善于建立小范围垄断，这样就有了别人没有的优势。建立所在地区最优惠的服务价格是公司迈向成功的基石。例如，有的公司欧地线价格优惠，有的是美洲航线优惠。国际货代企业在优势产品方面拥有较多的同行客户，降低了揽货成本和操作成本。每个揽货员要充分了解本公司优势产品的价格结构及特点，并及时向合作伙伴索取适时报价，学会用优先权或优惠价来吸引新客户和稳定老客户，灵活运用揽货佣金。

(1) 运价优势。价格的差距取决于揽货量和客户关系。国际货运代理企业同承运人的合作协议往往规定货量和运价的对应关系，国际货运代理企业以此获得优惠运价。有些货代公司和船公司非常熟悉，可以拿到好价格。但是，随着国际货运代理行业竞争不断加剧，只靠承运人的运价承诺已经不能满足客户要求。现在，许多国家货运代理企业以优化运输组合来取得某线路的运价优势，在场站、码头、托车站等所有环节争取最好的价格。

(2) 时间优势。除了价格优势外，时间优势也是值得揽货员向客户介绍的核心竞争力。例如，有些国际货代公司和船公司结成联盟，在市场上形成唯一直航某地的船公司，且货运量很大。虽然其他公司也到同一目的地，但需转船，容易拖延船期。在这种情况下，虽然代理直航业务的国际货运代理公司运价稍高，但占有船期快的时间优势。

(3) 质量优势。服务质量优势对于有特殊服务要求的货物(危险品、贵重货物、活动植物等)尤为重要，对某类货物运输处理的优势可以赢得客户的信任。国际货运代理服务质量可以体现在过去较多的化工品和危险品运输货量上，使公司处理这些货物时得心应手、效率高，客户放心。

(4) 地区优势。国际货运代理企业往往在创业所在地有良好的客户关系网络和业务网络，使得从这些地区出发的货物处理效率高、费用低，从而构成地区优势。

【知识链接】

揽货佣金

揽货佣金是承运人和国际货运代理企业为吸引客户，回馈给客户货运负责人个人或其公司的利益。

3．资料收集及时齐全，准确传递给操作员

要了解客户的全部关键要求，对常规的服务要求一定要问清楚，如是否代理报关、报检、保险、拖车、仓储等；要及时收集齐全货代单证，特别要注意报关、报检中的监管证件是否提前准备好，同时认真核实单证资料的准确性，以免造成改单的额外费用；向操作员传递客户的有关资料。揽货员将客户提供的资料填写在业务流程卡上传递给操作员，其内容包括：起运港、目的港、船名、截关日、箱型、箱量、价格及其他服务要求等。

【业务指点】

截关、截港、截单

截关：是指截止报关放行的时间，货物必须要在此时间之前做好报关放行的工作，递交海关放行条(场站收据又称下货纸)给船公司。一般情况下，集装箱进堆场后即可办理出口报关手续。在截关时间之后再递交海关放行条，船公司将视该货物未能清关放行，不允许上船。一般是船开日前 1～2 天(散货是提前 5～7 天)，而且一般是在截港时间后半个工作日。

截港：也叫截重时间，是指该时间之前，装好货的货柜可以入码头或入仓库，过了之后就不可以再进入码头，一般是船开日前 1～2 天(散货提前 5～7 天)。

截单：是指船公司最后更改提单格式的时间，在此之前，提单格式和资料可以多次修改，在此之后，提单修改将会产生改单费用。这个时间没有标准，各个船公司不一样，有的是开船日，有的是开船后一周之内。

在货代业务中，假如说三截五开，那就是周五开的船，周三截关，必须在周三前装箱进港，最晚周三报关，周三必须到港区放行。

4．建立客户档案，协助客服人员做好客户关系管理

一些中小企业不设客户服务部，是由业务部来管理客户关系。客户历史档案有助于揽货员在第一时间内对客户的要求做出响应，以最快、最好的服务满足客户。

5．做好业务报告，协助财务人员回款

业务部要定期制作业务报告给管理层，以及时了解客户动向，指导开拓市场。业务报告中包含对业务量和应收服务款项的统计，清楚、正确地列出每票业务所有服务项目、费用和客户支付情况，分别列出已付账款和应收账款。揽货员通知财务部开立核对发票，协助财务部及时收回服务货款。

【案例 2-2】

切莫忽视“小人物”

货代业务员小李谈下来一家比较稳定的客户，他取得了工厂外贸部王经理的信任，把货物全部放到他这

边出口。王经理不可能自己做单证工作等，只是询个价格，下面的事都是由单证员小高来做。由于小高是新人，遇到很多事情都要麻烦小李，向他请教。小李经常要报价，比较忙，觉得小高很烦，很多问题不懂，有时甚至不理会小高的询问。自己认为，王经理都搞定了，管那个单证员干吗呢？小高当然能够感受到小李的不满，所以尽量少去麻烦小王，这期间小高认识了另外一名货代业务员小董，每次小高有问题问小董，小董都会耐心地帮助她解决问题，并教她怎么做，小高在心里特别感激这个热心的小董。随着时间推移，王经理慢慢无暇顾及询价订舱之类的事情，加上小高越来越熟练，就直接把这个权利放给小高了，只要货物安全稳定，货代业务员就让小高去选择了。两个星期没有托书，小李感觉不对，去找王经理，王经理让他直接找小高。这时小李才带着礼物去找小高，得到的回应是："我现在合作的货代业务员很好，没有问题是不会换的。"当然这个货代业务员就是小董了。

【分析】这个案例充分反映出货代业务员在维护客户上面忽略了"小人物"的问题。货代业务员是有很多繁杂的事情要处理，但是千万别忽略了客户那边做事的"小人物"。每个人不可能一直都是"小人物"，善待别人，也是在积累自己的资源。有时"小人物"会成为最后主宰客户是否长久的关键因素。

【学习测评】

一、单选题

1. 鹿特丹(Rotterdam)是下列哪一条集装箱货物运输航线上的港口？(　　)

A. 远东—北美西海岸航线　　B. 澳新航线
C. 远东—北美东海岸航线　　D. 欧地线

2. 专为运输木材、水果、肉类、鱼类等货物设计建造的船是(　　)。

A. 杂货船　　B. 滚装船　　C. 散货船　　D. 特种货物运输船

3. 凡运往非基本港的货物，达到或超过规定的数量，船舶可直接挂靠，但要收取(　　)。

A. 转船附加费　　B. 直航附加费　　C. 港口附加费　　D. 选港附加费

4. 对每一集装箱不细分箱内货类，不计货量(在重要限额之内)统一收取的运价，称为(　　)。

A. FAK 包箱费率　　B. FCS 包箱费率　　C. FCB 包箱费率　　D. FAS 包箱费率

5. 在国际货运代理业务中，货代业务员时常会遇到这样的情况，虽然自己努力遵守着公司的服务规范，但还是有客户不满意。从营销理论上分析产生此类问题的最主要的原因是(　　)。

A. 该业务员还不够努力
B. 业务员没有了解客户的真正需求，没有因人而异
C. 客户太挑剔而不好满足
D. 客户对公司有意见，故意不配合业务员的工作

二、多选题

1. 在以下船公司中，(　　)是属于新加坡的船公司。

A. CSCL　　B. APL　　C. PIL　　D. HMM

2. 清洁货物指清洁、干燥的货物，如运输保管中不能混入杂质或被玷污的商品；供食用的食品；不能受压、易于损坏的易碎品及各种日用工业品等。以下货物中，(　　)是清洁货物。

A. 棉花　　B. 玻璃制品　　C. 骨粉　　D. 电子产品

3. 在以下港口中，(　　)是欧地线的主要港口。

A. 巴生港　　B. 安特卫普　　C. 魁北克　　D. 不莱梅

4. 国际货运代理公司的揽货渠道主要包含(　　)。

A. 互联网　　B. 银行　　C. 会展　　D. 社会关系

5. 国际货运代理公司揽货员报价时，按公司价格管理层次不同，报价分为(　　)。

A. 底价　　B. 对外标准报价　　C. 全包价　　D. 合同客户报价

三、案例分析

工厂的外贸业务员陈小姐是货代业务员小张的客户，陈小姐是个做事严谨的人，有时一些要求也很苛刻，当然这种苛刻是对事情完成程度的苛刻，而不是轻视货代业务员的苛刻。很多货代业务员都觉得陈小姐是个态度很不好的客户，小张却知道其实陈小姐人很好，只是做事的时候比较较真。所以，他每次帮助陈小姐出货的时候，确认好的费用从不多收，即使有时候因为安排疏忽而有一些额外的费用，也从不会多向陈小姐收取。陈小姐那边有个习惯，每票货物出口后都会要出口报关单，连续两次以后，小张就多了个心眼，每次报完关就让操作员先要好报关单，扫描进电脑，陈小姐需要的时候第一时间发给她。小张在报价上从不乱加利润，只是保证正常利润。货代工作中总会有一些问题，有次船晚开，小张要好了船公司的晚开通知，再给陈小姐打电话，解释原因，本来以为会被骂一通的，因为订舱的时候就很急，现在船不能准时开航，肯定会影响国外客户收货的时间。没想到陈小姐不但没有抱怨，反而接受了小张的解释。因为陈小姐知道小张一直在用心做事，从不会欺骗她。其实陈小姐工厂有很多货物都用在起运港港口的货代公司，只有小张的公司是陈小姐工厂留下来的唯一一家所在城市的货代公司，并且一直支持着小张，即使其中小张换过公司也一直用他。

请分析外贸业务员陈小姐愿意让小张做该工厂货运业务的原因。

【技能训练】

一、训练内容

1. 查询世界主要班轮航线和基本港

训练要求：分组(4～6 人)上网查询世界主要班轮航线，找出每个航线的航行路线及停靠的基本港，每组同学通过分工合作的形式将世界各主要航线及基本港制作成 PPT，通过组内评价、组际评价和教师评价的形式选出若干优秀的 PPT，由制作学生负责讲授各航线及港口的基本情况。

考核指标：①PPT 精美程度；②汇报人的表达能力；③资料的详细和准确程度；④内容是否条理清晰。

2. 匹配货物、货船、货物运价

训练要求：通过查询海运订舱网、锦程物流网等网站信息，每组同学列出 10 种不同类型的货物，交由另一组同学为不同种类的货物匹配货船、计算货物运价。教师负责检查匹配准确度，对每组的任务完成情况做出评价，对于出现的问题，教师应及时分析纠正，确保任务完成的质量。

考核指标：①货物与货船的匹配准确度；②货物运价计算的准确度。

3．国际货运代理采购与销售操作训练

训练要求：教师为每组学生提供货物出运信息，学生进行组内分工，分别扮演贸易公司、货代公司、船公司，通过三个角色的协作，完成国际货运代理服务采购环节与销售环节的现场模拟，要求学生根据所学内容准备操作场景、分析业务内容、设计操作环节、组织洽谈语言、融入商务礼仪。通过 1～2 个学时的准备，以小组为单位进行展示，每组展示后由学生和教师分别点评。

考核指标：①操作场景设计合理程度；②业务内容分析的准确性；③操作环节设计的周密程度；④货代业务洽谈语言规范程度；⑤商务礼仪的规范程度。

二、网络学习资源

海运订舱网(http://www.sinotransbooking.com/sinotrans-main/index.html)
锦程物流网(http://www.jctrans.com)
中国远洋运输集团(http://www.cosco.com)
中海集装箱运输股份有限公司(http://www.cscline.com)
中国对外贸易运输(集团)总公司(http://www.sinotrans.com)
中国运费网(http://www.cgfreight.cn)

项目 3

国际海运货代操作

【学习导航】

【知识目标】

(1) 掌握集装箱运输知识；
(2) 掌握海运出口货运代理业务程序；
(3) 掌握海运进口货运代理业务程序；
(4) 掌握海运单据的知识；
(5) 掌握海运事故的预防、分类、成因及索赔知识。

【能力目标】

(1) 能根据货物性质选配装箱；
(2) 能根据货主要求完成订舱、做箱、集港、报关报检、装船出运等海运出口操作；
(3) 能根据货主要求完成换单、报关报检、交费、提运货物等海运进口操作；
(4) 能缮制装货单、海运提单、集装箱设备交接单等海运单据；
(5) 能分析海运事故的成因并合理索赔。

【学习情境】

海航国际货运代理公司王欣如小姐在公司见习 3 个月后进入公司操作岗位。她接手的第一票货物是受托将一个 20 英尺货柜的陶瓷餐具通过集装箱班轮运往德国汉堡。

讨论：(1) 了解海运货物出口操作流程。

(2) 了解海运货物出口需要使用的单据。

(3) 根据海运出口操作流程，缮制货运单据，完成陶瓷餐具的出运操作。

【学习任务】

任务 3.1 认知集装箱

集装箱是进行国际货物运输最主要的载体，目前国际货物运输中除大宗散货、重大件货物外，基本上都采用集装箱运输，件杂货运输在国际班轮运输中已经越来越少见。因此，熟练掌握集装箱的种类、装箱方式、交接方式等，有助于在进出口货物运输中合理用箱。

3.1.1 集装箱定义

集装箱(Container)是指具有一定强度、刚度和规格专供周转使用的大型装货容器。根据国际标准化组织(ISO)及大多数标准术语的定义，它是一种运输设备，在运输实践中又可分为承运人箱(C.O.C.)和货主箱(S.O.C.)两类来处理对待。在我国台湾和香港等地称为“货柜”或“货箱”。

使用集装箱转运货物，可直接在发货人的仓库装货，运到收货人的仓库卸货，中途更换车、船时，无须将货物从箱内取出换装。集装箱最大的成功在于其产品的标准化以及由此建立的一整套运输体系。能够让一个载重几十吨的庞然大物实现标准化，并且以此为基础逐步实现全球范围内的船舶、港口、航线、公路、中转站、桥梁、隧道、多式联运相配套的物流系统。

【知识链接】

集装箱的由来与发展

“集装箱”在中国南方及香港特别行政区被称为“货柜”，英文为“Container”或“Box”，即一种可以装货的容器或盒子。集装箱是由美国人发明并使用的，最早是用在铁路上。1921 年 3 月 19 日，它最早出现在美国纽约铁路运输总公司。英国人也不甘落后，他们于 8 年后，即 1929 年开始了英国—欧洲大陆海陆直达集装箱联运。但这些都只是局部的、小规模的使用。

集装箱大量运用则始于越南战争，当时美国人用集装箱大量运输作战物资，效果甚佳，虽然最终美国也没有打赢这场战争。1966 年美国海陆公司(Sealand)在北大西洋航线上开始使用改装的集装箱船“FairLand”号，为集装箱直达联运的历史开启了新的一页。

在集装箱未被大量使用前，运输的货物都是装进麻袋或编织袋、纸盒、木箱等，先在码头上将一箱箱或一袋袋的货物搬进一个大钢丝网兜中，用岸上的吊杆或船上的吊杆吊进船舱内，再由守候在舱底的装卸工人把它们一一搬出网兜，整齐地摆放在船舱内。这种运输方式在中国持续了一个世纪，直至 20 世纪 90 年代中期，并且今天我们在长江、珠江航运运输以及铁路运输中仍可见到。

集装箱运输基本上克服了散杂货的上述种种不足，受到运输公司、货主的广泛欢迎。

3.1.2 集装箱规格与标记

1. 集装箱标准

国际标准化组织于 1970 年制定的集装箱标准规格共有 13 种，其中 40 英尺集装箱 4 种、30 英尺集装箱 4 种、20 英尺集装箱 3 种、10 英尺集装箱 2 种。现在应用较为广泛的是 20 英尺和 40 英尺的箱型。世界上集装箱的规格主要有：20'GP、40'GP、40'HC、45'HC、48'GP、53'GP。集装箱主要箱型见表 3-1。

表 3-1 主要集装箱箱型

箱型	内容积	配货毛重	配货尺码
20'GP	5.69m×2.13m×2.18m	17.5 公吨	$25m^3$
40'GP	11.8m×2.13m×2.18m	25 公吨	$55m^3$
40'HC	11.8m×2.13m×2.72m	22 公吨	$68m^3$

注：表中是集装箱内容积及配货毛重与体积参考值，实际装货时可能会略高于此。

国际上通常用“TEU”作为表示船舶装载集装箱能力或集装箱港口吞吐量的单位。TEU，英文为 Twenty-foot Equivalent Unit，译为国际标准集装箱单位，即把一个 20 英尺的普通集装箱(GP)作为一个单位，也就是一个 TEU。一个 40 英尺箱或 40 英尺超高箱作为两个单位来计算，即 2 个 TEU。

2. 集装箱标记

为了在流通和使用中便于对集装箱进行识别和管理，集装箱上都印有标记。国际标准化组织专门制定了集装箱标记的标准，即《集装箱代号、识别与标记》，该标准明确规定了集装箱标记的内容、标记字体的尺寸、标记的位置。

国际标准化组织规定的标记有必备标记和自选标记，每类标记中又分为识别标记和作业标记。集装箱标记如图 3.1 和图 3.2 所示。

(1) 第一组标记：集装箱箱号。

如图 3.1 所示：GSTU 360201 2

前三个英文字母是箱主(船公司、租箱公司)代码，箱主代码由箱主自己规定，并向国际集装箱局登记，比如中远集运是 COS，法国达飞是 CGM，加拿大海运是 CAM 和 CAN。图中 GST 是美国金斯塔租箱公司。

第四个字母 U 代表海运集装箱，表示所有常规集装箱。此外，“J”表示带有可拆卸的集装箱，“Z”表示集装箱的拖车和底盘车。

6 位阿拉伯数字是集装箱的编号，即顺序号。通常 1 和 9 开头的集装箱是特种箱，4、7、8 开头的是大柜，2、3 开头的是小柜。如有效数字不是 6 位时，则在有效数字

图 3.1 集装箱标记

前用“0”补足 6 位。如“053842”。

箱号最后一位数字是核对数字，即集装箱的识别码，用于核对箱主号与顺序号记录的正确性，用 1 位阿拉伯数字表示，并加方框以醒目。

(2) 第二组标记：国籍代号＋箱型代号。

如图 3.1 所示：US 2210

国籍代号：由 2 位或 3 位拉丁字母表示，说明集装箱登记国，如 CN 或 RCX 为中国，US 或 USA 为美国。

箱型代号：由 4 位阿拉伯数字表示，如 2210。

常用箱型的国际代码见表 3-2。

表 3-2　常用箱型国际代码表

20 尺标准箱(20' GP)：22G1	40 尺标准箱(40' GP)：42G1
40 尺高柜(40' HC)：45G1	20 尺开顶柜(20' OT)：22U1
40 尺开顶柜(40' OT)：42U1	20 尺框架柜(20' FR)：22P4
40 尺框架柜(40' FR)：42P4	20 尺冷藏柜(20' RF)：22R1

(3) 第三组标记：集装箱最大总重、自重、净重和容积。

MAX. GROSS：最大总重(又称额定重量)，是集装箱的自重和最大允许载货量之和。用千克(KG)和磅(LB)同时标出。

TARE：集装箱的皮重，集装箱的空箱重量。

NET：集装箱最大允许载货量。

CU. CAP.(Cubic. Containerized At Pier)：码头装箱的最大容量，同时用 CU. FT(Cubic Foot)立方英尺表示。

更清晰的集装箱标记如图 3.2 所示。

WHLU 538194 0
45G1
M.G.W. 32500 KG
71650 LBS
TARE 4200 KG
9260 LBS
NET 28300 KG
62390 LBS
CU.CAP. 76.4 CU.M
2697 CU.FT

图 3.2　集装箱标记

上述标记要具有耐久性，其颜色应与集装箱门颜色有明显的不同。

3.1.3　集装箱种类

1. 普通集装箱(General Purpose Container, GP)

普通集装箱又称干货集装箱(Dry Container, DC)。以装运件杂货为主，通常用来装运文化用品、日用百货、医药、纺织品、工艺品、化工制品、五金交电、电子机械、仪器及机器零件等。这种集装箱占集装箱总数的70%～80%。普通集装箱如图3.3所示。

图3.3 普通集装箱

2．散货集装箱(Bulk Container，BK)

散货集装箱除了有箱门外，在箱顶部还设有2～3个装货口，适用于装载粉状或粒状货物。底部有升降架，可升高成40°的倾斜角，以便卸货。这种箱子适宜装运大豆、大米、麦芽、面粉、玉米、各种饲料及水泥、化学制品。使用这种货柜可以节约包装费用，减轻粉尘对人体和环境的损害，还可提高装卸效率和降低物流成本。散货集装箱如图3.4所示。

3．开顶集装箱(Open Top Container，OT)

这种集装箱没有箱顶，可用起重机从箱顶上面装卸货物，装运时用防水布覆盖顶部，其水密要求和干货箱一样。开顶集装箱适合于装载体积高大的物体，如玻璃板、钢板等。开顶集装箱如图3.5所示。

图3.4 散货集装箱

图3.5 开顶集装箱

4．框架集装箱(Flat Rack Container，FR)

框架集装箱是没有箱顶和侧壁，甚至有的连端壁也去掉而只有底板和四个角柱的集装箱。框架集装箱有很多类型。它们的主要特点是：为了保持其纵向强度，箱底较厚。箱底的强度比普通集装箱大，而其内部高度则比一般集装箱低。在下侧梁和角柱上设有系环，可把装载的货物系紧。框架集装箱没有水密性，怕水湿的货物不能装运，适合装载形状不一的货物。框架集装箱如图 3.6 所示。

图 3.6　框架集装箱

5. 平台式集装箱(Platform Based Container, PF)

平台式集装箱是仅有底板而无上部结构的一种集装箱。平台式集装箱装卸作业方便，适宜装超重超长货物，长度可达 6m 以上，宽 4m 以上，高 4.5m 左右，重量可达 40 公吨。两台平台式集装箱可以连接起来，装 80 公吨的货，用这种集装箱装运汽车极为方便。平台式集装箱如图 3.7 所示。

6. 冷藏集装箱(Refrigerated Container, RF)

冷藏集装箱分外置和内置式两种。温度可在－28℃～＋26℃之间调整。内置式集装箱在运输过程中可随意启动冷冻机，使集装箱保持指定温度；而外置式则必须依靠集装箱专用车、船和专用堆场、车站上配备的冷冻机来制冷。这种箱子适合在夏天运输黄油、巧克力、冷冻鱼肉、炼乳、人造奶油等物品。冷藏集装箱如图 3.8 所示。

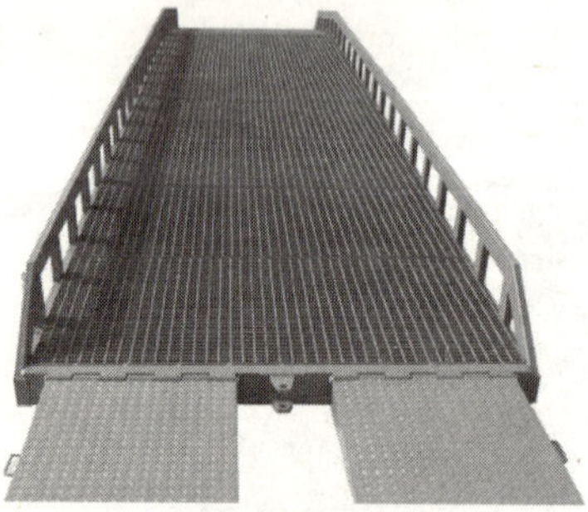

图 3.7　平台式集装箱

图 3.8　冷藏集装箱

7. 通风集装箱(Ventilated Container, VH)

通风集装箱一般在其侧壁或端壁或箱门上设有 4～6 个供通风用的窗口，适用于装运不需要冷藏但须通风、防止汗湿的杂货，如原皮、水果、蔬菜等。如果将通风窗口关闭，可作为杂货集装箱使用。在急需情况下可用设有通风孔的冷藏柜代替。通风集装箱如图 3.9 所示。

8. 罐式集装箱(Tank Container, TK)

罐式集装箱是一种专供装运液体货物而设置的集装箱，如酒类、油类及液状化工品等货物。它由罐体和箱体框架两部分组成，装货时由罐顶部装货孔进入，卸货时由排货孔流出或从顶部装货孔吸出。罐式集装箱如图 3.10 所示。

图 3.9　通风集装箱

图 3.10　罐式集装箱

9．挂式集装箱(Dress Hanger Container，HT)

挂式集装箱适合于装运服装类商品，分为单杠、双杠、三杠和四杠集装箱。如果是双杠、三杠和四杠集装箱，衣架直接挂在挂衣梁上；如果是单杠集装箱，服装衣架挂在绳子的绳结上，通常每根杠子上配 20 根绳子，绳子上通常有 10 个结、13 个结、15 个结。挂式集装箱如图 3.11 所示。

图 3.11　挂式集装箱

在集装箱实际使用过程中，确定集装箱箱型的顺序如图 3.12 所示。

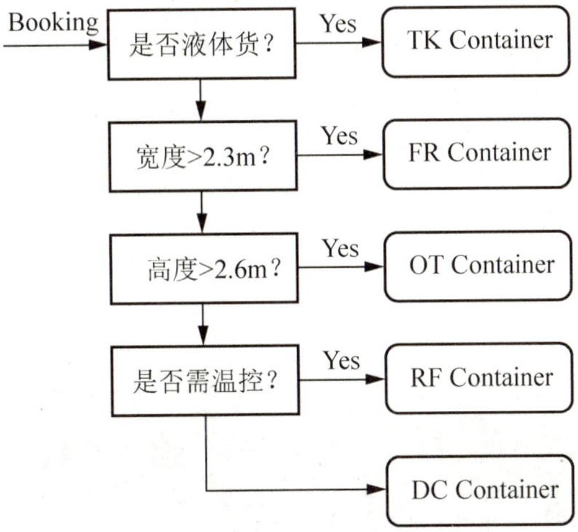

图 3.12　集装箱箱型选择顺序

【小测试】

根据以下集装箱简称说出集装箱类型

GP OT TK HT RF FR BK VH PF HC DC

3.1.4 集装箱的租赁和装卸

1. 集装箱的租赁

集装箱的租赁是指集装箱所有人将空箱租给使用人的一项业务。集装箱所有人为出租的一方，使用人为承租的一方，一般是船公司或货主，双方签订租赁合同。集装箱的租赁即由出租人提供合格的集装箱交由承租人在约定范围内使用。国际上有多种不同的集装箱租赁方式，概括起来有程租、期租、货期租用和航区内租赁等。

2. 集装箱的装卸

集装箱的装卸是指受承运人或其代理人的委托，受托方在装卸区从事下列各项业务。

(1) 整箱货运的交换、保管。

(2) 设有集装箱货运站者，办理拼箱货的交接。

(3) 安排集装箱船的靠泊，装卸集装箱，每航次都编制配载图。

(4) 办理有关货运单证的编签。

(5) 编制并签验集装箱运载工具出入及流转的有关单证。

(6) 负责集装箱及运载工具、装卸工具的检查、维修，以及空箱的清扫、熏蒸等工作。

(7) 空箱的收发、存储和保管。

(8) 安排空箱和重箱在堆场的堆码，编制场地分配计划。

(9) 其他有关业务工作。

3. 集装箱装卸区

装卸区是集装箱运输中，箱或货装卸交换保管的具体经办部门，一般由专用码头、前沿、堆场、货运站、指挥塔、修理部、大门和办公室组成。有时堆场或货运站等中转站可延伸到市区内部 5km～15km。下面重点介绍以下几种。

1) 集装箱前方堆场

集装箱前方堆场(Marshalling Yard)是指在集装箱码头前方，为加速船舶装卸作业，暂时堆放集装箱的场地。集装箱前方堆场如图 3.13 所示。

图 3.13 集装箱前方堆场

其作用是：当集装箱船到港前，有计划、有次序地按积载要求将出口集装箱整齐地集中堆放，卸船时将进口集装箱暂时堆放在码头前方，以加速船舶装卸作业。

2) 集装箱后方堆场

集装箱后方堆场(Container Yard)是指集装箱重箱或空箱进行交接、保管和堆存的场所。有些国家集装箱堆场不分前方堆场或后方堆场，统称堆场。

集装箱后方堆场是集装箱装卸区的组成部分，是集装箱在运输中以场到场交接方式办理整箱交接的场所。集装箱后方堆场如图 3.14 所示。

图 3.14　集装箱后方堆场

3) 空箱堆场

空箱堆场(Van Pool)是指专门办理空箱收集、保管、堆存或交接的场地，在集装箱装卸区或转运站堆场不足时才予以设立。这种堆场不办理重箱或货物交接。它可以单独经营，也可以在集装箱装卸区外另设。有些国家经营这种空箱堆场须向航运公会声明。空箱堆场如图 3.15 所示。

图 3.15　空箱堆场

4) 中转站或内陆转运站

中转站或内陆转运站(Container Depot or Inland Depot)是指海港以外集中装箱运输的中转站或集散地。其除了没有集装箱专用船的装卸作业外，其余均与集装箱装卸区的业务相同。中转站或内陆转运站包括集装箱装卸港的市区、内陆城市、内河港口的内陆转运站。内陆转运站如图 3.16 所示。

图 3.16　内陆转运站

5) 集装箱货运站

集装箱货运站(Container Freight Station)是指为拼箱货装箱和拆箱的船、货双方办理交接的场所。承运人在一个港口或内陆城市只能委托一个集装箱货运站的经营者，由它代表承运人办理以下主要业务：拼箱货的理货和交接；对货物外表检验，如有异状时，办理批注；拼箱货的配箱积载和装箱；进口拆接；代承运人加铅封并签发场站收据；办理各项单证。

集装箱货运站如图 3.17 所示。

图 3.17　集装箱货运站

3.1.5　集装箱货物的交接

1．集装箱货物的托运方式

集装箱货物的托运方式有整箱货与拼箱货之分，其区别见表 3-3。

表 3-3　整箱货与拼箱货

区别项目	FCL Shipper's Load & Count & Seal	LCL CFS Load & Count & Seal
装箱地点	D/CY	CFS
收发货人	1 个	2 个或多个收发货人

1) 整箱货(Full Container Load, FCL)

整箱货是由货方负责装箱和计数，填写装箱单并加封志的集装箱货物。整箱货通常只有一个发货人和一个收货人。

整箱货以箱为交接单位。只要集装箱外表与收箱时相似并且铅封完整，承运人就完成了承运责任。承运人并不负责箱内货物的货损货差。整箱货运提单上，要加上“委托人装箱、计数并加铅封”的条款。

因为整箱货运输减少了船公司的手续，故某些航运工会对整箱货运输会有运费折扣。

2) 拼箱货(Less Container Load, LCL)

拼箱货是装不满一整箱的小票货物，即由承运人的集装箱货运站负责装箱和计数，填写装箱单，并加封志的集装箱货物。

拼箱货通常是由承运人分别揽货并在集装箱货运站或内陆货运站集中，而后将两票以上的货物拼装在一个集装箱内，同样要在目的地的集装箱货运站或内陆站拆箱分别交货。对于拼箱货物，承运人要负担装箱与拆箱作业，装拆箱费用向货方收取。

拼箱货一般不能接受指定某具体船公司，船公司只接受整箱货物的订舱，而不直接接受拼箱货的订舱，只有通过货运代理将拼箱货拼整后才能向船公司订舱，一般通过货代公司“集中办托，集中分拨”来实现运输。

2. 集装箱货物的交接方式

目前，集装箱货物的交接地点有 4 种：Door、CY(Container Yard)、Hook(Tackle)、CFS(Container Freight Station)。Door 是指“门”，是双方约定的地点；CY 是指“集装箱堆场”；Hook 是指“船边或吊钩”；CFS 是指“集装箱货运站”。其中，门、场、钩是整箱货(FCL)的主要交接地点，站是拼箱货(LCL)的主要交接地点。

根据集装箱交接时的形态，集装箱货物有 4 种交接方式，见表 3-4。

表 3-4 集装箱货物交接方式与地点

集装箱货物交接方式	集装箱货物交接地点
FCL/FCL	D-D，D-CY，D-Hook，CY-D，CY-CY，CY-Hook，Hook-D，Hook-CY，Hook-Hook
FCL/LCL	D-CFS，CY-CFS，Hook-CFS
LCL/FCL	CFS-D，CFS-CY，CFS- Hook
LCL/LCL	CFS-CFS

其中，CY-CY 是最常用的整箱货交接方式，CFS-CFS 是最常用的拼箱货交接方式。

1) FCL/FCL：整箱交、整箱接

货主在工厂或仓库把装满货后的整箱交给承运人，收货人在目的地同样以整箱接货。换言之，承运人以整箱为单位负责交接。货物的装箱和拆箱均由收、发货方负责。

2) FCL/LCL：整箱交、拆箱接

货主在工厂或仓库把装满货后的整箱交给承运人，在目的地货运站或内陆转运站由承运人拆箱后，收货人凭单接货。

3) LCL/FCL：拼箱交、整箱接

货主将不足整箱的小票托运货物在集装箱货运站或内陆转运站交给承运人。承运人分类调整，把同一收货人的货集中拼装成整箱。运到目的地后，承运人以整箱交，收货人以整箱接。

4) LCL/LCL：拼箱交、拆箱接

货主将不足整箱的小票托运货物在集装箱货运站或内陆转运站交给承运人，由承运人负责拼箱和装箱，运到目的地货站或内陆转运站，由承运人负责拆箱，拆箱后，收货人凭单接货。货物的装箱和拆箱均由承运人负责。

3.1.6 集装箱装载量计算

在计算集装箱所需数量之前，先要判断这批货物是重货还是轻货，再求出每个集装箱的最大装载量和有效容积，然后根据货物的总重量或总体积算出该批货物所需要的集装箱数量。算箱方法如图 3.18 所示。

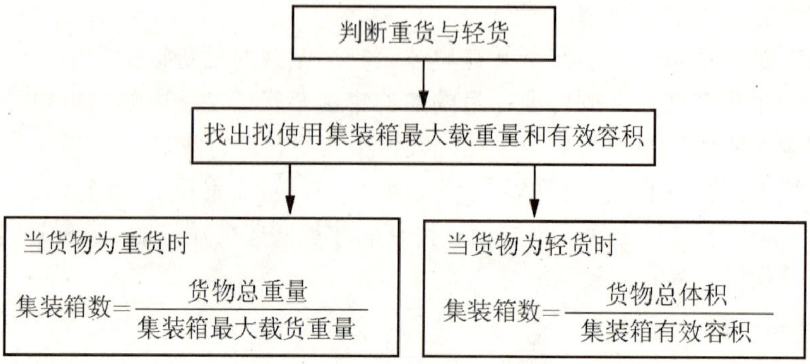

图 3.18 集装箱算箱方法

重货是指货物密度大于集装箱的单位容重；轻货是指货物密度小于集装箱的单位容重。

货物密度是指货物单位容积的重量，简称单位容重，即用货物的重量(kg)除以货物的体积(m^3)得出货物密度，用集装箱的最大载货重量除以集装箱的容积，所得的商就是集装箱的单位容重。

如果货物是重货，用货物总重量除以集装箱最大载货重量，得出该批货物所需集装箱数量。

如果货物是轻货，用货物总体积除以集装箱的有效容积，得出该批货物所需集装箱数量。

如果货物密度等于箱的单位容重，则无论按重量计或容积计，均可求得集装箱需要量。

【业务提示】

集装箱装柜软件——Load Expert 装柜专家

集装箱的装箱问题在大多数企业中一直得不到很好的解决，他们往往是凭经验作业，易造成以下问题：空间利用率低，平均只有八成左右；计算耗时费力，难以得到优化方案；货物装柜超重，装载数量不准确；作业缺乏标准，货物摆放混乱等。

针对上述问题，Load Expert 装柜专家应运而生，它解决了集装箱装柜时的很多问题。例如，多种装箱方式切合实际需求，详细设置满足装载规定，智能算法优化空间效率，直观操作展现装柜方案；同时节约运费，提高效率，规范作业，降低成本，是一个多快好省的集装箱装柜软件。

【例 3-1】

集装箱算箱示例

海川进出口公司要在 2015 年 3 月份向买方交付 130 吨钢构配件，体积约为 350m^3。对方开来信用证要求装运期不能迟于2015年3月31日，卸货港为荷兰的鹿特丹(Rotterdam)。海川进出口公司在3月10日前已将货物准备好，现将国际运输委托给海航国际货运代理公司办理。海航公司业务员小王接到货运委托后，进一步收集货物信息，开始算箱。

假设集装箱箱容率为80%，在不允许与其他货物混拼的情况下，需要装多少个40'HC？集装箱单位容重见表3-5。

表3-5 集装箱的单位容重

集装箱种类	最大载货重量/kg	集装箱容积/m^3	箱容利用率为100%时的单位容重/(kg/m^3)	箱容利用率为80%时的单位容重/(kg/m^3)
20'GP	21 740	33.1	656.8	821.0
40'GP	26 630	67.7	393.4	491.7
40'HC	26 600	73.3	362.9	453.6

集装箱算箱步骤：

(1) 先求货物密度，得

$$货物密度=\frac{130\ 000}{350}\approx 371.4(kg/m^3)$$

(2) 从表3-5中得知，当箱容利用率为80%时，40'HC集装箱的单位容重为453.6 kg/m^3，因为货物密度371.4小于集装箱的单位容重453.6，所以该批货为轻货。

(3) 从表3-5中得知，40'HC集装箱的有效容积为58.64(73.3×80%)m^3。

(4) 所需集装箱数：货物体积除以集装箱有效容积，即5.97(350/58.64)。

所以，此批货物需要装6个40'HC集装箱。

【小测试】

如果上题用20'GP集装箱来装运这批货物，在其他条件不改变的情况下，即箱容利用率仍为80%，需要装多少个20'GP集装箱?

任务3.2 认知国际货运代理海运业务流程

3.2.1 海运整箱货操作流程

海运整箱货操作流程有5个关键环节：接单—做箱—集港—放行—出运。

具体操作流程：委托代理—安排订舱—接受订舱—提取空箱—装箱集港—报关放行—装船—缮制舱单—货物出运—换取海运提单—进口货代接单—换提货单—进口清关—提运货物—退还集装箱。

讨论

海航国际货运代理公司业务员王欣如小姐接手的一票货物是将1个20'GP的棉毛巾通过集装箱运往德国汉堡。如果你是业务员小王，该怎样办理这票货物的出运事宜?

在公司经理和其他业务员的帮助下，小王梳理出该票货物的海运出口业务流程：

1．委托代理

这种货运代理关系的建立一般由货主作为委托人提出委托，由货代公司作为代理人接受委托，从而达成双方的委托代理关系。通常，双方是通过签订一份货运代理委托书来确定这种代理关系。在双方有长期货运代理业务的基础上，有时会以托运单、场站收据联单、货物明细表、建议提单、传真或电子邮件的形式来代替委托书。

在实际业务中，最好以规范的委托书或合同形式将双方关系明确，以备日后发生纠纷时分清双方的责任和权利。无论以何种方式委托订舱，发货人都应明确提供以下信息，同时将待出运货物装箱单、发票及相关单证一并提供给货代公司。

托运书中的内容通常包括以下 8 个方面。

(1) 委托单位名称。

(2) 托运货物内容，包括商品名称、标记、号码、件数、包装、式样、毛重、尺码、价格条件、出口总价等。

(3) 装运事项，如运输起讫地点、可否转船、可否分批、装运期限、信用证有效期限、配船要求等。

(4) 提单记载事项，如提单发货人、收货人、通知人、正本份数、运费预付与到付，信用证规定的某些必须记载的事项、采用正本提单还是电放等。

(5) 货物交、运日期，交运方式，货物备妥日期。

(6) 集装箱运输有关事项，如集装箱箱型、数量、装箱或提箱要求。

(7) 运费结算事项，包括外币及人民币结算单位的开户银行、账号。

(8) 其他特殊事项，如危险品、冷冻货的特殊说明。

货代公司接到委托方的委托书后，应及时审核，根据要求及时联系有关船公司或其代理人订舱，如某些要求无法做到，应及时联系委托方，征求意见，以免延误工作。

出口货物托运委托书通常以出口货物托运单的形式出现，出口货物托运单见表 3-6。

表 3-6　出口货物托运单

填制日期：2014 年 10 月 12 日

托运人：HAIFENG TRADING CO., LTD. HANGMAO MANSION RM8706 NO.85 QINGDAO QINGDAO 266000, CHINA	合同号	MCL2001026
	发票号	05IN-T×××
收货人： TO ORDER	信用证号	0011LC123×××
	运输方式	BY SEA
通知人： MACALLEN IMPORTERS LTD. Unit 14, South Warehouse,Sandfield Mill, Saul, Gloucester; GL27JY	运输条款：☐ CY/CY　☐ CY/HK　☐ CY/FO ☐ CY/DR　☐ DR/DR　☑ DR/CY	
装船期：NOT LATER THAN OCT 30 ,2014	提单：☑ 需正本提单　☐ 电放 2 COPIES	
装运港：QINGDAO PORT, CHINA	海运费：☑ FREIGHT PREPAID ☐ FREIGHT COLLECT	
转船/分批：转船：NOT ALLOWED；分批：NOT ALLOWED		
目的港：HAMBURG PORT, GERMANY		

续表

标记唛码	件数	货物品名及规格	箱量	毛重	尺码
MCL MCL2001026 HAMBURT PORT, GERMANY NO.1-500	500CTNS	ABOUT 500 CARTONS COTTON TOWEL	1×20' FCL	10 000KGS	25.5CBMS
拖车行名称：			电话：		联系人：
如委托我司拖车、报关，请填写：电话：0532-2232×××× 联系人： 李华 装货时间： 2014 年 10 月 25 日 装货地点：潍坊临朐北川路××××					
特别事项： 请订 10 月 25 日的船期					
托运人签名和签章： HAIFENG TRADING CO., LTD. HANGMAO MANSION RM8706 NO.85 QINGDAO QINGDAO 266000, CHINA 电 话： 0532-5645×××× 传 真：0532-3698××××					

【知识链接】

马士基电子订舱系统

马士基航运公司(MSL)的官方网站(www.maerskline.com)提供了一系列的电子订舱服务。货代企业必须首先登记注册为 MSL 的网上用户才可以登录马士基航运公司网站，直接进行网上订舱。马士基航运公司还提供桌面系统订舱服务，客户无须上网，通过 E-mail 将订舱信息发送离线文件至订舱系统即可订舱。马士基航运公司提供桌面订舱系统客户端软件，货代企业可与该公司客户服务部联系软件安装事宜。

随着互联网的普及以及船公司间竞争的升级，未来必将有越来越多的船公司提供网上订舱服务。

2. 安排订舱

货代公司接受货主订舱后，根据委托人要求的出运日期，结合各船公司的船期表，选择承运人，并在货物出运前的一段时间(7～10 天)内，填制订舱单向船公司或其代理人申请订舱。

比较规范的订舱做法是由客户出托运单，揽货员填写工作流程单，再由操作员制作订舱单。国际货代操作员常采用两段制单法，即国际货代操作员传真空白订舱单，客户填好后回传，操作员审核后盖订舱章并签字，然后向承运人传真经货代签章的订舱单，承运人在上面填好订舱操作信息以示确认再回传给货代。订舱操作流程如图 3.19 所示。

图 3.19 订舱操作流程图

订舱单是承运人或其代理人在接受发货人或托运人的订舱时，根据发货人的口头或书面申请，了解货物托运的情况，据以安排集装箱货物运输而制作的单证。该单证一经承运人确认，便作为承、托双方订舱的凭证。

在集装箱运输中，货运代理公司多以集装箱场站收据联单作为集装箱货物的托运单，联单由货代公司缮制，并送交船公司或其代理人订舱，其作用相当于订舱单。

场站收据一套 10 联，船公司或其代理接受订舱后在托运单上加填船名、航次及编号(关单号与提单号基本保持一致)，并在第五联装货单上加盖签载章，表示确认订舱，然后将第二至四联留存，第五联以下全部退还货代公司。货代公司将第五联、第五联附页、第六联、第七联共计 4 联拆下，作为报关单证使用，第九联或第十联交货主或货代作配舱回执，其余供内部各环节使用。

场站收据 10 联的核心单据是第五、六、七联。第五联装货单是货物通关凭证和装船命令；第六联在货物装船前交外轮理货公司，供货物装船时与船上大副交接。第七联场站收据，俗称黄联，在货物装船后由船上大副签字(通常由集装箱码头堆场签章)，退回货代，据以签发提单。

场站收据联单各联的名称与用途见表 3-7。

表 3-7　场站收据联单名称与用途

顺　序	名　称	颜　色	主要用途
1	集装箱货物托运单 B/N(Booking Note)	白色	货主留底
2	集装箱货物托运单	白色	货代留底
3	运费通知(1)	白色	计算运费
4	运费通知(2)	白色	运费收取通知
5	装货单(场站收据副本、关单、下货纸) S/O(Shipping Order)	白色	报关，装货指示
	装货单附页	白色	缴纳出口货物港务费申请书
6	大副联	粉红色	报关，船上留存备查
7	收货单(场站收据正本、黄联)D/R(Dock Receipt)	白色	报关，船代凭此签发提单
8	货代留底	白色	缮制货物流向单
9	配舱回单(1)	白色	货代缮制提单等
10	配舱回单(2)	白色	根据回单批准修改提单

以上为对场站收据联单流转过程的基本描述。在实践中，各地场站收据联单的页数和每一联的内容略有差异(有的地区少至 6 联，有的地区多至 12 联)，但其基本原理不变。现在随着计算机信息技术的普及，场站收据联单有逐渐减少的趋势。

3. 接受订舱

货代公司选定船公司并确定航次后，将场站数据联单传递给船公司。

船公司或其代理人在收到货主或货代的托运申请后，会通盘考虑其对航线、船舶、运输、港口条件、运输时间方面的要求，决定是否能满足这些要求并接受订舱。

船方一旦接受订舱，便会在托运单或场站收据联单上签章，并注明航次和提单号。与此同时，还要着手编制订舱清单(Booking List)，分送集装箱码头堆场、集装箱空箱堆场等有关部门，据此安排空箱及货运交接事宜。

订舱清单是船公司或其代理根据众多订舱单上所记载的内容与不同货物交接地、装卸地汇制的一览表。订舱清单的主要作用如下。

(1) 作为用箱人与集装箱码头堆场空箱交接的依据。

(2) 作为集装箱货运站接收货物的参考资料。

(3) 作为货物装箱作业的指导书。

(4) 作为集装箱运输经营人配置不同种类、规格、数量集装箱的依据。

4. 提取空箱

船公司或其代理人在接受订舱后，即签发集装箱空箱提箱单交给货代或托运人，由货代或托运人委托有业务合作关系的车队到集装箱堆场或内陆集装箱站提取空箱。提取空箱时，必须向箱站提交提箱单，同时办理缴纳提箱押金及换领集装箱设备交接单的手续。集装箱提箱单样单见下表 3-8。

表 3-8　提箱单样单

提箱单

提箱客户必须确保专箱专用，绝不允许擅自转到其他提单上，如退关，必须及时退回集装箱，或经箱管部门认可方可使用。

经我司订舱预配中海集装箱船只：

放箱号：269821

请放：　1×20'GP

(加重箱/食品箱/指定箱号)箱　给货主

出口集装箱必须使 CSCL 的高保铅封

出口船名：NANXING

航次：V886　　提单号：CSL66425418

目的港：HAMBURG　　开航日：10 月 31 日

集港日：10 月 30 日　　集港地：

货物重量：100 000KGS

冷冻箱要求：

温度：　　通风：

提箱堆场：振华物流堆场

青岛经济技术开发区××××

联系人：李平　　电话：87900×××

请以有货运代理印章的副本提箱单放箱，提箱车队提箱必须加盖车队公章。

多谢合作

中海集装箱运输有限公司

2015 年 10 月 12 日

集装箱设备交接单(Equipment Interchange Receipt，E/R)，是进出港区、场站时，用箱人、运箱人与管箱人或其代理人之间交接集装箱和特殊集装箱及其设备的凭证；兼具交货凭证和发放凭证两种功能，是箱务管理的重要单据。当集装箱或机械设备在集装箱码头堆场或货运站借出、回收时，由码头堆场或货运站制作设备交接单，经双方签字后，作为两者之间设备交接的凭证。

集装箱设备交接单一式六联，前三联用于出场，印有“OUT”字样；后三联用于进场，印有“IN”字样。前三联中第一联盖有船公司或其代理人的图章，集装箱空箱堆场凭此发箱，第一、二联由堆场发箱后留存，第三联由提箱人留存。后三联在货物装箱后送到港口作业区堆场时，供重箱交接使用，第一、二联由送货人交付港区道口，其中第一联转给船方据以掌握集装箱的去向，第二联留港区，送货人自留第三联作为存根。

集装箱交接手续均在码头堆场门口办理。出码头堆场时，码头堆场工作人员与用箱人、运箱人共同就设备交接单上的以下主要内容进行审核：用箱人名称和地址；出堆场时间与目的；集装箱箱号、规格、封志号以及是空箱还是重箱；有关机械设备的情况，正常还是异常等。

进码头堆场时，码头堆场的工作人员与用箱人、运箱人共同就设备交接单上的下列内容进行审核：集装箱、机械设备归还日期、具体时间及归还时的外表状况；集装箱、机械设备归还人的名称与地址；进堆场的目的；整箱货交箱货主的名称和地址；拟装船的船次、航线、卸箱港等。

设备交接单的下半部分是出场或进场检查记录，由用箱人(运箱人)及集装箱堆场/码头工作人员在双方交接空箱或重箱时验明箱体记录情况，用以分清双方责任。

空箱交接标准：箱体完好、水密、不漏光、清洁、干燥、无味，箱号及装箱规范清晰，特种集装箱的机械、电器装置正常。

重箱交接标准：箱体完好、箱号清晰、封志完整无损，特种集装箱的机械、电器装置正常，并符合出口文件记载要求。

集装箱设备交接单的格式与内容见表 3-9。

表 3-9　集装箱设备交接单的格式与内容

马士基中国航运有限公司　　IN 进场

集装箱发放/设备交接单

EQUIPMENT INTERCHANGE RECEIPT

NO.0016582

<table>
<tr><td colspan="2">用箱人/运箱人(CONTAINER USER/HAULIER)</td><td colspan="2">提箱地点(PLACE OF DELIVERY)</td></tr>
<tr><td colspan="2"></td><td colspan="2">深圳盐田港</td></tr>
<tr><td colspan="2">来自地点(DELIVERED TO)</td><td colspan="2">返回/收箱地点(PLACE OF RETURN)</td></tr>
<tr><td colspan="2">马士基中国航运有限公司</td><td colspan="2">法国马赛港</td></tr>
<tr><td>航名/航次
(VESSEL/VOYAGE NO.)</td><td>集装箱号
(CONTAINER)</td><td>尺寸/类型
(SIZE/TYPE)</td><td>营运人
(CNTR.ORTR.)</td></tr>
<tr><td>马士基航运
(中国—红海/地中海)/1104</td><td>MSKU5072313</td><td>外尺寸：
6.1m×2.44m×2.59m
内容积：
5.85m×2.23m×2.15m /20'GP</td><td></td></tr>
<tr><td>提单号(B/L NO.)</td><td>铅封号(SEAL NO.)</td><td>免费期限
(FREE TIMEPERIOD)</td><td>运载工具牌号
(TRUCK WAGON.BARGNO.)</td></tr>
<tr><td>3313</td><td>MSK3212</td><td>10 天</td><td>粤 A5737</td></tr>
</table>

续表

出场目的/状态(PPS OF GATE-OUT/STATUS)		进场目的/状态(PPS OF GATE-IN/STATUS)	出场日期(TIME-OUT)
出口装箱/完好		出口/完好	2015 年 3 月 6 日
出场检查记录 (INSPECTION AT THE TIME OF INTERCHANGE)			
普通集装箱(GP CONTAINER)	冷藏集装箱(RF CONTANINER)	特种集装箱(SPECIAL CONTAINER)	发电机(GEN SET)
□ 正常 □ 异常	□ 正常 □ 异常	□ 正常 □ 异常	□ 正常 □ 异常

损坏记录及代号(DAMAGE & CODE)　BR 破损(BROKEN)　D 凹损(DENT)　M 丢失(MISSING)　DR 污箱(DIRTY)　DL 危标(DG LABEL)

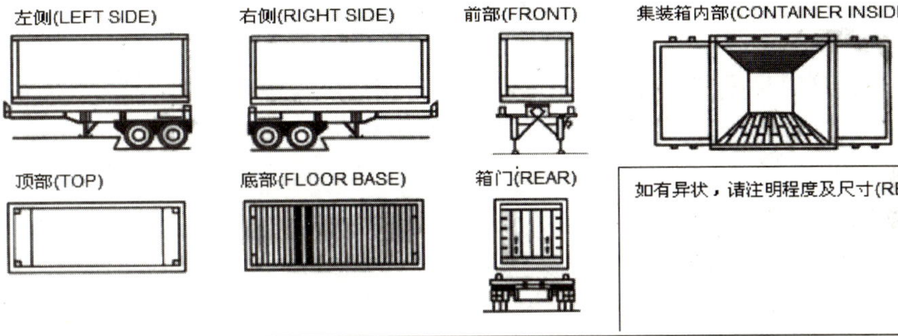

如有异状，请注明程度及尺寸(REMARK).

除列明者外，集装箱及集装箱设备交换时完好无损，铅封完整无误。

THE CONTAINER/ASSOCIATED EQUIPMENT INTERCHANGED IN SOUND CONITION AND SEAL AINTACT UNLESS OTHERWISE STATED.

用箱人/运箱人签署　　　　码头堆场值班员签署

(CONTAINER USER/HAULIERS SIGNATURE)　　　　(TERMINAL/DEPOT CLERKS SINGATURE)

【知识链接】

封　志

封志，也称海关封志，是海关常用词汇，指海关在应受海关监管的货物、个人物品和储存上述货物和物品的容器及场地所加的标识符号。也就是加封海关监管物品的纸封在施封时，注明具体海关的称谓及年、月、日的称为封志。海关封志是海关监管措施的体现，任何人都不得擅自开启或毁损，这是一项禁止性规范，以体现海关监管的权威性。

5. 装箱集港

由于货主仓库距离港口仅 90km，货主选择在产地装箱，在货代公司完成订舱，安排好车队提取空箱后，又与公司再次核实装箱时间和地点。

集装箱装箱要根据双方确定的装箱方式，按集装箱操作规范和要求完成装箱。

1) 集装箱货物装箱方式

(1) 货物自拉自送。货主首先从货代公司取得集装箱设备交接单，自己装箱后制作集装箱装箱单，并按要求及时将重箱送至码头堆场，等待装船，即货物集港。

(2) 产地装箱。由货代公司提取空箱运至货主指定地点装箱，然后制作集装箱装箱单。

(3) 堆场装箱。货主将货物送到集装箱货运站，由货代提取空箱至货运站，在站内装箱，制作集装箱装箱单后集港。

2) 集装箱装箱操作规范

(1) 装货前检查集装箱空箱情况，并拍照留存。

(2) 对装箱货物提前备货，并检查货物确保无破损、无捆扎不牢的情况，在装箱前拍照留存。

(3) 将货物装进集装箱，每装一层货物必须对装载情况拍照留存，使每件货物的装载情况都有记录。

(4) 装箱完成后，在关闭箱门前拍照留存，拍照记录必须清晰反映出车号、集装箱号。

3) 集装箱装箱操作要求

(1) 装箱前务必对货物做好检查，确保装箱货物装箱单及唛头完整、包装无破损、装载稳固。

(2) 集装箱装货时尽量减少间隙，对零散货物进箱后用缠绕膜、木方或绳索做必要固定。装载小型木箱时，如留有较大空隙，必须利用木板和木方加以固定或撑紧，避免箱门打开时货物跌落造成损伤。

(3) 若货物装不满集装箱时，尽量将货物平铺满箱底。

(4) 重心较低的重、大木箱只能装一层且不能充分利用箱底面积时，应装在集装箱的中央，底部横向用木方加以固定。

集装箱装箱方式如图 3.20 所示。

图 3.20 集装箱装箱图

无论采用哪种装箱方式，只是装箱地点不同，大部分工作是在货代公司的安排下进行的。装箱人应根据订舱清单的资料，核对场站收据和货物装箱情况，并填制集装箱货物装箱单。

集装箱装箱单(Container Load Plan，CLP) 是详细记载每一个集装箱内所装货物名称、数量、尺码、重量、标志和箱内货物积载情况的单证，对于特殊货物还应加注特定要求，比如对冷藏货物要注明对箱内温度的要求等。它是集装箱运输的辅助货物舱单。

集装箱装箱单主要有以下用途。

(1) 是发货人向承运人提供集装箱内所装货物的明细清单。

(2) 在装箱地向海关申报货物出口的单据，也是集装箱船舶进出口报关时向海关提交的载货清单的补充资料。

(3) 作为发货人，集装箱货运站与集装箱码头之间的货物交接单。

(4) 是集装箱装、卸港编制装、卸船计划的依据。

(5) 是集装箱船舶计算船舶吃水和稳定性的基本数据来源。

(6) 在卸箱地作为办理集装箱保税运输手续和拆箱作业的重要单证。

(7) 当发生货损时，是处理索赔事故的原始依据之一。

集装箱装箱单每一个集装箱一份，一式五联，其中：码头、船代、承运人各一联，发货人、装箱人两联。集装箱货运站装箱时由装箱的货运站缮制；发货人装箱时，由发货人或其代理人的装箱货运站缮制。

装箱单记载事项必须与场站收据和报关单据上的相应事项保持一致。

6. 报关放行

在车队拖柜去货主指定地点装箱的同时，货代公司报关部开始办理出口报关事宜。

报关资料：报关单、装货单、发票、装箱单、通关单(用于法定检验货物)、外销合同等。

报关流程：信息预录入→电子报关→实票报关→签章放行。

【知识链接】

《商品名称及编码协调制度的国际公约》

1983 年 6 月，海关合作理事会(现名世界海关组织)主持制定了《商品名称及编码协调制度的国际公约》(International Convention for Harmonized Commodity Description and Coding System)，简称《协调制度》(Harmonized System，HS)。该制度是一部科学的、系统的国际贸易商品分类体系，采用八位编码，适用于税则、统计、生产、运输、贸易管制、检验检疫等多方面，目前全球贸易量 90%以上货物使用这一目录，现已成为国际贸易领域的一种标准语言。

可以到相关国际贸易网站或国际物流网站查询 HS 编码，例如合众外贸论坛(http://modef.lofter.com)或者锦程物流网(www.jctrans.com)等。

7. 缮制舱单

舱单(Manifest)，亦称“载货清单”，是船方或其代理人对全船所载货物编造的清单。它是一份按卸货港顺序逐票列明全船实际载运货物的明细表。在货物装船完毕后，由船公司的代理人根据大副收据或提单编制，编妥后再送交船长签认。

载货清单分为“出口载货清单”和“进口载货清单”两种。

(1) 出口载货清单(Export Manifest)，是按海关有关规定，由船舶代理人根据装货单填制，用于海关进行验货放行及监督装卸工作。货物全部装船后，由理货长核正，经船长签字后交海关一份，作为统计出口货运的依据。此外，还需将船长签字后的出口载货清单退交一份给船舶代理人，作为审查出口货运有无退关或其他变更之用。有时也作为随船单证，用于船方查对货运参考资料，或编制卸货港的进口载货清单等。

该单主要内容包括：货物的明细情况、装货港和卸货港、提单号码、船名、托运人和收货人姓名等。出口载货清单见表 3-10。

表 3-10　出口载货清单

Export Manifest

船名 VESSEL	航次 VOY.	从 FROM	到 TO	开航日期 SAILING DATE

集装箱号 CONTAINER No.	铅封号 SEAL No.	提单号码 B/L No.	件数及包装 No. of Pkgs	货名 Description	重量 Weight	收货人 Consignee	备注 Remarks

(2) 进口载货清单(Import Manifest)，由装货港的船舶代理人，根据所装货物的托运单或提单副本填制并经船长签字而成，用于向海关申报进口、安排卸货、办理转运及联系提货工作。该单据需在船舶到港前寄送给卸货港或中转港的船舶代理人。

8．货物出运

货物全部装船完毕，船舶在向有关部门申报放行后，离港出运。

【业务提示】

出运美国货物需办理 AMS、ISF10＋2

AMS：America Manifest System

美国舱单系统，又称反恐舱单费、信息费、舱单信息费。

申报费用：USD25/BILL

若产生更改，改单费一般为$40＋￥400/次。

AMS 也称 24 小时舱单预报，要提前 24 小时发送舱单，提前 24 小时并不是以开船时间为标准，应该是要求在箱子上船前 24 小时得到美国海关的回执。

ISF：进口安全申报(Importer Security Filing)

美国海关的新规定，要求进口商在装船前 24 小时向美国海关进行货物信息申报，由进口商提供的有 10 项申报内容，由船公司提供的有 2 项申报内容，称为 ISF 10＋2。

申报费用：ISF 进口申报费，USD35/BILL

若产生更改，改单费：USD40/次。

如未按要求申报，将受到 USD5 000 的罚款。

9．换取海运提单

货代公司或发货人在支付了海运费及其他港杂费后，凭经签署的场站收据(收货单)，向船公司或其代理人换取海运提单。如果是货代公司换取提单，则在换取提单后通知发货人支付运费及其他相关费用，然后将提单交付发货人。发货人取得提单后，将提单和其他商业票据一起递交银行结汇。

10．进口货代接单

货物抵港前，进口商委托进口地货代办理货物接货手续，应将全套货运单据交给货代公司。

接到客户全套单据后，货代公司首先查清楚承运货物的船公司或船运代理及如何换取提货单。

进口货运代理在办理接货手续时，应注意如下事项。

(1) 提前与船公司或船代联系，确定船舶到港时间、地点，如果是转船运输，还应及时核查二程船船名。

(2) 提前与船公司或船代确认换单时间、换单费和押箱费。

(3) 提前联系好场站以确认提箱费、掏箱费、装船费、回空费。

【知识链接】

押箱费：到场站提取集装箱时，场站为避免货主提箱后不还或破损，要求预先交付的提箱押金。

提箱费：从场站提出集装箱到海关过机验货的费用。

掏箱费：海关或商检验货时开箱，然后用叉车往外叉出货物检验时收取的费用。

装车费：是货物通关后需要运输时把集装箱背到集装箱车的一个费用。

回空费：如果是进口货，货物运到工厂后卸完货，集装箱需要空箱回跑的费用。

11．换提货单

货代公司凭带有背书的正本提单(如电报放货，可带电报放货的传真件与保函)去船公司或船舶代理部门换取提货单和设备交接单。

提货单(Delivery Order，D/O)，又称小提单。它是收货人凭正本提单或副本提单随同有效的担保向承运人或其代理人换取的，可向港口装卸部门提取货物的凭证。

发放提货单时应做到：①正本提单为合法持有人所持有；②提单上的非清洁批注应抄至小提单；③当发生溢短残损情况时，收货人有权向承运人或其代理获得相应的签证；④运费未付的，应在收货人付清运费及有关费用后，方可发放提货单。

12．进口清关

进口清关主要包含报关报检、办理三检、缴纳港杂费等业务环节。

货代公司换回提货单后，用提货单第一、三联附上报关单据报关。报关单据包括正本发票、正本箱单、合同、进口报关单、正本报关委托协议书及其他相关单证。海关放行后，在提货单上加盖放行章，发还进口方作为提货凭证。

海关放行后去三检大厅办理三检，向大厅内的代理报验机构提供箱单、发票、合同、报关单，由其代理报验。报验后，可在大厅统一窗口交费，并在白色提货单上盖三检放行章。

三检手续办理后，去港池大厅交港杂费。港杂费用结清后，港方将提货单退给提货人提货用。所有提货手续办妥后，可通知事先联系好的堆场提货。

13．提运货物

提运货物是指货代公司或收货人持提货单到联系好的堆场提货，提货注意事项如下。

(1) 首先应与港池调度室取得联系，安排计划。

(2) 根据提箱多少与堆场情况，联系车队，安排足够的车辆，尽可能在港方要求的时间内提清，以免产生转栈堆存费用。

(3) 提箱过程中应与堆场有关人员共同检查箱体是否有重大残破，如有重大残破，应要求港方在设备交接单上签残。

14．退还集装箱

重箱由堆场提到目的地后，应在免箱期内及时掏箱，以免产生滞箱。货物提清后，应及时退还空箱，从场站取回设备交接单证明箱体无残损，去船公司或船舶代理部门取回押箱费。

【业务训练】

请以两人一组的形式讲述海运货代整箱货货运操作流程，注意总结整箱货货运中的关键角色、主要地点、重要环节等内容。

3.2.2 海运拼箱货操作流程

讨论

宏发玻璃制品有限公司现有 50 箱玻璃制品需运至美国旧金山，将货物出运事宜委托海航国际货代公司办理，海航公司将该业务交给业务员王欣如小姐办理。对于此笔业务，王小姐该如何操作？与整箱货出运操作是否相同？

王小姐根据以往业务操作的经验，总结出此笔业务的操作流程：报价—托运委托—接单操作(安排订舱、发送货通知)—仓库装箱—货物集港—报关—确认提单—装船出运—发放提单 —进口地货代提货分拨。

1．询价报价

因为拼箱货多为“轻泡货”，所以拼箱货运费的计收标准通常为“立方米”。此票业务中宏发玻璃制品有限公司要求出运的 50 箱玻璃制品属于“轻泡货”，故海航公司报出的是每立方米的运价。

为避免今后可能出现的争议，货代公司在向客户报价及最终确认价格时，应说明航线注意事项及各种附加费的加收标准。作为货主，在选择货代公司时，不能只选低价，因为有些费用不是预付而是到付，如目的港的换单费、单证费、拆箱费、仓储费等，要综合各方面因素进行权衡，否则表面上节省了运费，实际上收货人在目的港要支付的费用可能会很高，从而使买卖双方产生争议。

欧洲线拼箱船期表及运价(部分港口)见表 3-11。

表 3-11 欧洲线拼箱船期表及运价(部分港口)

DESTINATION	M/W	中转	截关	开船	船公司	航程(T/T)
AMSTERDAM	28	ROT	五/六	日/三	CSCL	35
ANTWERP	0	DIRECT	三	六	CSCL	30
BASEL	80	HAM	三/五/六	六/日/三	WANHAI	35
BREMEN	8	HAM	五/六/三	日/三/六	CSCL	35
CANSTANZA	59	PRG/BTS	三	六	EMC	35
CORK	63	FEL/SOUTH	三/六	六/三	APL	35
DUBLIN	38	DIRECT	六	三	CSCL	38

注：以上运价为 ALL IN 价，包含 BAF、CAF、STS。

相关费用(人民币)：
文件费 RMB125/BILL
20'GP：订舱 250、港口保安 20、封志 20、THC 470、报关 100、仓库内装 500。
40'GP、40'HQ：订舱 350、港口保安 30、封志 30、THC750、报关 100、仓库内装 800。

【知识链接】

拼箱运费为什么出现零运费或负数运费？

出口海运费用可分为两部分：起运港收费和目的港收费。有的起运港收费较低，但是目的港人工费用以及进口征收的相关费用较高。起运港的低收费可以在目的港得到补充，保证了零运费和退海运费的可能性。

2．托运委托

宏发公司在与海航货代公司核实运价、船期等细节后，决定委托海航货代公司安排货物出运，并将托运委托书及货物合同副本、发票、装箱单、报关委托书、报检委托书等全套单据交给货代公司。

3．接单操作

货代公司收到客户的托运委托书后，仔细核对委托书内容，将信息输入电脑订舱系统，同时将客户确认的文字材料复印留底。接单操作的内容如下。

操作 1：确认以下信息。

确认货物的目的港、中转港、船公司、船期、中英文品名、毛重、体积(判断是否为重货，是否需要征收重量附加费)；确认各项费用，如 DDC、BAF、AMS、ACI、PCS 等特别费用；确认运费预付与到付情况；如果走美线，确认是小陆桥(MBL)还是全水(AW)运输。

在实际操作中，最好用电子邮件或书面文件确认上述信息。

操作 2：拼箱。

货代拼箱部专门负责每票业务的拼箱操作。拼箱部将所承揽的目的港相同的货物依据货物属性及积载因数合理拼箱，以集装箱整箱为单位向船公司订舱。船公司确认舱位后，将进仓单传给货代公司。进仓单如图 3.21 所示。

上海海川国际物流有限公司

SHANGHAI OCEAN-CIRCIE INTERNATIONAL CO.,LTD.
Tel:86-21-6512×××× Fax:86-21-6546-××××

进 仓 通 知

TO: 宏发/张小姐

进仓编号：SHASGN2332275V
入仓时间：2015 年 9 月 19 日 12：00 前
送货地址：维佳联运仓库
联系人：张磊/韩丽
T：5646×××× / 5646××××
地址：上海浦东新区川沙镇华东路××××
目的港：HOCHIMINH

续

件数：36
船期：
箱型：LCL
请务必于规定的入仓时间之前送至以上仓库。

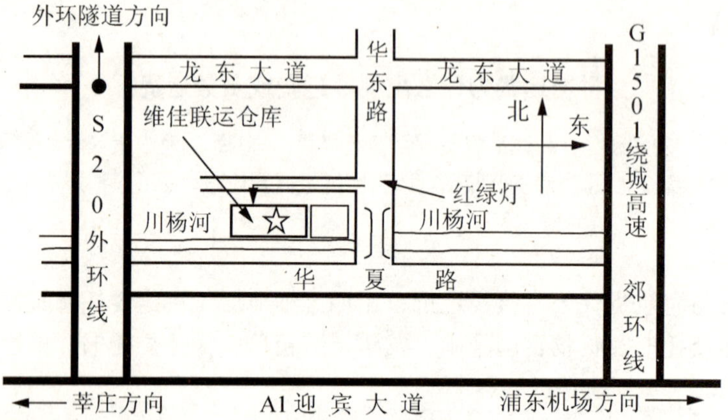

图 3.21　进仓单样本

4. 仓库装箱

仓库装箱包括以下三项操作。

操作 1：货物跟进。

货代公司将送货通知发给托运人，根据截货时间，跟踪货物进仓时间，提醒客户在截货时间内送货进仓，提醒客户如果逾期送达会产生空仓费。

操作 2：货物入仓。

出口货物送达仓库后，一般会重新测量商品件重尺。因拼箱货代理是按尺码或重量向货主收取运费的，对于实际货物与提供信息不符时，代理会及时与货主确认，如有必要，可对货物进行复尺。

操作 3：调箱装货。

拼箱货物全部入仓后，货代公司调度车队凭放柜通知将空集装箱提至仓库，由仓库安排工人装箱。

5. 货物集港

拼箱货物装箱后，货代调度车队运至指定堆场集港。

6. 报关

在货物进仓装箱的同时，货代公司开始办理货物出口报关业务。现在拼箱货的通关模式是“先装箱、后报关”，即企业现有的订舱、配载、交付、录报关单等作业模式不变，待货物装箱完毕，将整箱内货物的分票报关单集齐后一次性向海关接单现场递单。目前，上海、宁波、青岛等港口的拼箱货多数是在保税仓库装箱报关的。

7. 装船出运

货代公司根据集港信息打印集港单，出具“待集港箱汇总表”，分送仓储部、运输部，并由这两个部门安排专人发箱集港。

8. 发放提单

货物装船出运后，船公司传真主单(大提单、MB/L)样本交货代公司确认，货代公司确认后，船公司将主单交货代公司，货代公司为集拼客户制作货代提单(分单、小提单、HB/L)样本传真给客户确认，制妥提单并交主管审核后交财务盖提单章并复印留底。在确认运费及相关垫付费用收妥后，可以放分单给客户。至此，拼箱出运业务完成。

9. 进口地货代提货分拨

货物出运后，出口地货代将船公司开具的主单寄交进口地货代，进口地货代持主单换取提货单，然后至指定堆场提取整箱货。

进口地货代拆箱，将货物按不同收货人进行归类，然后通知进口地各收货人持分单提货。

【业务训练】

请以两人一组的形式讲述海运货代拼箱货货运操作流程，注意总结拼箱货货运中的关键角色、主要地点、重要环节等内容。

任务 3.3 认知海运单据

3.3.1 海运单据

在国际货运代理海运操作中，托运人、货代公司、船公司或船代等在办理货物出运时需要通过不同类型单据的流转才能完成货物出运业务。涉及的主要单据有托运单、场站收据联单、提箱单、集装箱设备交接单、入仓通知、集装箱装箱单、订舱清单、舱单、海运提单、海运单等。

主要海运单据的分类与使用方法见表 3-12。

表 3-12 海运单据种类与使用方法

序号	单据种类	单据名称	单据作用
1	订舱单据 散装货装货联单 集装箱场站收据联单	托运单(订舱单)B/N	托运委托
		装货单 S/O	通关凭证、装船命令
		收货单(大副收据)M/R	装船证明、换取提单
2	货物交接单据	进仓单	散货、拼箱货入仓通知
		提箱单	船公司或代理的提箱指示
		集装箱设备交接单	用箱人、运箱人、管箱人等交接集装箱的凭证
		集装箱装箱单	详细记载每个集装箱所装货物的单证
3	货物交付单据	海运提单	货物收据、物权凭证、运输契约证明
		海运单	承运人证明货物受托待装的单据
		交货记录	承运人向收货人或代理交货时双方共同签署的单据，证明货物交接，载明交接状态

3.3.2 海运提单

1．海运提单的定义

海运提单(Bill of Lading，B/L)是货物的承运人或其代理人收到货物后，签发给托运人的一种证件。提单说明了货物运输有关当事人，如承运人、托运人和收货人之间的权利和义务。

2．海运提单的功能

(1) 货物收据。提单是证明货物已由承运人接管或已装船的收据。提单是根据大副收据或场站收据签发，记载大副收据或场站收据的内容。提单作为货物收据，不仅是收到货物的名称、种类、数量、标志、外表状况的证明，而且是收货时间的证明。

(2) 物权凭证。根据提单的定义，承运人要按提单的规定凭提单交货，谁持有提单，谁就可以提货。提单的持有人就是物权的所有人。另外，提单可以通过背书转让，也可以抵押。

提单的转让受到一定条件限制：提单必须是承运人在目的港交付货物前才有效，一份生效后，其余几份均告失效；提单必须在运抵目的港的一段时间内，与承运人洽办提货手续；由于货物过期不提，视为无主，承运人对不能交付的货物行使处置权，从而限制提单效力。

(3) 货物运输合同的证明。提单是承运人与托运人处理双方在运输中权利和义务问题的主要依据。由于提单上只有船公司单方签名，所以不是运输合同，只是运输合同的证明。

3．海运提单的种类

提单主要种类见表 3-13。

表 3-13　提单的主要种类

标　准	类　别	描　述
以货物是否已装船为标准	已装船提单(On Board B/L)	是在货物装船之后，由承运人或其代理人向托运人签发的货物已装船提单
	备运提单(Received for Shipment B/L)	又称收货待运提单，指承运人虽收到货物但尚未装船，应托运人要求签发的提单。在信用证付款方式下，银行一般不接受这种提单
以对货物外表状况有无不良批注为标准	清洁提单(Clean B/L)	指货物装船时，货物外表状况良好，提单上没有任何有关货损、包装不良或有碍于结汇的批注的提单。在正常情况下，向银行办理结汇时应提交清洁提单
	不清洁提单(Unclean B/L)	指加注有货物及包装状况不良或存在缺陷(如水湿、油渍、污损、锈蚀)等批注的提单。正常情况下，银行不接受不清洁提单
以收货人栏填写方式为标准	记名提单(Straight B/L)	指在提单抬头收货人一栏内填写指定收货人的名称。该提单只由指定收货人提取货物。记名提单不能转让
	不记名提单(Open B/L)	指在提单收货人一栏内不填写任何内容的提单。不记名提单不经过背书即可转让
	指示提单(Order B/L)	指在收货人一栏内只填写“凭指示(to order)”或“凭某人指示(to order of…)”字样的提单。指示提单可以通过记名背书或空白背书的形式转让

续表

标 准	类 别	描 述
以不同的运输方式为标准	直达提单(Direct B/L)	指由承运人签发的，货物从装运港装船后中途不经过转船而直接运抵卸货港的提单
	转船提单(Transshipment B/L)	指在装货港的船舶不直接驶往目的港，而要在中途港换装其他船舶运抵目的港
	多式联运提单(Multimodal Transport B/L)	指货物由海路、内河、铁路、公路和航空等两种以上不同运输方式共同完成全程运输时所签发的提单。多式联运提单多用于集装箱运输，一般由海运区段的船公司签发
以提单签发人不同为标准	班轮提单(Liner B/L)	是班轮公司签发的提单。在集装箱运输中，班轮公司通常为整箱货签发提单
	仓至仓提单(House B/L)	指由无船承运人或其代理人签发的提单。在集装箱运输中，无船承运人通常为拼箱货签发提单
以提单签发时间为标准	预借提单(Advanced B/L)	指在信用证有效期即将届满，货物尚未装船或尚未装船完毕的情况下，托运人要求承运人签发的已装船清洁提单，即托运人为了能及时结汇从承运人那里借用的已装船清洁提单
	倒签提单(Anti-date B/L)	指承运人或其代理人应托运人的要求，在货物装船完毕后，以早于该票货物实际装船完毕的日期为提单签发日期的提单
	顺签提单(Post-date B/L)	指在货物装船完毕后，承运人或代理人应托运人要求签发的晚于实际装船完毕日期的提单
	过期提单(Stale B/L)	由于出口商取得提单后未能及时到银行结汇的提单

注：预借提单、倒签提单、顺签提单不符合法律规定，在航运中不允许使用。

【知识链接】

指示提单的四种抬头

一是凭银行指示，收货人栏填写为“to order of ××Bank”；
二是凭收货人指示，收货人栏填写为“to order of ××Company”；
三是凭发货人指示，收货人栏填写为“to order of ××Shipper”；
四是不记名指示，收货人栏填写为“to order”，由托运人在提单背面做空白背书。

【业务训练】

根据提示信息判断提单类型

(1) 装船完毕时间是3月31日，提单的签发日期是3月28日。
(2) 装船完毕时间是3月31日，提单签发日是4月2日。
(3) 提单上注明××件包装破损。
(4) 货物在装船时或在仓库时签发的提单。
(5) 无船承运人或其代理人签发的提单。

3.3.3 海运单据缮制

1．海运托运单缮制

托运单是托运人填写并盖章确认的专门用于委托承运人填开提单或运单的一种表单。由于货运代理是接受货主委托，代表货主的意愿进行运输操作，而货主必须依据合同或信用证条款履行相应的运输义务，所以货运代理可以依据货主提供的合同和信用证相关条款制作托运单。托运单的内容与缮制规范见表 3-14。

表 3-14 海运托运单的内容与缮制规范

栏　目	填制内容	要点说明
1. 托运人 Shipper	发货人的公司全称和地址	托运人通常是货主。如果货代以本人身份办理托运，填写货代公司全称和地址
2. 收货人 Consignee	记名收货人的全称和地址或指示收货人	通常填写指示收货人，填写“to order” 或“to order of ××”等字样
3. 通知人 Notify Party	空白或被通知人的公司全称和地址	如果收货人栏填写实际收货人名称和地址，通知人栏可以留空；如果使用信用证，本栏一般填写实际收货人的名称和地址
4. 托运单号	托运单编号	
5. 前程运输 Pre-carriage by	第一程船名	如果货物不需转运，本栏留空
6. 收货地点 Place of Receipt	实际收货的港口或地点	如货物不需转运，本栏留空
7. 船名与航次 Ocean Vessel Voy. No.	实际装运的船名、航次	如货物需转运，填写第二程的船名，第一程船名填写在第五栏前程运输内
8. 装运港 Port of Loading	实际装运货物的港口全称	如使用信用证结算，必须与信用证规定的装运港相同
9. 卸货港 Port of Discharge	货物最后卸离船舶的港口名称	如使用信用证结算，必须与信用证规定的卸货港相同
10. 交货地 Place of Delivery	最终的交货地城市名称或地区名称	如果货物的目的地是卸货港，本栏可以留空
11. 货物名称与包装种类 Kind of Packages and Description of Goods	实际货物名称和包装种类	需符合合同和信用证中的相关品名、品质和包装条款的规定
12. 箱数与件数 No. of Containers or Packages	装入集装箱内货物的外包装件数和集装箱箱数	通常除了填写件数的具体数字外，还要填写件数的大写
13. 标志与封志 Seal No. & Marks & Nos.	与实际货物外包装上正面唛头一样的内容	通常在提单上显示封志号，托运单上不填报，当没有唛头时，用“N/M”表示。当件数不连续，有缺号时，在件数前加“E×”字样
14. 毛重 G.W.	货物的实际毛重	一般以千克为计量单位。当货物无毛重时，可以在本栏加注净重“N/M：KGS”
15. 体积 Measurement	货物的体积	一般以立方米为计量单位(CBM)

续表

栏 目	填制内容	要点说明
16. 运费支付 Payment of Freight	填写运费预付或运费到付	运费预付：Freight Prepaid 或 PP，装运港装货人支付运费 运费到付：Freight Collect 或 CC，目的港收货人支付运费
17. 正本提单份数 Number of Original B/Ls	托运人或信用证要求签发的提单份数	通常正本提单一式两份或一式三份，每份具有同等效力，收货人持其中的任意一份提取货物后，其他份提单自动生效
18. 要求签发的提单日期和地点 Place and Date of Issue	提单签发日期和地点	签发日期填写要求装船完毕的日期 签发地点通常填报装运港所在城市
19. 托运人的签字/盖章		必须经托运人签字盖章后才可生效

2．海运提单缮制

现在使用的提单，大多是船方自行拟定的格式，但各栏目、内容基本一致。海运提单一般以收货单(杂货运输)或场站收据(集装箱运输)为依据来缮制，制单人对提单所记载的，包括提单的各关系人的名称、货物名称、包装、标志、数量和外表状况、运输路线、处置及任何特殊要求等项内容的必要记载事项进行认真仔细的核对、审查，使不正确的内容能得到及时纠正，做到所签发提单字迹清晰、整洁，内容完整、不错不漏。

海运提单缮制必须符合合同或信用证相关条款。如采用信用证结算，还必须符合 UCP600 对提单条款的规定。海运提单缮制见表 3-15。

【知识链接】

提单补料

提单补料是订舱一方向船公司提供这批货物的详细资料。简单来说，就是提单上要求提供的各项内容，也就是关于客户的资料、柜号、封号、毛重、总立方数、唛头、货物描述等。货代需要这些资料制作提单。补料要按照 L/C 或客户的要求制作，并给出正确的货物数量以及一些特殊要求，包括要求船公司随同提单出的船证明等。提单补料按船公司要求的时间提交，一般要求货物装船前提交。

表 3-15 海运提单的内容与缮制规范

栏 目	填制内容	要点说明
1. 托运人 Shipper	发货人的公司全称和地址	
2. 收货人 Consignee	记名收货人的全称和地址或指示收货人	通常填写指示收货人，填写“to order”或“to order of ××”等字样 如果是记名提单，填写收货人的名称和地址
3. 通知人 Notify Party	空白或被通知人的公司全称和地址	在信用证项下，如果银行作为收货人显示在提单上，本栏往往填开证申请人；如收货人填“to order of ×× Bank”，则通知人填开证行。非信用证下，若为记名提单，通知人填“the Same as Consignee”

续表

栏 目	填制内容	要点说明
4. 提单号 No.	提单编号	
5. 前程运输 Pre-carriage by	第一程船名	如果货物不需转运，本栏留空
6. 收货地点 Place of Receipt	实际收货的港口或地点	如货物不需转运，本栏留空
7. 船名与航次 Ocean Vessel Voy. No.	实际装运的船名、航次	如货物需转运，填写第二程的船名，第一程船名填写在第五栏前程运输内
8. 装运港 Port of Loading	实际装运货物的港口全称	如使用信用证结算，必须与信用证规定的装运港相同
9. 转运港 Port of Transhipment	转运港口的名称	当货物在海运中发生转运时才填写此栏
10. 卸货港 Port of Discharge	货物最后卸离船舶的港口名称	如使用信用证结算，必须与信用证规定的卸货港相同
11. 交货地 Place of Delivery	最终的交货地城市名称或地区名称	若收货地与交货地都是空白，就是普通的海运提单；若都填写了，是多式联运提单
12. 货物名称与包装种类 Kind of Packages and Description of Goods	实际货物名称和包装种类	去澳大利亚及新西兰要显示检疫代码(Quarantine Code)。正本的检疫证附于正本B/L后交给托运人一起寄至收货人，供其办理进口清关手续；副本交由承运人供目的港报关用
13. 箱数与件数 No. of Containers or Packages	装入集装箱内货物的外包装件数和集装箱箱数	通常除了填写件数的具体数字外，还要填写件数的大写
14. 标志与封志 Seal No. & Marks & Nos.	与实际货物外包装上正面唛头一样的内容	提单上必须填报每一个集装箱的箱、封号
15. 毛重 G.W.	货物的实际毛重	一般以千克为计量单位。当货物无毛重时，可以在本栏加注净重“N/M：KGS”，去巴基斯坦卡拉奇的集装箱货，提单要显示毛重和净重
16. 体积 Measurement	货物的体积	一般以立方米为计量单位(CBM)
17. 总箱数/货物总件数 Total Number of Container and/ or Packages in Words	用英文大写字母填写集装箱总箱数或货物总件数	在件数前面需加上“Say”字样，在件数结尾后加上“Only”字样
18. 控制温度指令 Temperature Control Instruction	如为冷藏集装箱，此栏填写要求的冷藏温度；非冷藏货物，此栏为空	
19. 运费支付 Payment of Freight	填写运费预付或运费到付	运费预付：Freight Prepaid 或 PP，装运港装货人支付运费 运费到付：Freight Collect 或 CC，目的港收货人支付运费
20. 货物价值申报 Excess Value Declaration	托运人有货物价值向承运人申报，填此栏；如没有，此栏空	

续表

栏　目	填制内容	要点说明
21. 已装船批注、装船日期和装运日期 Laden on Board the Vessel, Signature	已装船批注、装船日期、装运日期	通常它与签发日期相同。有的单证还有开航日期(Sailing Date)
22. 正本提单份数 Number of Original B/Ls	托运人或信用证要求签发的提单份数	通常正本提单一式两份或一式三份。正本提单份数应分别记载于所签发的各份正本提单上，正本提单应标注“Original”字样
23. 提单的签发日期和地点 Place and Date of Issue	提单签发日期和地点	每张提单必须有签发日期，已装船提单上记载的签发日期应该是提单上所列货物实际装上运载工具的日期
24. 承运人或承运人代理人的签字和盖章 Signed for the Carrier	承运人、船长或其具名代理人的签字盖章	一定要注意信用证的有效期，B/L 的签发日必须早于信用证有效期。例：信用证有效期为 10 月 31 日，开航日为 10 月 20 日，则须于 10 月 31 日前交单议付；若开航日为 10 月 1 日，则 10 月 22 日前需交单议付，因为装运日后 21 日内必须交单议付

【知识链接】

关于提单填写的规定

美、加、澳、新西兰及欧洲等许多发达国家或地区均要求如下。

(1) 无硬木包装之柜，于提单上填：“No Solid Wood Packing Material in This Shipment”或“This Shipment Contains No Solid Packing Materials”。

(2) 有硬木包装但已熏蒸(Fumigate)消毒者，于提单上显示“This Solid Wood Packing Material Has Been Fumigated and Degassed(排除毒气)”。

(3) 海运提单的缮制要求。根据《UCP600》及银行审单标准，正确缮制海运提单(单式)有如下要求：

① 整套正本提单注有张数，是否按信用证条款交呈。

② 海运提单(单式)正面是否打印承运人(CARRIER)的全名及“CARRIER”一词以表明其身份。

③ 海运提单(单式)有印就“已装船”(Shipped in apparent good order and condition on board…)字样的，无须加注“装船批注”(on board notation)；有印就“收妥待运”(Received in apparent good order and condition for shipment…)字样的，则必须再加“装船批注”并加上装船日期。

④ 在海运提单(单式)运输方式下，只需在装货港(Port of Loading)、海轮名(Ocean Vessel)及卸货港(Port of Discharge)三栏内正确填写。如在中途转船，转船港的港名不能在卸货港栏内打印。需要时，只可在提单的货物栏注明“在××(转船港)转船”(With Transshipment at…)。

⑤ 港口(Port)和地点(Place)是不同的概念。有些提单印有收货地点(Place of Receipt/Taking in Charge)和交货地点/最后目的地(Place of Delivery/Final Destination)等栏目，供提单用作多式联运或联合运输的运输单据时使用。单式海运时不能填注，否则会造成对运输方式的误解。

⑥ 有些海运提单“前期运输由”(Pre-carriage by)栏也为多式联运方式所专用，不能作为转船提单时注明第一程海轮名称的栏目。只有用作多式联运运输单据时，方在该栏内注明铁路(Rail)、卡车(Truck)、空运(Air)或江河(River)等运输方式。

⑦ 海运提单(单式)的收货人栏(Consigned to 或 Consignee)须按信用证要求说明。

⑧ 海运提单(单式)上关于货物的描述必须与商业发票上的货物描述一致。如提单上货物用统称表示时，该统称须与信用证中货物描述一致，且与其他单据有共通联结特征，例如唛头等。

⑨ 海运提单(单式)上的任何涂改、更正须加盖提单签发者的签章。

⑩ 海运提单(单式)必须由受益人及装货人背书。

任务 3.4 认知国际货代风险及其防范

3.4.1 国际货代风险

1．风险的产生

货运代理在业务经营过程中会面临很多风险，其中有托运人、代理人、独立经营人的概念模糊，造成身份错误，超越代理权限产生的风险；有未尽职责操作失误造成的索赔风险和轻信承诺导致受骗产生的风险；也有拖欠运费造成的坏账风险。

货运代理人在作为代理身份时，一定要谨慎履行合理的职责，这是对货运代理人最基本的要求。然而在实践中，货运代理企业往往疏于管理，马虎大意，未能尽到合理的义务，因自身的过错而给托运人造成损失，实际上也给自己造成了损失。

2．风险的类型

1) 操作风险

操作风险主要包含：选择承运人不当；选择集装箱不当；未能及时收集、掌握相关信息并采取有效措施；对特别货物未尽特殊义务；工作不认真，操作失误；遗失单据；单据缮制等。

以上行为有可能给客户带来损失，导致索赔风险。

【案例 3-1】

错交货案例

上海嘉华进出口有限公司委托上海亚东国际货运有限公司出运一批皮装到纽约，嘉华通知的收货人名称为 UEGL，联系电话则是 PPW 公司的常用电话。亚东在美国的代理按照嘉华公司提供的 PPW 公司的电话履行了通知义务，并向其交付了运单。PPW 公司报关后提取了货物。以后双方按同样程序又走了几票货物。但因事后未收到运费而向嘉华起诉，而嘉华则反诉为错交货索赔。

嘉华公司认为，亚东公司并没有适当履行交货义务。首先是嘉华公司指定的收货方 UEGL 在美国是一家不存在的公司，亚东不可能将出口货物交给 UEGL，但是亚东公司将单证交给了另外一家公司，属于不当交付。另外，亚东公司在交付运单的时候没有查验对方的身份证件或其他证明，且没有向嘉华公司提供 UEGL 的收货凭证，违反了交货程序。要求亚东公司赔偿货损 160 余万元。

一审判决，认定亚东“错放货物”成立，亚东负主要责任，承担 75%货损；嘉华负次要责任，承担 25%货损。

讨论：履行了通知交单义务是否就是完成了货代义务？货代对于收货方有没有审核的义务？

2) 信用欺诈

(1) 垫付运费风险。目前，很多货运代理人为了承揽生意，吸引货主，往往采取垫付运费及其他相关费用的方式，而这一点恰恰被个别货主加以利用。有些货主往往在前几票业务中积极付费，表现出具有良好信誉的假象，在获取货运代理人的信任后，在随后的某一大票业务中由货运代理人垫付巨额费用后，人去楼空。

(2) 通关风险。货主为了逃避海关监管，可能会虚报、假报进出口货物的品名以及数量，当货运代理人(包括报关行)代其报关后，经海关查验申报品名、数量与实际不符时，货运代理人可能首先会遭受海关的调查和处罚。

(3) 货运风险。在集装箱运输方式下，由于货物不便查验，货主可能会实际出运低价值的货物，而去申报高价值的货物，并与收货人串通(或者收货人就是该货主或其关联企业)伪造、出具假发票、假信用证、假合同，当货物到达目的地，通过各种手段骗取无单放货后，发货人凭正本提单向货运代理人索要高于出运货物实际价值的赔偿。

3) 提单风险

倒签、预借提单现象比较普遍，凭保函签发清洁提单或无单放货的情况更是普遍，船公司为了规避自己的风险，一般在货主提出上述要求时要求货主出具保函，但由于货主远在异地或者货主的资信不能得到船公司的信任和认可，往往会要求货运代理人出具保函以保证承担由此引起的一切责任，或要求货运代理人在货主出具的保函上加盖公章，承担连带担保责任。

货运代理人为向货主体现自己优质的服务质量，一般会随意地按照船公司的要求出具保函。货运代理人此时仅是货主的代理人，出具保函的行为是超越代理范围的自身行为，因此货运代理人所承担的风险责任也远远超越了其所应当承担责任的范围。

【案例3-2】

无单放货案例

Voss Peer 是德国的汽车贸易商，想出售一辆敞篷奔驰轿车给韩国的 Seohwan 贸易公司(以下简称 Seohwan)，价格为 EUR108 600。Seohwan 支付了 EUR48 500 定金。Voss Peer 向 APL 订舱，货物于2013年8月28日装载于“Hyundai General”轮，从德国汉堡运往韩国釜山。提单收货人一栏为买方 Seohwan 而非“凭指示”，并包含预先印就的文字“Non-negotiable unless consigned to order(不可流通除非收货人做成凭指示)”，规定承运人签发一式三份正本提单，若收回任何一份经适当背书的可转让提单，其余的则失去效力。船舶到达釜山，APL 未收回三份正本提单中的任何一份就将货物放给了 Seohwan。直到2013年12月中旬，Seohwan 仍未能支付剩余货款。

于是 Voss Peer 以 APL 未获取正本提单将货放给收货人为由将之诉诸法庭，声称 APL 未能履行运输合同，未能履行受托人的职责。双方经过激烈答辩，最后判决 APL 无权未收回正本提单就交付货物给记名收货人，APL 应对损害承担责任。主要原因在于海上运输合同中，承运人在卸货港交付货物给收货人，必须由收货人向其出示正本提单，凭正本提单放货，否则后果自负。

4) 法律适用风险

货运代理人在作为国际多式联运经营人时，由于货物运输可能同时采取几种运输方式，货物运输的路段也会涉及几个国家，每一种运输方式所适用的法律不同，其规定的责任区间、责任限额、责任大小都不尽相同，而不同国家的具体法律规定又是不同的，这样就有可能导致法律适用问题给货运代理人造成风险损失。

由于各地的海关监管、免疫查验、出入境管理以及其他相关监管的法律法规的规定不同，而且货运代理企业又不能完全掌握，尤其是一些最新出台的法规，若货运代理企业缺少信息追踪以及相关信息调研的部门，极有可能触犯这些规定，从而招致处罚，轻则罚款，重则有可能被吊销当地的经营资格。

5) 职工个人行为风险

企业的经营活动是通过其职员完成的，但并不是所有的职员都忠实可靠，他们的个人行为往往以公司职务行为为掩护，让货运代理企业无法辨别，误认其个人行为为公司行为。当个人攫取利益逃之夭夭后，又无从向其原单位索赔，从而导致经济损失。

个别职员长期负责某单位某项具体工作，如领提单、拿支票等，货运代理企业往往会放松对其的警惕，在其与公司解除劳动关系后，仍然冒名领取提单或骗取支票。事后由于该职员没有原单位的书面明确授权，货运代理企业往往自食其果。还有个别职员在某单位从事订舱工作，其在做公司正常业务的同时又承揽私人的业务，公务和私务交杂在一起，货运代理企业很难区分，往往会造成不必要的麻烦。

3.4.2 国际货代风险防范

(1) 树立风险意识，健全内部规章制度，制定标准业务流程，对可能出现因疏忽造成风险的业务环节进行科学、全面的分析，使业务环节程序化、制度化，并不断完善。努力学习业务知识，工作认真负责，避免操作失误。

(2) 对客户实行信用管理，对货主实行资信等级制度，对不同等级的货主实行不同的对待策略。同时，提高警惕性，时刻注意保护自身的利益；垫付运费应签订合同，并随时掌握对方经营状况。

(3) 对外出具保函应当进行严格的审核，慎重出具，对于不应当或不必要以及可能损害货运代理人利益的保函坚决不能出具。

(4) 加强对相关国家法律的研究和了解。

(5) 要求往来文件尽量加盖公司印章，对于个人的业务行为，要求其公司提供委托授权书，明确其行为为公司授权的职务行为。

【学习测评】

一、单选题

1. GP 是(　　)的英文简称。

A. 散货集装箱　　B. 开顶集装箱　　C. 普通集装箱　　D. 挂式集装箱

2. 在订舱后，货运代理人通常应提出集装箱的申请，船方会给予安排并发放(　　)。凭该单，货运代理人就可安排提取所需的集装箱。

A. 海运提单　　B. 托运单　　C. 设备交接单　　D. 集装箱装箱单

3. 出口人完成装运后，凭以向船公司换取已装船提单的单据是(　　)。

A. shipping Order　　B. Mate’s Receipt　　C. Freight Receipt　　D. Loading List

4. LCL-FCL 货物交接的运输条款包括(　　)。

A. CY-CY　　B. CY-DOOR　　C. CFS-CY　　D. CY-CFS

5. (　　)在海上货物运输实践中也被称为“下货纸”。

A. 海运提单　　B. 装货单　　C. 收货单　　D. 提货单

二、多选题

1. 根据提单上的收货人抬头不同，可分为(　　)提单。

A. 记名　　B. 清洁　　C. 不记名　　D. 指示

2. 货主或委托货代到码头堆场提取空箱时，通常与堆场业务人员一起对集装箱进行检查。检查的内容主要包括(　　)。

A. 集装箱外部是否有损伤、变形、破口等异样

B. 集装箱门能否做 270°开启

C. 箱内是否清洁

D. 附件是否齐全

3. 集装箱出口货运流程为：订舱、接受托运申请、发放空箱以及(　　)。

A. 拼箱货装箱　　B. 整箱货交接　　C. 办理交接签证　　D. 换取提单

4. 以下(　　)属于集装箱的装卸地点。

A. 发货人仓库　　B. 集装箱货运站　　C. 集装箱堆场　　D. 中转站

5. 集装箱装箱单的主要用途有(　　)。

A. 是发货人向承运人提供集装箱内所装货物的明细清单

B. 在装箱地向海关申报货物出口的单据

C. 作为发货人、集装箱货运站与集装箱码头之间的货物交接单

D. 是集装箱装、卸两港编制装、卸船计划的依据

三、案例分析

我国某出口公司先后与伦敦 B 公司与法国 F 公司签订了两个出售农产品合同，共计 3 500 吨，价值 8.28 万英镑。装运期为当年 10 月至 11 月。但由于原定的装货船舶出故障，只能改装另一艘外轮，致使货物 12 月 10 日才装船完毕。在我公司的请求下，外轮代理公司将提单的日期改为 11 月 30 日，货物到达伦敦后，买方对装货日期提出异议，要求我公司提供 11 月份装船证明。我公司坚持提单是正常的，无须提供证明。

结果买方聘请律师上货船查阅船长的航行日志，证明提单日期是伪造的，立即凭律师拍摄的证据，向当地法院控告并由法院发出通知扣留该船。经过 4 个月的协商，最后我方赔款 2.09 万英镑，买方方肯撤回上诉而结案。

请分析在上述案例中，我国出口公司的做法是合法的吗？我国出口公司应该吸取什么教训？

【技能训练】

一、单据缮制

根据以下资料填制海运提单。

托运人：DOLEN FASHION CO.,LTD., 18, EAST OF HAIHANG BLDG., WEIFANG RD., RIZHAO, CHINA

收货人：TO ORDER

通知人：NISU INTERNATIONAL B.V., SPACELAB132438 MR AMERSFOORT, THE

NETHERLANDS., TEL: 0031-33-4614662/4658353，FAX：0031-33-4613017

目的港：ANTWERP

标志及号码：N/M

提单号：COSU88122338

货物名称：NECKLACE, BRACELET, EARRING, BELT, SCARF, TICKER PAPER

件数：460 CTNS

毛重：6 800KGS

体积：59CBM

货柜数量：1×40′HC

标志及号码：N/M

货物名称(2)：BELT

件数：119CTNS

毛重：3 207 KGS

体积：8.2CBM

合计件数：579CTNS

合计毛重：10 007KGS

合计体积：67.200CBM

提单份数：3/3

运费预付

Shipper			B/L No.	
Consignee or order				
Notify address				
Pre-carriage by	Port of loading			
Vessel	Port of transshipment			
Port of discharge	Final destination			

SINOTRANS

中 国 外 运 青 岛 公 司

SINOTRANS GUANGDONG COMPANY

OCEAN BILL OF LADING

SHIPPED on board in apparent good order and condition (unless otherwise indicated) the goods or packages specified herein and to be discharged at the mentioned port of discharge or as near thereto as the vessel may safely get and be always afloat.

The weight, measure, marks and numbers, quality, contents and value, being particulars furnished by the Shipper, are not checked by the Carrier on loading.

The Shipper, Consignee and the Holder of this Bill of Lading hereby expressly accept and agree to all printed, written or stamped provisions, exceptions and conditions of this Bill of Lading, including those on the back hereof.

IN WITNESS whereof the number of original Bills of Lading stated below have been signed, one of which being accomplished the other(s) to be void.

续表

<table>
<tr><td>Container seal No. or marks and Nos.</td><td>Number and kind of package</td><td>Description of goods</td><td>Gross weight (kgs.)</td><td>Measurement (m^3)</td></tr>
<tr><td></td><td></td><td></td><td></td><td></td></tr>
</table>

<table>
<tr><td colspan="3">Freight and charges</td><td>REGARDING TRANSHIPMENT INFORMATION PLEASE CONTACT</td></tr>
<tr><td rowspan="2">Ex. rate</td><td>Prepaid at</td><td>Freight payable at</td><td>Place and date of issue</td></tr>
<tr><td>Total prepaid</td><td>Number of original Bs/L</td><td>Signed for or on behalf of the Master
As Agent</td></tr>
</table>

二、海运货代进出口流程操作训练

1．实训内容

整箱货货物海运进出口业务流程操作与单证填制。

2．实训目标

通过让学生模拟操作整箱货物进出口业务，达到以下目的：

(1) 让学生了解国际海运货代进出口操作的基本流程及相关单证；

(2) 学生能够以小组为单位完成国际货代整箱货出口和进口业务。

3．业务背景

杨欣如是海航国际货运代理有限公司操作部的工作人员，现接到公司客户青岛金茂进出口公司张凯委托将一批轮胎(Chinese Tire，HS code: 401140)出口到美国亚特兰大。该批货物共计 790 件，使用 1 个 40′HC，毛重 10 760.000 KGS，尺码 62.000 CBM。客户要求在 12 月底前运抵亚特兰大。

相关信息：

目的港：LOS ANGELES, CA

标志及号码：N/M

提单号：CNQIN120907

运费到付

4．实训角色

角色 1：海航国际货运代理公司杨欣如。

角色 2：青岛金茂进出口公司业务员张凯。

角色 3：马士基工作人员李芳。

角色 4：场站工作人员王峰。

5．实训安排与分组

(1) 教师说明本次实训的目的、主要内容、实施方法。

(2) 将学生分组，每组 4 人，每组推选 1 名项目经理，负责组内分工、任务完成质量监督及资料准备。

6．实训步骤

1) 国际货运代理整箱货出口操作

(1) 小组绘制集装箱整箱货出口货运代理业务流程图、进口货运代理业务流程图。

(2) 整理金茂公司提供的货物出运信息，对货物出运信息进行确认。

(3) 核算出运货物运价，向托运人报价。项目经理审核报价是否符合公司要求。

(4) 根据货物出运要求，填制托运委托书。

(5) 货代公司向船公司租船订舱，提交托运单。

(6) 金茂公司提供出运货物的合同、商业发票、装箱单，货单公司审核单据。项目经理负责质量监督。

(7) 货代公司打印入货通知给金茂进出口公司，通知做好货物进仓准备或装箱准备。

(8) 船公司发出空/重箱提箱通知单给货运代理公司，货运代理公司安排司机或通知进出口公司至船公司处领取集装箱设备交接单，据以向码头堆场领取空箱。

(9) 组织装箱，缮制装箱单。装箱完毕，装箱人在装箱单上签名，系统输入装箱信息。

(10) 出口报检，填制出口商品检验申请单，项目经理检查申请单填写的准确性。

(11) 出口报关，填制出口货物报关单，项目经理检查报关单填写的准确性。

(12) 办理出口货运保险，填制投保单，项目经理检查投保单填写的准确性。

(13) 船公司缮制海运提单确认件，交货代公司，经货代公司审核无误后，船公司据此签发海运提单。

2) 国际货运代理整箱货进口操作

(1) 货代公司接单并获取到货信息。

(2) 货代公司去船公司或船代换取提货单和设备交接单。

(3) 进口报检，填制进口货物报检单，项目经理检查填写的准确性。

(4) 进口报关，填制进口货物报关单，项目经理检查填写的准确性。

(5) 办理三检，缴纳港杂费。

(6) 提运货物。

(7) 退还集装箱。

7．实训成果

实训成果包含货运代理进出口操作流程图、缮制的商业单据和货运单据，根据业务分工分类整理单据及资料。将分类整合后的单据与业务资料及流程图合成，形成实训成果，提交实训成果。

项目 4 国际空运货代操作

【学习导航】

【知识目标】

(1) 掌握主要航空公司、航空飞行器、集装器等航空基础知识；

(2) 掌握航空运费的计算方法；

(3) 掌握进出口空运货代流程；

(4) 了解航空运单的主要内容，掌握航空运单的填制方法；

(5) 掌握特殊货物航空运输业务；

(6) 了解航空快递运输业务。

【能力目标】

(1) 能根据承运货物选择集装器、飞行器及航空公司；

(2) 能核算承运货物的运费；

(3) 能根据货主要求完成配舱、订舱、提板箱、签单、交接发运、理货仓储等空运进出口操作；

(4) 能根据承运货物信息缮制航空运单；

(5) 能办理特殊货物航空运输业务；

(6) 能办理航空快递运输业务。

【学习情境】

海航国际货运代理公司业务员陈先生在海运操作部工作一段时间后，公司安排他到空运操作部工作。来到空运操作部后，陈先生接手的第一票货是将一批毛绒玩具从青岛运至印度孟买。

陈先生在掌握航空出运的操作流程及注意事项的基础上，对此票业务制作了货物出运方案和孟买接货方案，随即开展货物的预配舱与预订舱工作。

业务经理让陈先生负责跟进此项业务。

讨论：(1) 了解托运人青岛华美有限公司及出运货物信息，即出运货物是什么？货量多少？最终目的地是哪里？运期是什么时候？对航线、价格等有什么要求？

(2) 根据货物信息，查询并分析能完成此票货运业务的航线与价格。

(3) 根据分析结果，协助客户正确选择合理的运输路线。

(4) 指导客户正确填写航空货物托运书。

(5) 开具或取得航空主运单。

(6) 及时跟踪货物，掌握费用结算常用方法，通知海外货代完成进口接货任务。

【学习任务】

任务 4.1 认知航空运输

4.1.1 航空运输的特点

航空货运虽然起步较晚，但发展异常迅速，特别是受到现代化企业管理者的青睐，原因之一就在于它具有许多其他运输方式所不能比拟的优越性。概括起来，航空货物运输的主要特征有：

1．运送速度快

航空货运使用的运输工具是飞机，时速为800～900km，比其他交通工具更加快捷，适用于鲜活易腐和季节性商品的运送。

目前，我国进出口商品中，采用航空运输的主要有通信设备、计算机、成套设备中的精密部件、电子产品和精密高科技产品；出口商品主要有服装、丝绸、棉针织品、工艺品、海鲜农副产品、鲜花、水果和蔬菜、电子和机械产品等。

2．安全、准确、货物灭失与破损率低

由于空运货物价格比较高，与其他运输方式相比，航空货运地面操作环节比较严格，从而使货物破损的情况大大减少；货物装上飞机后，在空中也不易损坏，因此整个运输环节中货物破损率低，安全性好。

3. 不受地面条件限制

航空运输利用天空这一天然航道，不受地面条件限制，适用于陆域和水域不方便运输的内陆和其他地区的货物运输，有利于当地资源的出口，促进当地经济发展。

4. 节省包装、保险、利息等费用

航空运输货物在途时间短，周转速度快，企业存货可相应减少。一方面有利于资金回收，减少利息支出，另一方面可以降低企业仓储费用。由于航空运输安全准确，货损货差少，保险费用较低。

当然，航空运输也有其劣势，如成本高，运价高；实际载货量小；飞机飞行安全容易受恶劣气候影响等。

4.1.2 国际航空运输营运方式

1. 班机运输

班机运输(Scheduled Flights Transport)又称定期航班运输，指航空公司将飞机按事先制定的航班时刻表，在特定航线的既定停靠航站之间，经常性地为非特定的货主提供规则的、反复的运输服务，并按运价本或协议运价的规定计收运费的一种营运方式。

班机运输的主要特点是：定期开航、定航线、定始发站，途经站和目的站，可以确切掌握起运和到达时间。这对市场上急需的商品、鲜活易腐货物及贵重商品的运送是非常有利的。

班机运输一般是客货混载，以客运为主，因此舱位有限，这也是班机运输的不足之处。

2. 包机运输

包机运输(Chartered Carrier)指航空公司按照约定的条件和费率，将整架飞机租给一个或若干个包机人(指发货人或航空货代公司)，从一个或几个航空站装运货物至指定目的地。包机运输适合于大宗货物运输，费率低于班机，但运送时间比班机长些。包机运输方式分为整包机和部分包机两类。

整包机是指航空公司按照与包机人约定的条件及费用，将整架飞机租给包租人，从一个或几个航空港装运货物至目的地。包机需在货物装运前一个月与航空公司联系，包机费用一次一议，随国际市场供求情况变化。

部分包机是由几家航空货代公司或发货人联合包租一架飞机，或者由航空公司把一架飞机的舱位分别卖给几家航空货代公司装载货物。

3. 集中托运

集中托运(Consolidation)是指航空货运代理公司将若干批单独发运的货物集中成一批向航空公司办理托运，填写一份总运单送至同一目的地，然后由其委托当地的代理人负责分发给各实际收货人。这种方式的最大特点是可以争取到比零星托运更低的运价，并减少货主自行办理托运的烦琐。集中托运服务过程如图 4.1 所示。

在集中托运方式下，代理人可以给货主签发分运单(House Air Waybill，HAWB)，作为货代公司与发货人交接货物的凭证；货代公司把来自不同托运人的货物集中一起，交给航空公司，货代公司和航空公司之间的凭证是航空公司签发给货代公司的主运单(Master Air Waybill，MAWB)。

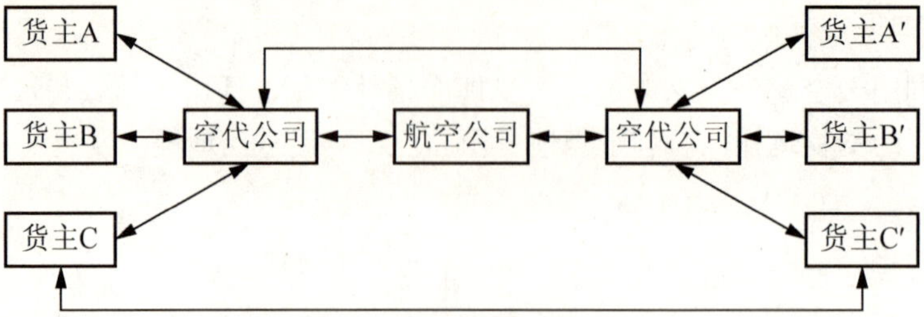

图 4.1　航空集中托运服务过程

贵重物品、活体动物、尸体、骨灰、外交信袋、危险物品，这些特殊货物不得以集中托运形式运输。

4．航空快递业务

航空快递业务(Air Express Service)是指由快递公司与航空公司合作向货主提供的快递服务，是以最快速度在发件人、机场、收件人之间递送急件的一种快速运输方式。

按照服务的范围，国际航空快递运输的运作形式一般有三种：门到门服务(Door to Door)，门到机场服务(Door to Airport)，专人派送(Courier on Board)。现在常用的是桌到桌运输(Desk to Desk Service)，即由快递公司派专人从发货人处提取货物后以最快航班将货物出运，飞抵目的地后，由专人接机提货，办妥进关手续后送达收货人。

4.1.3　主要航空运输组织

1．国际民用航空组织

国际民用航空组织(International Civil Aviation Organization，ICAO)于 1947 年 4 月 4 日成立，是联合国所属专门机构之一，也是政府间的国际航空机构。总部设在加拿大的蒙特利尔，截至 2011 年，成员达 191 个。宗旨是根据安全和有序的方式发展，使国际航运业务建立在机会均等的基础上，并予以完善和经济地经营。其常设领导机构是理事会，由大会选出的成员组成。我国是该组织的成员国，也是理事国之一。国际民用航空组织标识如图 4.2 所示。

2．国际航空运输协会

国际航空运输协会(International Air Transport Association，IATA)是一个由世界各国航空公司所组成的大型国际组织，其前身是 1919 年在海牙成立并在第二次世界大战时解体的国际航空业务协会，总部设在加拿大的蒙特利尔，执行机构设在日内瓦。与监管航空安全和航行规则的国际民航组织相比，它更像是一个由承运人(航空公司)组成的国际协调组织，管理在民航运输中出现的诸如票价、危险品运输等问题。国际航空运输协会标识如图 4.3 所示。

3．国际机场理事会

国际机场理事会(Airports Council International，ACI)于 1991 年 1 月成立，1993 年 1 月 1 日改称国际机场理事会。国际机场理事会是全世界所有机场的行业协会，是一个非营利性的组织，其宗旨是加强各成员与全世界民航业各个组织和机构的合作，包括政府部门、航空公司和飞机制造商等，并通过这种合作促进建立一个安全、有效、与环境和谐的航空运输体系。国际机场理事会标识如图 4.4 所示。

图 4.2 国际民用航空组织(ICAO)　　图 4.3 国际航空运输协会(IATA)　　图 4.4 国际机场理事会(ACI)

4.1.4 航区与航权

【业务链接】

小周在空运部工作之余，发现公司书柜有本 IATA 的运价手册，就拿来翻看。发现原来五大洲四大洋被 IATA 划分为三个区，不同区适用的运价标准不同。

小周外出拜访客户，一客户问小五，“一批货物在杭州于北京时间 15 时 35 分起飞，约飞 19 小时，那到美国洛杉矶为当地时间几时？”小五想那还不简单，直接加上去就好了，就答道：“第二天上午 10 点 35 到。”话刚说完，小五马上意识到忘了算时差。果然，客户笑道：“回去问问你经理吧，你业务还不行。”小五一时也不知道该加减多少小时，只好尴尬地告辞。

1．航空运输区划

IATA 将世界划分为三个航空运输业务区：TC1 区、TC2 区和 TC3 区。每个航区内又分成几个次区。

TC1 区：指南北美洲大陆及其邻近的岛屿，格林兰、百慕大、西印度群岛，加勒比群岛及夏威夷群岛。该区包含加勒比次区、墨西哥次区(北美洲)、远程次区(中美洲)和南美次区。

TC2 区：指欧洲、非洲及其邻近岛屿。该区包含欧洲次区、非洲次区和中东次区。

TC3 区：指亚洲及邻近岛屿，东印度群岛，澳大利亚，新西兰及太平洋中的群岛。该区包含南亚次大陆、东南亚次区、西南太平洋次区和日本/朝鲜次区。

2．时差及飞行时间计算

由于地球自转造成了不同经度的地区时间不同，当飞机跨越经度时，产生的时间的不一致，会出现时差。

飞行小时是指自始发地机场至目的地机场之间的运输时间，包括中转时间。航班时刻表上的出发时间和到达时间都是以当地时间公布的，所以在计算航班飞行时间时，要经过时差的换算。

计算飞行时间时，不仅要知道两地的法定时区，还要看该地区是否正在使用夏令时，这些都可以从国际时间换算表(International Time Calculator)中查询，其中列出了各个国家当地的标准时间与世界标准时间的差距。

为了更有效地进行国际时间换算，我们还可以使用一些免费的国际时间换算软件，例如 http://www. calculator.com/calcs/time.html，具体计算界面如图 4.5 所示。

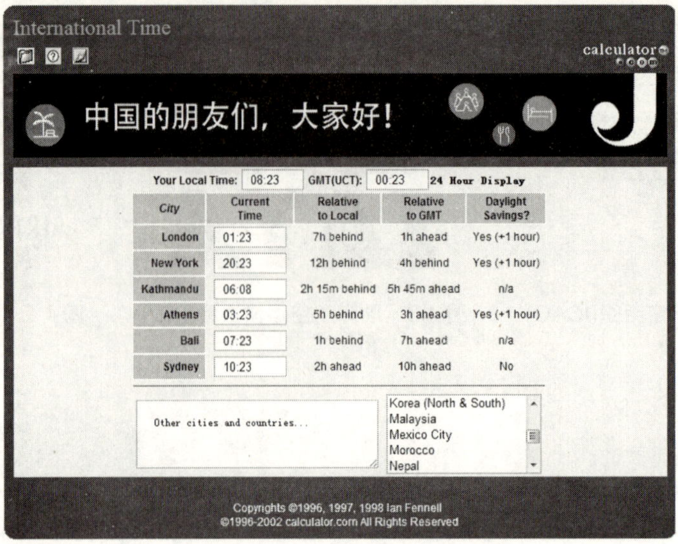

图 4.5 国际时间换算软件界面

【例 4-1】

时差换算

某旅客乘飞机从北京去华盛顿。3 月 30 日乘国航班机从北京启程，北京时间是 9：44，到达华盛顿当地时间为 3 月 30 日 15：30。试计算该旅客飞行时间。

第一步：从 International Time Calculator(国际时间换算表)中找出始发站和目的站的标准时间。

PEK=GMT−0800(standard time)

WAS=GMT+0500(standard time)

GMT：格林尼治标准时间(Greenwich Mean Time)

第二步：将起飞和到达的当地时间换算成世界标准时间(GMT)。

PEK　9：44−0800=GMT1:44

WAS　15:30+0500=GMT20:30

第三步：用到达时间减去起飞时间，就是飞行时间。

20：30 − 1：44 = 18:46(18 小时 46 分钟)

3．航权

航权指国际航空运输中的过境权利和运输业务权利，也叫空中自由权。航权分为九种。

【业务链接】

转眼春节到了，小周回家过年。这天一个到美国留学的同学来串门，闲谈间，小周与他开玩笑道：“我现在做空运业务，却还没坐过飞机，呵呵。”同学说：“坐飞机很辛苦，像我这趟回来在日本降落，飞机加油。我们却不能下来透透气，全得待在飞机上，太闷了。还不如火车，中途可以下来呼吸新鲜空气。”小周奇怪，为什么降落了，旅客却不能下来，等加完油再上去呢？同学说，听说没有权利，具体也不懂。

1) 第一航权：领空飞越权

领空飞越权指在不着陆的情况下，本国航机可以在协议国领空上飞过，前往其他国家目的地。

例如，北京—旧金山，中途飞越日本领空，那就要和日本签订领空飞越权，获取第一航权，否则只能绕道飞行，增加燃料消耗和飞行时间。

2) 第二航权：技术经停权

技术经停权指降落他国作技术性的短暂停留(保养、加油、特殊状况)，但不可卸载货或卸载乘客。

例如，北京—纽约，如果由于某飞机机型的原因，不能直接飞抵，中间可以在日本降落并加油，但不允许在该机场上下旅客和货物，并需要和日本签订技术经停权。

3) 第三航权：目的地下客权

目的地下客权指本国航机可以在协议国境内卸下乘客、邮件或货物。

例如，北京—东京，如获得第三航权，中国民航飞机承运的旅客、货物可在东京进港，但只能空机返回。

4) 第四航权：目的地上客权

本国航机可以在协议国境内载运乘客、邮件或货物返回。

例如，北京—东京，如获得第四航权，中国民航飞机能载运旅客、邮件或货物原机返回北京。

5) 第五航权：中间点权或延远权

某国或地区的航空公司在其登记国或地区以外的两国或地区间载运客货，但其班机的起点与终点必须为其登记国或地区。也就是说，第五航权是要和两个或两个以上的国家进行谈判的。

以新加坡航空公司的货机为例，它是直飞新加坡经我国厦门、南京到美国芝加哥的航线，并在厦门、南京拥有装卸国际货物的权利。

6) 第六航权：桥梁权

某国或地区的航空公司在境外两国或地区间载运客货，且拥有中途经停其登记国或地区(此为第三及第四自由的结合)的权利。

例如，伦敦—北京—首尔，国航将源自英国的旅客运经北京后再运到韩国。

7) 第七航权：完全第三国运输权

本国航机可以在境外接载乘客和货物，而不用返回本国，即本国航机在甲、乙两国间接载乘客和运载货物。

例如，伦敦—巴黎，可以由德国汉莎航空公司承运。

8) 第八航权：(连续的)国内运输权

某国或地区的航空公司在他国或地区领域内两地间载运客货的权利(境内经营权)。第八航权只能是从自己国家的一条航线在别国的延长。

9) 第九航权：(非连续的)国内运输权

本国航机可以到协议国作国内航线运营的权利。第九航权，可以是完全在另外一个国家开设的航线。

4.1.5 航空飞行器与集装设备

1. 航空飞行器

本书中航空飞行器指承载空运货物的飞机。

按飞机的用途划分，有民用航空飞机和国家航空飞机之分。国家航空飞机指军队、警察和海关等使用的飞机；民用航空飞机指民用的客机、货机和客货两用机。这里主要介绍民用航空飞机的分类。

1) 按机身的宽窄分类

按机身的宽窄，飞机可以分为宽体飞机和窄体飞机。其中，窄体飞机的机身宽约 3 米，旅客座位之间有 1 个走廊，这类飞机只能在下舱装运散货。宽体飞机的机身较宽，一般在 4.72 米以上，这类飞机可以装运集装货物和散货。窄体飞机剖面图如图 4.6 所示。

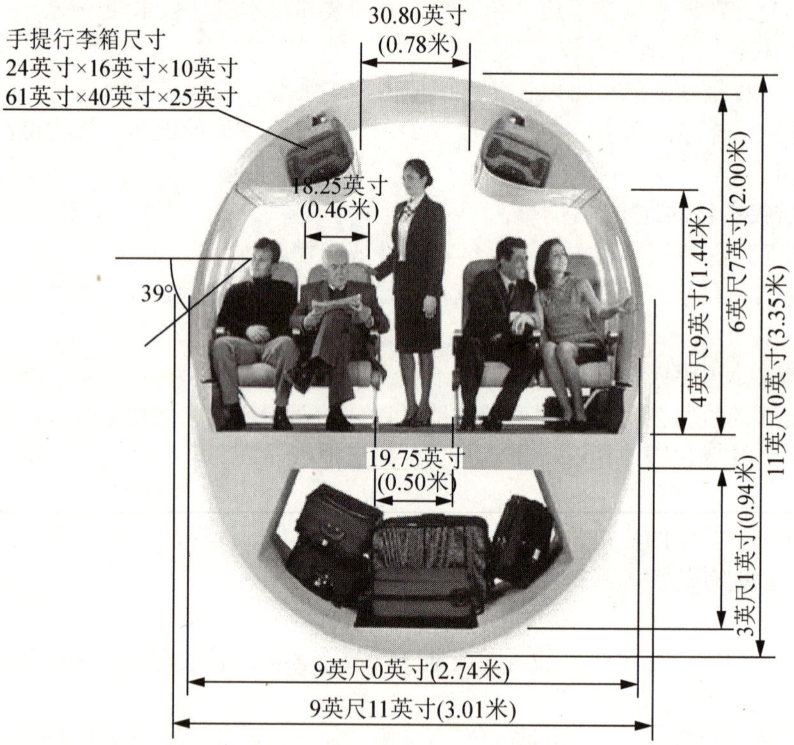

图 4.6　窄体飞机剖面图

2) 按飞机的实际用途分类

按飞机的实际用途，民用飞机可划分为全货机、全客机和客货混用机三种。

一般飞机有两种舱位，即主舱(Main Deck)和下舱(Lower Deck)，但波音 747 较其他机型多了一个上舱(Upper Deck)，如图 4.7 所示。

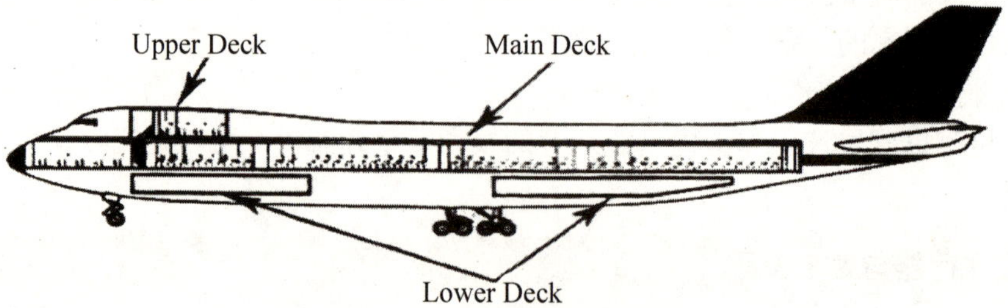

图 4.7　波音 747 舱位示意图

(1) 全货机：主舱及下舱全部载货，它具有较大的货舱和货舱门，地板上还有液体传输装置，便于大型货物装卸。

(2) 全客机：只在下舱载货。

(3) 客货混用机：在主舱前部设有旅客座椅，后部可装载货物(视航行任务而调整)，下舱用于装货。

2. 集装设备

航空集装设备(Unit Load Device, ULD)指装载航空货物的集装板、集装箱和辅助器材的总称。宽体飞机使用集装设备装运货物和行李。

利用集装设备可以提高装卸效率，提高运输质量，节省包装费用，更是开展多式联运的必然要求。

1) 集装设备的种类

装运集装设备的飞机，舱内应有固定集装器的设施，把集装器固定在飞机上，这时集装设备就成为飞机的一部分，所以飞机集装设备的尺寸有严格的规定。飞机集装设备有以下几种。

(1) 集装板和网套。集装板是具有标准尺寸、四边带有卡锁轨或网带卡锁眼、带有中间夹层的硬铝合金制成的平板，以便货物在其上码放。网套是用来把货物固定在集装板上使用的，具有专门卡锁的装置。集装板和网套如图 4.8 所示。

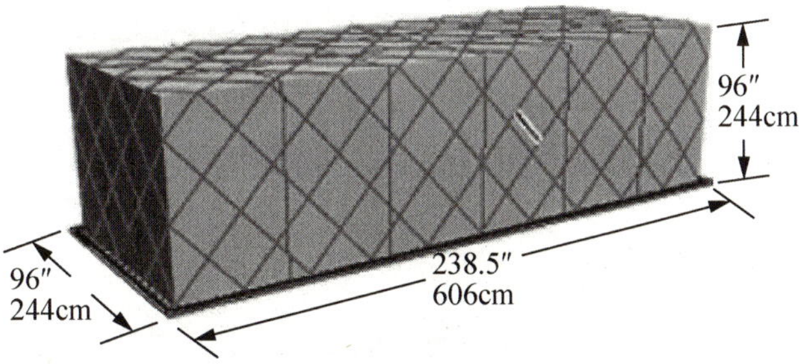

图 4.8　集装板和网套

(2) 结构与非结构集装棚。为了充分利用飞机内的空间，保护飞机的内壁，除了集装板和网套外，还可增加一个非结构的棚罩(可用轻金属制成)，罩在货物和网套之间，这就是非结构的集装棚。结构集装棚是指带有固定在底板上的外壳的集装设备，它形成了一个完整的箱，不需要网套固定，分为拱形和长方形。结构与非结构集装棚如图 4.9 所示。

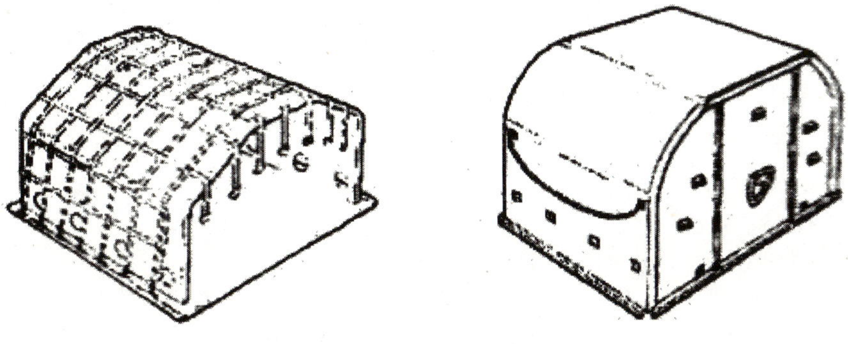

图 4.9　结构与非结构集装棚

(3) 集装箱。集装箱可以分为以下几类。

① 联运集装箱，分为 20 英尺和 40 英尺，只能装于全货机或客机的主货舱，主要用于海空联运。

② 主货舱集装箱，只能用于全货机或客机的主货舱，高度 163 厘米以上，如图 4.10 所示。

③ 下货舱集装箱，只能装于宽体飞机的下货舱，如图 4.11 所示。

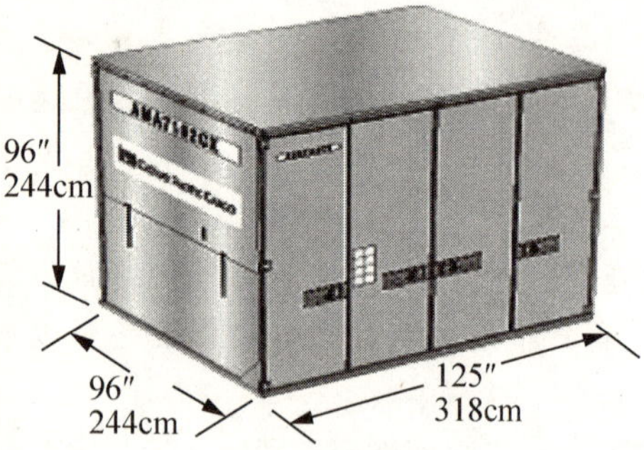

图 4.10　主货舱集装箱

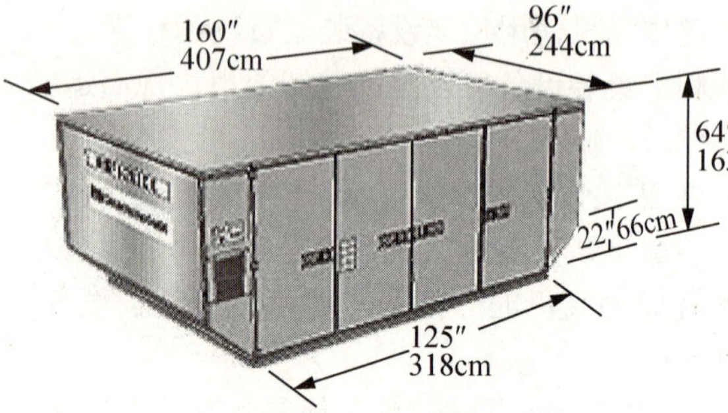

图 4.11　下货舱集装箱

此外，还有一些特殊用途的集装箱，例如保温箱，分为密闭保温主箱和动力控制保温箱两种；运载活体动物和特种货物的专用集装箱。

2) 集装设备代码

为表示集装设备的特征，行业内用集装设备代码表示集装设备的类型、尺寸、外形、与飞机的匹配、是否注册等情况。

【例 4-2】

集装箱代码

AKE 3115MU

MGW 1 587KG 3 500LB

TARE　120KG 265LB

集装箱代码表示含义如下。

AKE：集装设备种类代码；3115：集装设备序号，序号为 4 位或 5 位数字；MU：航空公司代码。

MGW 1 587KG 3 500LB：集装箱最大载重重量。

TARE　120KG 265LB：集装箱自重。

【例 4-3】

集装板代码

P6P 1251MU

MGW 6 804KG 15 000LB

TARE 120KG 265LB

集装板代码表示含义如下。

P6P：集装板种类代码；1251：集装板序号，序号为 4 位或 5 位数字；MU：航空公司代码。

MGW 6 804KG 15 000LB：集装板最大装载重量。

TARE 120KG 265LB：集装板自重。

4.1.6 航空货运代码

在航空运输中，一些名词的代码往往比全称重要。由于航空货运单证受大小限制、操作的方便程度等原因，使整个流程中代码的作用非常显著。代码有简洁、节省空间、容易识别等优点，在此介绍航空货运代码。

1. 国家代码

在航空运输中，国家用两字代码表示，见表 4-1。

表 4-1 常见的国家两字代码

中文全称	两字代码	中文全称	两字代码
中国	CN	美国	US
英国	GB	德国	DE
法国	FR	日本	JP
韩国	KR	新加坡	SG
加拿大	CA	澳大利亚	AU

2. 航空公司代码

航空公司一般既有两字代码，也有三字代码，但通常使用两字代码，国际上有些航空公司常使用三字代码，例如，斯堪的纳维亚航空公司的代码是 SAS。世界主要航空公司见表 4-2。

表 4-2 主要航空公司一览表

中文名称	英文名称	两字代码	公司标志
中国国际航空股份有限公司	Air China Limited	CA	
中国南方航空股份有限公司	China Southern Airlines	CZ	
中国东方航空集团公司	China Eastern Airlines	MU	
美国航空公司	American Airlines	AA	AA
加拿大航空公司	Air Canada	AC	AIR CANADA
中华航空公司	China Airlines	CI	
国泰航空公司	Cathay Pacific Airways	CX	
大韩航空公司	Korean Air	KE	
港龙航空公司	Dragon Air	KA	
全日空航空公司	All Nippon Airways co., Ltd.	NH	ANA

续表

中文名称	英文名称	两字代码	公司标志
日本航空公司	Japan Airlines	JL	JAL
德国汉莎航空公司	Lufthansa German Airlines	LH	
美国西北航空公司	Northwest Airlines	NW	nwa.
韩亚航空公司	Asiana Airlines	OZ	
新加坡航空公司	Singapore Airlines	SQ	
法国航空公司	Air France	AF	AF
英国航空公司	British Airways	BA	BRITISH AIRWAYS
荷兰皇家航空公司	K.L. M Royal Dutch Airlines	KL	KLM
澳门航空公司	Air Macau	NX	AIR MACAU

3．机场代码

机场通常用三字代码表示，一些城市机场的三字代码同城市三字代码一致，在中国有些城市也是如此，例如天津。但大多数机场三字代码同城市三字代码不一样，例如北京，城市代码是 BJS，首都机场代码是 PEK。常用机场代码见表 4-3。

表 4-3　常见机场三字代码

中文全称	代码	英文全称	国家或地区
北京首都国际机场	PEK	Beijing Capital	中国
巴黎戴高乐机场	CDG	Charles De Gaulle	法国
达拉斯沃斯堡机场	DFW	Dallas/Ft. Worth	美国
华盛顿杜勒斯机场	IAD	Washington Dulles Int. Apt.	美国
东京羽田机场	HND	Tokyo Int. Apt.	日本
休斯敦洲际机场	IAH	Houston Int. Apt.	美国
首尔仁川机场	ICN	Incheon, Apt.	韩国
雅加达苏加诺机场	CGK	Jakarta Soekarno	印度尼西亚
大阪关西机场	KIX	Kansai	日本
伦敦希斯罗机场	LHR	London Heathrow	英国
蒙特利尔机场	YMQ	Montreal	加拿大
米兰马尔彭萨机场	MXP	Milan Malpensa Int. Apt.	意大利
纽约肯尼迪机场	JFK	New York J. F. Kennedy	美国
芝加哥奥黑尔机场	ORD	O'Hare, Chicago	美国
巴黎奥利机场	ORY	Paris Orly	法国
多伦多机场	YTO	Pearson Int. Apt.	加拿大

续表

中文全称	代码	英文全称	国家或地区
上海浦东机场	PVG	Pudong Int. Apt.	中国
罗马达芬奇国际机场	FCO	Rome Da-Vinci Fiumicino	意大利
札幌机场	CTS	Sapporo Int. Apt.	日本
上海虹桥机场	SHA	Shanghai Hongqiao Int. Apt.	中国
台北桃园机场	TPE	Taipei Taoyuan Int. Apt.	中国台湾
东京成田机场	NRT	Tokyo Narita	日本

【知识链接】

发展中的世界航空货运

1783 年 6 月 5 日的这一天，巴黎凡尔赛宫前面的大广场上人山人海，法国猛戈尔、费埃兄弟俩(Montgolfier brothers)在当众演示用热空气充入球形气囊，当气球缓缓升空的时候，挂在气球下面吊篮中的一头羊、一只鸭子和一只公鸡也腾空而起，这时广场上仰头观望的法国人无不为此奇景发出惊叫声。可是他们当时不一定知道，这是人类历史上有正式记载的世界航空货运的开始。

美国莱特兄弟制造的以内燃机为动力的飞机于 1903 年 12 月 17 日试飞成功，这是人类历史上第一架能够载人和货物的飞机，从此以后，世界航空货运也随之飞速发展。

第一次世界大战在 1914 年爆发后，仅仅在 1918 年全世界就制造了总共 3 500 架飞机和 52 000 套飞机发动机。第一次世界大战结束后，不再用于战争破坏的飞机很快被用于快速递送邮件，并且迅速发展为经营收入可观的航空货运业。从 1919 年至 1939 年，世界各地的航空邮件快递公司的收入超过邮电总额的一半。

随着航空邮件的递送，航空供应链业迅速产生。当时的航空邮电公司老板和飞机制造商不约而同地想到让横空出世的飞机，带着邮件、货物，当然还有乘客来往飞行于波涛汹涌的大西洋上空，在北美和欧洲大陆之间架起空中运输通道。1919 年 6 月 14 日，约翰·阿尔科克和约瑟·布朗随身带着装满邮件的一个小包裹，驾驶飞机从加拿大纽芬兰岛起飞，于第二天在欧洲冰岛落地，这是人类社会第一次国际航空邮件递送。第一次世界大战以后，随着航空业的不断发展，美国铁路快件公司干脆成立航空货运公司，把铁路运输和航空货运结合起来。

第二次世界大战进一步在提高效率方面重新设计航空邮件和货物的递送，航空运输逐步成为物流，尤其是军事运输的重要手段。航空运输在 20 世纪 60 年代开始连续快速发展，预计到 2050 年全球航空运输将达到每年 4 500 亿吨公里。航空物流业在反应速度、覆盖网络、地面处理能力、客户服务和供应链服务、收入管理、运力协调等领域里可以取得潜在的经营竞争优势。

进入 21 世纪以来，全球较具规模的航空公司都纷纷把货运业务分拆成独立运作的货运航空公司，再额外提供其他配套、增值服务，将航空物流塑造成为利润中心。现在较成功的公司包括汉莎货运航空、新加坡货运航空、英航货运和日本货运航空等。

任务 4.2　计算航空货运运费

4.2.1　航空运价基础知识

1．运价

承运人为运输货物，对规定的重量单位(或体积)收取的费用，称为运价(Rates)。运价是机场到机场(Airport to Airport)的空中费用，不包括承运人、代理人或机场收取的其他费用。

2．航空运费

航空运费是指承运人将一票货物自始发地机场运至目的地机场所收取的航空运输费用。该费用根据每票货物所适用的运价和货物的计费重量计算而得。每票货物是指使用同一份航空货运单的货物。

航空运费是运输始发地机场至目的地机场间运输货物的航空费用，不包括其他费用。

3．其他费用

其他费用是指由承运人、代理人或其他部门收取的与航空货物运输有关的费用。在组织一票货物自始发地至目的地运输的全过程中，除了航空运输外，还包括地面运输、仓储、制单、国际货物清关等环节，提供这些服务的部门所收取的费用即为其他费用。

4．计价货币

货物的航空运价一般以始发地的本国货币公布，如美国航空公司公布北京至洛杉矶的空运价格时，以人民币标价，而公布洛杉矶至北京运价时，则以美元标价。有的国家以美元代替本国币公布运价，此时，美元即为运输始发地货币。

5．计费重量

计费重量是指用以计算货物航空运费的重量。货物的计费重量有三种情况：按货物的实际毛重；按货物的体积重量；按较高重量分界点的重量。

(1) 实际毛重。包括货物包装在内的货物重量，称为货物的实际毛重，适用于重货。

(2) 体积重量。按照国际航协规则，将货物的体积按一定的比例折合成的重量，称为体积重量，换算标准为 6 000 立方厘米或 366 立方英寸折合 1 千克，适用于轻货。

计费重量一般采用货物的实际毛重与体积重量相比取高者；但当货物按较高重量分界点的较低运价计算的航空运费较低时，则将此较高重量分界点的货物起始重量作为货物的计费重量。

例如，一票货物重 42 千克，每千克 15 美元，运费为 630 美元；如果按较高重量分界点 45 千克计算，每千克 12 美元，运费为 540 美元，低于 630 美元，这时按较高重量分界点的重量 45 千克计算运费。

国际货物的计费重量以 0.5 千克为最小单位，重量尾数不足 0.5 千克的，按 0.5 千克计算；0.5 千克以上不足 1 千克的，按 1 千克计算。例如，

201.1kgs →201.5kgs

201.5kgs →202.0kgs

在集中托运的情况下，同一运单项下会有多件货物，其中有重货也有轻货。此时，货物的计费重量就按照货物的总毛重或总体积重量中较高的一个计算。

6．最低运费

最低运费是指一票货物自始发地机场至目的地机场航空运费的最低限额。货物按其使用的航空运价与计费重量计算所得的运费，应与货物最低运费相比，取高者。在航空运价表中，最低运费以英文字母“M”表示。

7．运价类别

航空货物运价一般分为四类：一般货物运价、指定商品运价、等级货物运价、集装箱货物运价。

8．货物航空运价、运费的货币进整

货物航空运价及运费的货币进整，因货币的币种不同而不同。TACT 将各国货币的进整单位规则公布在《TACT Rules》中。

运费进整时，需将航空运价或运费计算到进整单位的下一位，然后按半数进位法进位，计算所得的航空运价或运费，达到进位单位一半则入，否则舍去。例如，运费进整单位为百分位，则计算时先计算到千分位 37.368 元，按进位法，该运费进整为 37.37 元。

采用进整单位的规定，主要用于填制航空货运单(AWB)。销售 AWB 时，使用运输始发地货币，按照进整单位的规定计算航空运价及运费。

4.2.2 航空运费的计算

1．航空运价

1) IATA 运价表

IATA 运价表公布直达运价，指承运人直接在运价资料中公布的从运输始发地至运输目的地的航空运价。运价的公布形式有 N、Q45 等运价结构，也有 B、K 运价结构(欧洲内特有的运价结构)。N 运价，即 Normal General Cargo Rate，指的是标准的普通货物运价；Q 运价，即 Quantity Rate，指的是重量等级运价。IATA 运价表见表 4-4。

表 4-4　IATA 运价表

Date/Type	Note	Item	Min. Weight	Local Curr.
BEIJING	CN	BJS		
Y. RENMINBI	CNY	KG		
TOKYO	JP			
M	230.00			
N	37.51			
45	28.13			
0008	300	18.80		
0300	500	20.61		
1093	100	18.43		
2195	500	18.80		

说明：第一栏，Date/Type 公布运价的生效或失效日期及集装器运价代号，本栏中若无特殊标记，说明所公布的运价适用于在本手册有效期内销售的 AWB。

第二栏，Note——相对应运价的注释，填制货运单时，应严格按照注释所限定的内容执行。

第三栏，Item——指定商品运价的品名编号。

第四栏，Min. Weight——使用相对应运价的最低重量限额。

第五栏，Local Curr.——用运输始发地货币标示的运价或最低运费。

以上运价表为中国北京至日本东京的运价，以每千克收取若干人民币来表示。其最低运费用 M 表示，为 230 元人民币。普通货物运价用 N 表示，为每千克 37.51 元，45 千克及以上货物每千克 28.13 元。指定商品(货号为 0008、0300……)若满足最低重量(300 千克、500 千克……)，则千克运费分别为 18.80 元、20.61 元……

2) 空运代理发布的运价表

北京国际航空货物的运价表，见表 4-5。

表 4-5 北京国际航空货物运价表

单位：RMB/千克

城市名称	M	N	45	100	300	1 000
阿曼	380	46.61	37.90	30.27	30.27	30.27
亚特兰大	450	79.95	58.68	52.34	47.26	41.53
比利时	480	85.51	63.77	60.46	55.95	50.66
芝加哥	480	77.63	60.63	53.48	49.24	43.58
佛罗伦萨	380	46.45	38.52	36.54	34.83	29.25
日内瓦	380	48.92	40.63	40.63	36.69	30.71

注：(1) M 为最低运价；N 为基础运价；45 为 45 公斤以上运价……每票加 50 元制单费，200 元报关费(不含燃油费用和战争险费用)。

(2) 出口货物需出具货物的相关证明和正确货物品名。

(3) 出口货物需提供货物发票。

3) 空运单中的运费表示方法

航空货运运费最终都需准确填写到空运单中，现截取出口机器的航空货运单的运费部分，见表 4-6。

表 4-6 航空货运单运费计算栏

No. of Pieces RCP	Gross Weight	Kg/ Lb	Rate Class		Chargeable Weight	Rate/ Charge	Total	Nature and Quantity of Goods
			Q	Commodity Item No.				
2	37.8	K			45.0	28.13	1 265.85	MACHINARY 70cm×47cm×35cm×2

说明：No. of Pieces：货物的件数。

Gross Weight：货物的毛重。

Kg/Lb：计量单位，若是千克，则以“K”表示；若是磅，则以“L”表示。

Rate Class：计算运费的标准，普通货物 N，指定货物 C，等级货物 S……

Commodity Item No.：若采用指定货物时，填写商品的类号。

Chargeable Weight：计费重量(计算运费时使用的货物重量)。

Rate/Charge：单位运价。

Total：总运费(计费重量乘以单位运价)。

Nature and Quantity of Goods：品名和货物的总体积。

2. 运费计算

1) 普通货物运价

普通货物运价(General Cargo Rate, GCR)是指除了等级货物运价和指定商品运价以外的适用于普通货物运输的运价。

普通货物运价计算步骤：

第一步：计算体积重量。

第二步：体积重量和实际毛重比较，取高者作为暂时的计费重量，计算出运费。

第三步：若有重量分界点运价，且货物的计费重量接近较高重量分界点，则采用较高重量分界点的运价计算出运费。

第四步：比较两次计算出的运费，取低者作为最终的航空运费，其对应的重量为计费重量。

第五步：填制航空货运单的运费计算栏。

说明：如果计算出的运费低于 M(最低运价)，运费采用最低运价。

【例 4-4】

由北京运往东京一批机器部件，产品名称为 MACHINERY，货物共两件，毛重为 18.9kgs/piece，体积尺寸为 70cm×47cm×35cm，计算该票货物的航空运费。

BEIJING	CN	BJS
Y. RENMINBI	CNY	KG
TOKYO	JP	
M	230.00	
N	37.51	
45	28.13	

解：(1)按实际重量计算。

体积(Volume)：	70cm×47cm×35cm×2=230 300cm^3
体积重量(Volume Weight)：	230 300÷6 000=38.38(kg)=38.5(kg)
毛重(Gross Weight)：	37.8kg
计费重量(Chargeable Weight)：	38.5kg
适用运价(Applicable Rate)：	GCR N 37.51 元/kg
航空运费(Weight Charge)：	37.51×38.5=1 444.14(元)

(2) 采用较高重量分界点的较低运价计算。

计费重量：	45.0kg
适用运价：	GCR Q 28.13 元/kg
航空运费：	28.13×45.0=1 265.85(元)

(1)和(2)比较，取运费较低者，即航空运费为 1 265.85 元。

【课堂训练】

普通货物运价计算

(1) 由北京运往日本大阪一件洗发香波样品 5.3kg，计算其航空运费。

BEIJING	CN	BJS
Y. RENMINBI	CNY	KG
OSAKA	JP	
M	230.00	
N	30.22	
45	22.71	

(2) 由北京运往东京一箱服装，毛重 31.4kg，体积尺寸为 80cm×70cm×60cm，计算该票货物的航空运费。运费标准参照表 4-4。

2) 指定商品运价

(1) 定义及代号。指定商品运价(Specific Commodity Rate, SCR)是指适用于自规定的始发地至目的地运输特定品名货物的运价。通常情况下，指定商品运价低于相应的普通货物运价。该运价是一种优惠性质的运价。因此，在使用指定商品运价时，对于货物的起讫地点、运价使用期限、货物运价的最低重量起点等均有特定条件。

使用指定商品运价计算航空运费的货物，其航空货运单的“Rate Class”一栏，用字母“C”表示。

(2) 指定商品运价的分组和编号。在 *TACT Rates Books* 中，根据货物的性质、属性及特点将货物分为十大组，每一组分为十个小组。同时，对其分组形式用阿拉伯数字进行编号。该编号即为指定商品的品名编号。

国际航空运输协会公布指定货物运价时，将货物划分为以下类型，见表 4-7。

表 4-7 国际航空运输协会货物的类型

序 号	类 型
0001～0009	可食用动物和植物产品
1000～1999	活动物及非食用动物和植物产品
2000～2999	纺织品、纤维及其制品
3000～3999	金属及其制品，不包括机器、车辆和电器设备
4000～4999	机器、车辆和电器设备
5000～5999	非金属矿物和产品
6000～6999	化工及有关产品
7000～7999	纸张、芦苇、橡胶和木材制品
8000～8999	科学、专业和精密仪器、器械及配件
9000～9999	其他

(3) 指定商品运价的使用规则。在使用指定商品运价时，只要所运输的货物满足下述三个条件，则可以使用该运价。

条件一：运输始发地至目的地之间有公布的指定商品运价。

条件二：托运人所交运的货物品名与有关指定商品运价的货物品名相吻合。

条件三：货物的计费重量满足指定商品运价使用时的最低重量要求。

(4) 运费计算。

第一步：查询运价表，如有指定商品代号，则考虑使用指定商品运价。

第二步：查找 *TACT Rates Books* 的品名表，找出与运输货物品名相对应的指定商品代号。

第三步：如果货物的计费重量超过指定商品运价的最低重量，则优先使用指定商品运价。

第四步：如果货物的计费重量没有达到指定商品运价的最低重量，则需要比较计算。

【例 4-5】

Routing：BJS — SIN

Commodity：Pear

Gross Weight：7 pcs，40kgs/pc

DIMS：102cm×40cm×26cm×7

公布运价如下：

BEIJING	CN	BJS
Y. RENMINBI	CNY	KG
SINGAPORE	SG	
M	230.00	
N	40.73	
45	30.54	
100	24.38	
0007	250	16.36

解：查找 *TACT Rates Books* 的品名表，梨可以使用 0007(新鲜蔬菜和水果)的指定商品运价。由于货主交运的货物重量符合指定商品运价使用时的最低重量要求，计算运费为：

体积：　102cm×40cm×26cm×7=742 560cm^3

体积重量：　742 560÷6 000=123.76(kg)=124.0(kg)

毛重：　280.0kg

计费重量：　280.0kg

适用运价：　SCR 0007/Q250 16.36 元/kg

航空运费：　16.36×280.0=4 580.80(元)

航空货运单计费栏填制如下：

No. of Pieces RCP	Gross Weight	Kg/Lb	Rate Class		Chargeable Weight	Rate/Charge	Total	Nature and Quantity of Goods
			C	Commodity Item No.				
7	280.0	K		0007	280	16.36	4 580.80	PEAR 102cm×40cm×26cm×7

【课堂训练】

指定商品运价计算

(1) 上例中，如果货主交运 10 箱梨，计算其航空运费。

(2) 如果货主交运 1 箱梨，计算其航空运费。

3) 等级货物运价

等级货物运价(Class Cargo Rates, CCR)是指在规定的业务区内或业务区之间运输特别指定的等级货物的运价。通常在普通货物运价的基础上增加或减少一定的百分比。

IATA 规则规定，等级货物包括：①活动物；②贵重货物；③尸体或骨灰；④报纸、杂志、书籍、商品目录等出版物；⑤作为货物托运的行李。

其中①—③类货物通常在普通货物运价基础上附加一定百分比，④—⑤类货物在普通货物运价的基础上减少一定百分比。

通常附加或不附加也不附减的等级货物用代号“S”(Surcharged Class Rate)表示；附减的等级货物用代号“R”(Reduced Class Rate)表示。

【例 4-6】

从北京运往纽约一只狗，详情如下，试计算运费。

Routing： BJS — NYC

Commodity： Live Dog

Gross Weight：40kgs

DIMS：90cm×50cm×68cm

公布运价如下：

BEIJING	CN	BJS
Y. RENMINBI	CNY	KG
NEW YORK	US	
M	630.00	
N	64.46	
45	48.34	
100	45.19	
300	41.80	

解：查找IATA活动物运价表，从北京到纽约，一般的活动物运价构成形式为"110% of Appl. GCR"。

体积： 90cm×50cm×68cm=306 000cm^3

体积重量： 306 000÷6 000=51.0(kg)

毛重： 40kg

计费重量： 51.0kg

适用运价： SCR 110% of Appl. GCR 48.34×110%=53.17(元/kg)

航空运费： 53.17×51.0=2 711.67(元)

航空货运单计费栏填制如下：

No. of Pieces RCP	Gross Weight	Kg/ Lb	Rate Class		Chargeable Weight	Rate/ Charge	Total	Nature and Quantity of Goods
			S	Commodity Item No.				
1	40.0	K		Q110	51	53.17	2 711.67	LIVE DOG 90cm×50cm×68cm

【例4-7】

从北京运往罗马图书一批，详情如下，试计算运费。

Routing： BJS — ROM

Commodity： Books

Gross Weight：980.0kgs

DIMS：20 pcs 70cm×50cm×40cm each

公布运价如下：

BEIJING	CN	BJS
Y. RENMINBI	CNY	KG
ROME	IT	
M	320.00	
N	45.72	
45	37.98	
100	36.00	
500	31.26	
1 000	28.71	

解：查找书报杂志运价表，从北京运往罗马，属于自三区运往二区，运价的构成形式是 50% of the Normal GCR。

体积：　　70cm×50cm×40cm×20=2 800 000cm^3

体积重量：　　2 800 000÷6 000=466.67(kg)

毛重：　　980.0kg

计费重量：　　980.0kg

适用运价：　　R 50% of the Normal GCR 45.72×50%=22.86(元/kg)

航空运费：　　22.86×980.0=22 402.80(元)

4) 贵重货物运价

在所有 IATA 区域，贵重货物运价为普通货物运价的 2 倍，即 200% of the Normal GCR。

例外：IATA 一区与三区之间且经北或中太平洋(除朝鲜半岛至美国本土各点外)，1 000 千克或以上贵重货物的运费，按普通货物 45 千克以下运价 150%收取。

最低运费：贵重货物最低运费按公布运费的 200%收取，同时不低于 50 美元或其等值货币。

【例 4-8】

从北京运至伦敦 1 块金表，详情如下，试计算运费。

Routing：　BJS — LON

Commodity：　Gold Watch

Gross Weight：32kgs

DIMS：1 pc 60cm×50cm×40cm

公布运价如下：

BEIJING	CN	BJS
Y. RENMINBI	CNY	KG
LONDON	GB	
M	320.00	
N	63.19	
45	45.22	
300	41.22	
500	33.42	

解：由于运送货物是金表，属于贵重货物，按 200% of the Normal GCR 计算运费。运费计算如下。

体积：　　60cm×50cm×40cm=120 000cm^3

体积重量：　　120 000÷6 000=20(kg)

毛重：　　32kg

计费重量：　　32kg

适用运价：　　S 200% of the Normal GCR 63.19×200%=126.38(元/kg)

航空运费：　　126.38×32=4 044.16(元)

3．各种运价的使用顺序

1) 协议运价

如果有协议运价，优先使用协议运价。

2) 公布直达运价

在相同运价种类、相同航程、相同承运人条件下，公布直达运价应按下列顺序使用：

(1) 优先使用指定商品运价。

(2) 其次使用等级货物运价。等级货物运价优先于普通货物运价使用。

如果货物可以按指定商品运价计费，但因其重量没有满足指定商品运价的最低重量要求，则用指定商品运价计费结果与采用普通货物运价计费结果相比较，取低者。

如果该指定商品同时又属于附加的等级货物，则只允许采用附加的等级货物运价和指定商品运价的计费结果比较，取低者。

3) 非公布直达运价

(1) 优先使用比例运价构成全程直达运价。

(2) 当两点间无比例运价时，使用分段相加办法组成全程最低运价。

【知识链接】

比例运价与分段运价

如果货物运输的始发地和目的地没有公布直达运价，则可以采用比例运价和分段相加运价的方法构成全程直通运价，计算全程运费。

比例运价与已知的直达运价相加，构成非公布的直达运价。采用这种运价时，只有相同种类的货物运价才能组成始发站至目的站的货物运价，即普通货物比例运价只能与普通货物运价相加，指定商品的比例运价只能与指定商品的运价相加，集装箱的比例运价只能与集装箱的运价相加。

当货物运输的始发地至目的地无公布直达运价和比例运价时，只能采用分段相加的办法，组成运输起讫地点间的运价，一般采用最低组合运价。

4.2.3 其他费用

1．货运单费

货运单费又称航空货运单工本费，此项费用为填制航空货运单的费用。该费用包括逐项逐笔填制货运单的成本。国际上多数 IATA 航空公司做出的规定如下：

(1) 由航空公司来销售或填制航空货运单的，此项费用归出票航空公司所有，用 AWC 表示。

(2) 由航空公司的代理人销售或填制货运单的，此项费用归销售代理人所有，用 AWA 表示。

中国民航各航空公司规定：无论货运单是由航空公司销售还是由代理人销售，填制 AWB 时，货运单中 Other Charges 一栏中均用 AWC 表示，意为此项费用归出票航空公司所有。

2．垫付款和垫付费

1) 垫付款

垫付款是指在始发地机场收运一票货物，所发生的其他费用到付。这部分费用仅限于地面运输费、清关处理费和货运单工本费。

在填写货运单其他费用一栏时：AWA 表示代理人填制的货运单；CHA 表示代理人代替办理始发地清关业务；SUA 表示代理人将货物运输到始发地机场的地面运输费。

2) 垫付费

垫付费是对于垫付款的数额而确定的费用，代码为 DB。在货运单其他费用栏中，此项费用表示为 DBC。

垫付费是垫付款的 10%，但每票货物垫付费不得低于 20 美元或等值货币。

3. 危险品处理费

国际航空货物运输中，对于收运的危险品货物，除按危险品规则收运并收取航空运费外，还应收取危险货物处理费，该费用在货运单其他栏目内用 RA 表示费用种类，该费用归航空公司所有。在货运单中用 RAC 表示。

中国至 IATA 三个业务区的每票货物最低收费标准均为 400 元人民币。

4. 运费到付货物手续费

国际货物运输中，当货物的航空运费及其他费用到付时，在目的地的收货人，除支付货物的航空运费和其他费用外，还应支付到付货物手续费(CC Fee)，由最后一个承运航空公司收取。

对于运至中国的运费到付货物，到付手续费的计算公式为

到付运费手续费＝(货物的航空运费＋声明价值附加费)×2%

在中国，CC Fee 最低收费标准为 100 元人民币。

5. 声明价值附加费

当托运人托运的货物，毛重每千克价值超过 20 美元或其等值货币时，可以办理货物声明价值。托运人办理声明价值必须是一票货运单上的全部货物，不得分批或部分办理。托运人办理货物声明价值时，应按照规定向承运人支付声明价值附加费。计算公式为

声明价值附加费＝(货物价值－货物毛重×20 美元/千克)×声明价值附加费率

其中，20 美元应折算为当地货币。声明价值附加费率通常为 0.5%。大多数航空公司在规定声明价值附加费的同时，还要规定其最低收费标准。

任务 4.3 航空货运进出口操作

海航国际货代公司业务员陈先生在接到一批毛绒玩具托运委托后，立即研究出运路线，比较分析航空公司，制作了货物出运方案和孟买接货方案，随即开展货物的预配舱与预订舱工作。

国际航空货运代理的业务流程主要包括两大部分：出口业务流程和进口业务流程。出口流程的起点是接受客户委托，从发货人手中接货，终点是货交航空公司或代航空公司在机场进行地面操作业务的机场货运站；进口流程的起点是从航空公司或机场货运站接货，终点是货交收货人。

4.3.1 航空货运出口操作

航空货物出口运输代理业务流程，是指从航空货运代理公司从托运人手中接货，直到把货物交给航空公司或机场货站这一过程，对物流、信息流、单证流和资金流的控制和管理，办理所需通过的环节、手续以及必备单证的准备。

航空货运出口操作流程：客户询价与报价→委托运输→审单、预配舱和预订舱→接单接货→标记标签→配舱和订舱→出口检验和报关→出仓单→预配舱和预订舱→提板箱→签单和交接发运→装机出运及航班跟踪→预配舱和预订舱→信息服务→费用结算。

航空货运出口操作流程如图 4.12 所示。

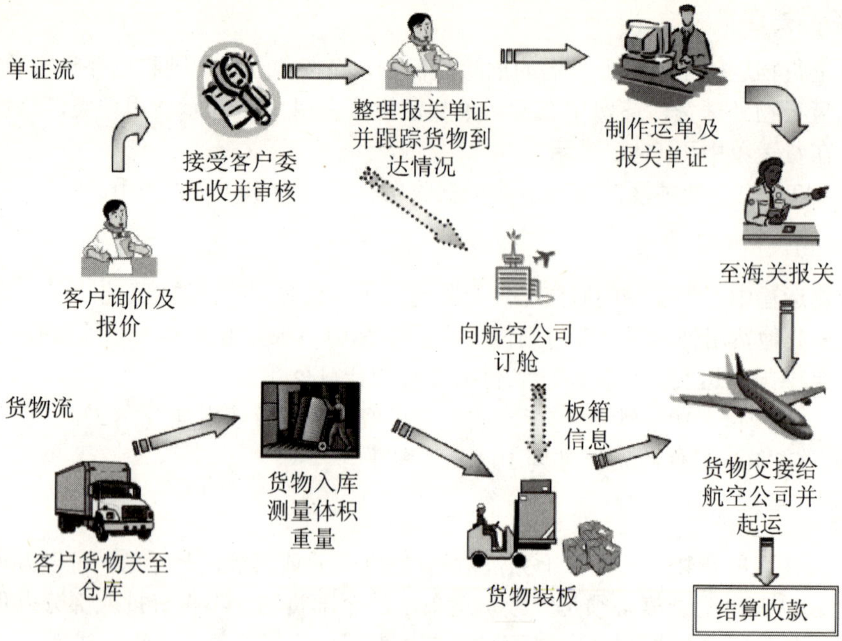

图 4.12　航空货运出口操作流程

1．委托运输

通过货主询价与货代公司报价，双方达成一致，货主将货物的运输事宜委托航空货运代理公司办理。在国际航空运输中，通常是通过签订一份货运代理委托书来达成的。货主发货前，航空货物代理可以向发货人提供一份自己所代理航空公司的空白“国际货物托运书”，让发货人填写，作为货主委托代理公司承办航空货物出口运输的依据。某些特种货物，如活动物、危险品，由航空公司直接收运。

托运书(Shipper Letter of Instruction, SLI)是托运人用于委托承运人或其代理人填开货运单的一种表单，其上列有填开货运单所需的各项内容，托运人必须逐项认真填写。托运书通常包括下列内容。

(1) 货物托运人和收货人的具体单位或者个人的全称及详细地址、电话、邮政编码。

(2) 货物品名、件数、包装方式及标志。

(3) 货物实际价值。

(4) 货物声明价值(包括供运输用的声明价值和供海关用的声明价值)。

(5) 普货运输或者急件运输。

(6) 货物运价类别、费率。

(7) 货物特性、储运及其他说明。

【业务提示】

在双方有长期货运代理业务的基础上，有时也会以托运单、场站收据联单、货物明细表甚至传真或者电子邮件的形式来代替托运书或委托合同的形式将双方的关系明确，以防日后发生纠纷时无法分清双方的责任和权利。

航空货运代理公司在接受委托人委托后，在单证操作前，通常会指定专人对托运书进行审核，主要查看价格和航班日期。审核后，审核人必须在托运书上签名并注明日期以示确认。

委托时，发货人除应填制国际货物托运书，还应提供贸易合同副本、出口货物明细发票、装箱单以及检验、检疫和通关所需要的单证、资料给航空货运代理，以便航空货运代理办理订舱、提货、报关、制单等手续。

【业务提示】

目前，航空公司大部分采取自由销售方式。每家航空公司、每条航线、每个航班均有优惠运价，这种运价因货源、淡旺季经常调整，而且各航空公司之间的优惠价也不尽相同。这就为托运人提供了选择的空间。

提醒：货运单上显示的是 TACT 上公布的适用运价和费率；托运书上显示的是航空公司优惠价加上杂费和服务费或使用协议价格。

2. 审单、预配舱、预订舱

1) 审单

货代从发货人处取得单据后，应指定专人对单证进行认真核对，看单证是否齐全，内容填写是否规范等。单证包括以下内容：

(1) 托运书。

(2) 发票、装箱单。发票上一定要加盖公司公章，标明价格术语和货价。

(3) 报关单。注明经营单位注册号、贸易性质、收汇方式，并要求在申报单位处加盖公章。

(4) 许可证。合同号、出口口岸、贸易国别、有效期一定要符合要求，与其他单据相符。

(5) 商检证。商检证、商检放行单、盖有商检放行单的报关单均可。

(6) 索赔/返修协议。要求提供正本，合同双方盖章；也可以签字。

(7) 到付保函。凡到付运费的货物，发货人都应提供。

2) 预配舱

代理人汇总所接受的委托和客户的预报，输入计算机，计算出各航线的件数、重量、体积，按照客户的要求和货物重、泡情况，根据各航空公司不同机型对不同板箱的重量和高度要求，制定预配舱方案，并核对每票货配上运单号。预配舱需要参考航空公司航班时刻表。航空公司航班时刻表见表4-8。

表4-8 航空公司航班时刻表(节选)

目的地	航空公司	日期	交货结单时间
首尔(仁川)	KE 大韩航空	daily	前一日 19:00
伦敦(希斯罗)	CX 国泰航空	12345	前一日 17:00
俄罗斯	SU 俄罗斯航空	135	前一日 17:00
孟买	AI 印度航空	12345	前一日 17:00

经过联系，陈先生为货主选定印度航空公司飞往孟买的航班，并将预订舱单传送给航空公司。

3) 预订舱

代理人根据所指定的预配舱方案，按航班、日期打印出总运单号、件数、重量、体积，向航空公司订舱。预订舱单见表4-9。

表 4-9 预订舱单

运单号	目的站	件数/数量	体积	品名	一程航班/日期	二程航班/日期
359-3260 2126	孟买	20CTNS 2 000pcs	13CBM	Plush toys	AI 359 Aug12,2014	

这一环节之所以被称为预订舱，是因为此时货物还没有入库，预报和实际的件数、重量、体积都会有差别，这些将等到正式配舱时再做调整。

【业务提示】

国际航空货代公司向航空公司预定舱位要尽量准确，实际到货如果少于订舱数，航空公司会产生亏舱；实际到货如果多于订舱数，舱位紧张时航空公司会将多余货物安排到下一航次出运，容易产生分批到货的情况。

通常对下述货物应当预订舱位：货物在中转时需要特殊对待；不规则形状或尺寸超限的货物；批量较大的货物；特种货物，如危险品、活动物等；需要两家及两家以上承运人运输的联运货物；声明价值超过 10 万美元或者等值货币的货物。

3．接单接货

1) 接收单证

接收托运人或其代理人送交的已经审核确认的托运书及报送单证和收货凭证，将收货记录与收获凭证核对，制作操作交接单，填上各种报关单证的份数，给每份交接单配一份总运单或分运单，将配好的运单和报关单证移交制单部工作人员。如此时货未到或未全到，可以按照托运书上的数据在单据上注明，货物到齐后再修改单据。

2) 接收货物

接收货物，是指航空货运代理公司把即将发运的货物从发货人手中接过来并运送到自己的仓库。

接收货物一般与接单同时进行。对于通过空运或铁路从内地运往出境地的出口货物，货运代理按照发票提供的运单号、航班号及接货地点日期，代其提取货物。如货物已在发货地办理了出口报关手续，发货人应同时提供始发地海关关封。

【知识链接】

关　封

关封是用于海关内部联系、交接有关单证所使用的印有“海关关封”字样，可以加封的信封，不可以私自拆开。

接货时应对货物进行过磅和丈量，并根据发票、装箱单或送货单清点货物，核对货物的数量、品名、合同号或唛头等是否与货运单上所列一致，检查货物的外包装是否符合运输的要求。

对包装、标志不符合运输的要求，缺件、重量体积不符，运输中的货损，都应拍照记录，及时通知货主，求得确认，如没有问题，将货物人库。

【业务提示】

对包装材料的要求

国际航空货运包装通常包括木箱、结实的纸箱(塑料打包带加固)、皮箱、金属或塑料桶。

(1) 液体类货物。不论瓶装、罐装或桶装，容器内至少应有5%～10%的空隙，封盖严密，容器不得渗漏；用陶瓷、玻璃容器盛装的液体，每一容器的容积不得超过500毫升，并需外加木箱包装，箱内装有内衬物和吸湿材料，内衬物要牢实，以防内装容器碰撞破碎；用陶瓷、玻璃容器盛装的液体货物，外包装上应加贴“易碎物品”标贴。

(2) 易碎物品。每件重量不超过25千克；用木箱包装，用内装物填塞牢实；包装上应贴“易碎物品”标贴。

(3) 精密仪器和电子管。多层次包装，内衬物要有一定的弹性，但不得使货物移动位置或相互碰撞摩擦。悬吊式包装，用弹簧悬吊在木箱内，适于电子管运输。包装上应加贴“易碎物品”和“不可倒置”标贴。

(4) 裸装货物。不怕碰压的货物如轮胎等，可以不用包装，但不易点数或容易损坏飞机的，仍需妥善包装。

(5) 木制包装。木制包装或垫板表面应清洁、光滑、不携带任何种类植物害虫。

4．标记和标签

国际航空货代公司接货后，检查货物是否贴有标记，同时给每件货物贴上标签。

1) 标记

在货物外包装上由托运人书写的有关事项和记号，包括：托运人和收货人的姓名、地址、联系电话、传真、合同号、操作注意事项等。

2) 标签

当货物入库后，货运代理会根据航空公司的运单号码制作标签。然后，将制作好的标签贴在每件货物上，以便起运地及目的地货主、货代、货站、海关、航空公司、商检及收货人识别，见表4-10。

表4-10　识别标签

中国国际航空公司 AIR CHINA CARGO			
货运单号码 AWB No.			
目的站 DESTINATION			
件数 PCS		毛重(kg)GROSS WT.	
始发站 FROM			

通常一件货物贴一张航空公司标签，有分运单的货物(如集中托运的货物)每件再贴一张分标签。

5．配舱订舱

1) 配舱

配舱时，需运出的货物都已入库。这时需要核对货物的实际件数、重量、体积与托运书上预报数量的差别，考虑对预订舱位、板箱的有效利用及合理搭配，按照各航班机型、板箱型号、高度、数量进行配载。同时，对于货物晚到、未到情况及未能顺利通关放行的货物做出调整处理，为制作舱单做准备。实际上，该过程一直延续到单、货交接给航空公司后才完毕。

2) 订舱

订舱，是将所接受空运货物向航空公司正式提出运输申请并订妥舱位。订舱的具体做法和基本步骤是：接到发货人的发货预报后，向航空公司吨控部门领取并填写订舱单(CBA)，同时提供以下信息：①货物名称；②体积(必要时提供单件货物尺寸)；③重量；④件数；⑤目的地；⑥要求出运的时间；⑦其他运输要求(温度、装卸要求、货物到达目的地时限等)。

从准确角度来讲，货代向航空公司订舱应待实际收到委托人单、货后进行，但若舱位紧张，为确保舱位，可先行预订舱位，待实际收到货物后，再确认预订舱信息，变为订舱。货物订舱需要根据发货人的要求和货物本身的特点进行。一般说，紧急物资、鲜活易腐物品、危险物品、贵重物品等，应尽量预订直达航班的舱位；非紧急的货物，可以预订转运航班的舱位，其运费会相对低廉。订舱单样式见表 4-11。

表 4-11　订舱单样式

FROM：青岛海航国际货运代理公司

订 舱 单						
运单号	目的站	件数/数量	体积	品名	一程航班/日期	二程航班/日期
359-3260 2126	孟买	20CTNS 2 000pcs	13CBM	plush toys	AI 359 Aug12,2014	

TEL：21268888　　　联系人：陈先生　　136****6318
FAX：23268899

订舱后，航空公司签发舱位确认书，同时给予装货集装器领取凭证，以表示舱位订妥。航空公司将根据实际情况安排航班和舱位。一般来说，航空公司舱位销售的原则如下：

(1) 保证有固定舱位配额的货物。

(2) 保证邮件、快件舱位。

(3) 优先预订运价较高的货物舱位。

(4) 保留一定的零散货物舱位。

(5) 未订舱的货物按交运时间的先后顺序安排舱位。

预订舱位时，有时会由于货物原因、单证原因、海关原因而使得最终舱位不够或者空舱，应综合考虑，有一定预见性，以尽量减少此类事情发生，并且在事情发生后采取及时必要的调整和补救措施。

货运代理公司订舱时，可依照发货人的要求选择最佳的航线和最佳的承运人，同时为发货人争取最低、最合理的运价。为此，要求航空货代必须掌握每家航空公司、每条航线、每个航班甚至每个目的港的运价和航班日期的信息。

6. 出口货物报检报关

1) 报检

货运代理在接单时需向客户了解货物是否需要做商检，是否需要货代代办报检。如果需要，需向客户索取报检委托书，并检查委托书内容是否齐全(不全或不规范的要补充)，然后填写出境报检单，向有关商检部门报检。

出境货物报检单与报检委托书格式见表 4-12。

表 4-12　出境货物报检单格式

中华人民共和国出入境检验检疫

出境货物报检单

报检单位（加盖公章）：　　　　　　　　　　　　　*编　　号

报检单位登记号：　　　　联系人：　　　　电话：　　　　报检日期：　　年　　月　　日

发货人	(中文)				
	(外文)				
收货人	(中文)				
	(外文)				
货物名称(中/外文)	H.S.编码	产地	数/重量	货物总值	包装种类及数量

运输工具名称号码		贸易方式		货物存放地点	
合同号		信用证号		用途	
发货日期		输往国家(地区)		许可证／审批号	
启运地		到达口岸		生产单位注册号	
集装箱规格、数量及号码					

合同、信用证订立的检验检疫条款或特殊要求	标 记 及 号 码	随附单据(划“✓”或补填)	
		□合同	□包装性能结果单
		□信用证	□许可/审批文件
		□发票	□
		□换证凭单	□
		□装箱单	□
		□厂检单	□

需要证单名称(划“✓”或补填)				*检验检疫费	
□品质证书	__正__副	□植物检疫证书	__正__副	总金额(人民币元)	
□重量证书	__正__副	□熏蒸/消毒证书	__正__副		
□数量证书	__正__副	□出境货物换证凭单	__正__副	计费人	
□兽医卫生证书	__正__副	□		收费人	
□健康证书	__正__副	□			
□卫生证书	__正__副	□			
□动物卫生证书	__正__副	□			

报检人郑重声明：	领 取 证 单	
1. 本人被授权报检。	日期	
2. 上列填写内容正确属实，货物无伪造或冒用他人的厂名、标志、认证标志，并承担货物质量责任。 签名：__________	签名	

注：有“*”号栏由出入境检验检疫机关填写。　　　　◆国家出入境检验检疫局制

不同的出口货物在商检方面有不同的规定和限制，应根据各类货物的商品编码监管条件进行相应的操作。

2) 报关

客户可自行选择报关行，也可以委托货运代理公司进行报关。但无论怎样，都需要将发

货人准备好的所有报关资料，连同航空公司的正本运单及时交给报关行，以便及时报关，方便货物及早通关及运输。

出口报关基本程序如下：

(1) 将发货人提供的出口货物报关单的各项内容输入电脑，即预录入，并传至海关电脑系统，实施电子报关。

(2) 电子报关数据被海关接受并通过电子审单后，报关部门在打印出的纸质报关单上加盖报关单位的报关专用章。

(3) 将报关单与有关发票、装箱单、代理报关委托书和航空货运单综合在一起，并根据需要随附有关的证明文件。

(4) 报关单证备齐后，向海关正式申报。

(5) 海关审核无误后，海关关员即在用于发运的运单正本上加盖放行章，同时在出口报关单上盖放行章，在发货人用于退税的单证上加盖验讫章，贴上防伪标志，完成出口报关手续。

出口货物报关单、代理报关委托书和委托报关协议的样式见表 4-13、表 4-14、表 4-15。

表 4-13　出口货物报关单样式

JG02

中华人民共和国海关出口货物报关单

预录入编号：　　　　　　　　　　海关编号：

<table>
<tr><td colspan="5">出口口岸</td><td colspan="5">备案号</td><td colspan="5">出口日期</td><td colspan="5">申报日期</td></tr>
<tr><td colspan="5">经营单位</td><td colspan="5">运输方式</td><td colspan="5">运输工具名称</td><td colspan="5">提运单号</td></tr>
<tr><td colspan="5">发货单位</td><td colspan="5">贸易方式</td><td colspan="5">征免性质</td><td colspan="5">结汇方式</td></tr>
<tr><td colspan="5">许可证号</td><td colspan="5">运抵国(地区)</td><td colspan="5">指运港</td><td colspan="5">境内货源地</td></tr>
<tr><td colspan="4">批准文号</td><td colspan="4">成交方式</td><td colspan="4">运费</td><td colspan="4">保费</td><td colspan="4">杂费</td></tr>
<tr><td colspan="4">合同协议号</td><td colspan="4">件数</td><td colspan="4">包装种类</td><td colspan="4">毛重(千克)</td><td colspan="4">净重(千克)</td></tr>
<tr><td colspan="5">集装箱号</td><td colspan="8">随附单证</td><td colspan="7">生产厂家</td></tr>
<tr><td colspan="20">标记唛码及备注</td></tr>
<tr><td colspan="20">项号　商品编号　商品名称、规格型号　数量及单位　最终目的国(地区)单价　总价　币制　征免</td></tr>
<tr><td colspan="20"></td></tr>
<tr><td colspan="20"></td></tr>
<tr><td colspan="20"></td></tr>
<tr><td colspan="20"></td></tr>
<tr><td colspan="20"></td></tr>
<tr><td colspan="20">税费征收情况</td></tr>
<tr><td colspan="5">录入员　录入单位</td><td colspan="8" rowspan="2">兹声明以上申报无讹并承担法律责任

申报单位(签章)

填制日期</td><td colspan="7">海关审单批注及放行日期(签章)

审单　　审价</td></tr>
<tr><td colspan="5">报关员

单位地址
邮编　　　　电话</td><td colspan="7">征税　　统计

查验　　放行</td></tr>
</table>

4202201300200013486

表 4-14 代理报关委托书样式

代 理 报 关 委 托 书

编号：

我单位现　　(A 退票、B 长期)委托贵公司代理　　等通关事宜。(A、报关查验 B、垫缴税款 C、办理海关证明联 D、审批手册 E、核销手册 F、申办减免税手续 G、其他)详见《委托报关协议》。

我单位保证遵守《海关法》和国家有关法规，保证所提供的情况真实、完整、单货相符。否则，愿承担相关法律责任。

本委托书有效期自签字之日起至　　年　　月　　日止。

委托方(盖章)：

法定代表人或其授权签署《代理报关委托书》的人(签字)

年　　月　　日

表 4-15 委托报关协议样式

委 托 报 关 协 议

为明确委托报关具体事项和各自责任，双方经平等协商签订协议如下：

委托方		被委托方		
主要货物名称		*报关单编码	No.	
HS 编码		收到单证日期	年　月　日	
进出口日期	年　月　日	收到单证情况	合同	发票
提单号			装箱清单	提(运)单
贸易方式			加工贸易手册	许可证件
原产地/货源地			其他	
传真电话		报关收费	人民币：　　元	
其他要求：		承诺说明：		
背面所列通用条款是本协议不可分割的一部分，对本协议的签署构成了对背面通用条款的同意。		背面所列通用条款是本协议不可分割的一部分，对本协议的签署构成了对背面通用条款的同意。		
委托方业务盖章： 经办人签章： 联系人电话： 年　月　日		被托方业务盖章： 经办人签章： 联系人电话： 年　月　日		

7. 出仓单

配舱方案制定后，就可着手编制出仓单。出仓单的主要内容有出仓单日期、承运航班的日期、装板装箱形式及数量、货物进仓顺序编号、总运单号、件数、重量、体积、目的地三字代码和备注。

出仓单的作用如下：

(1) 出仓单交给出口仓库，用于出库计划，出库时点数并向装板箱交接。

(2) 交给装板箱环节，是向出口仓库提货的依据。

(3) 出仓单交给货物的交接环节，用作装板箱环节凭证和制作国际货物交接清单的依据。该清单用于向航空公司交接货物。出仓单还可用于外拼箱。

(4) 出仓单交给报关环节，当报关有问题时，可以有针对性地反馈，以采取相应措施。

出仓单样式见表 4-16。

表 4-16　出仓单样式

单　号	件　数	重　量	目的港	板　号
180-12345678	12	450	ICN	PMC3728
180-12345677	10	270	ICN	PMC3728
180-12345688	120	1 520	PUS	PMC3727
180-12345666	17	310	LAX	PMC2857
180-12345665	320	936	BUS	PMC2856

日期：2014.09.06　　　　航班 AI359

8．提板箱

除特殊情况外，航空货运均是以集装箱、集装板形式装运。因而，货代需根据订舱计划向航空公司办理申领板、箱的手续，以便装货。提板、箱时，应领取相应的塑料薄膜和网。对所使用的板、箱要登记、销号。

订妥舱位后，航空公司吨控部门将根据货量出具发放航空集装箱、板凭证，货运代理公司凭此向航空公司板箱管理部门领取与订舱货量相应的集装板、集装箱。航空公司将体积为 $2m^3$ 以下货物作为小货交与航空公司拼装，大于 $2m^3$ 的大宗货或集中托运拼箱货，一般均由货运代理自己装板、箱。

装板、箱时要注意以下几点。

(1) 不要用错集装板、集装箱，也不要用错板型、箱型。每个航空公司都有自己的板、箱管理，不可以使用其他航空公司的板、箱。

(2) 不要超装箱板尺寸。一定型号的板、箱用于一定型号的飞机，板、箱有具体尺寸规定，一旦超过规定，则无法装上飞机。

(3) 要垫衬、封盖好塑料纸，防潮、防雨淋。

(4) 集装板、箱内货物尽可能配装整齐，结构稳定，并紧接网索，防止运输途中倒塌。

(5) 对于大宗货物、集中托运货物，尽可能将整票货物装于一个或几个板、箱内运输。装妥后剩余的货物尽可能装在同一板、箱内，防止散乱、遗失。

9．签单、交接发运

签单是货物在盖好海关放行章后还需到航空公司签单，主要审核运价使用是否正确，货物性质是否适合空运，危险品是否办理了相应的证明手续。航空公司地面代理规定，只有签单确认后才允许将单、货交给航空公司。

交接是货物代理公司在预订舱位的航班时间 24h 前，根据航空公司规定，向航空公司或机场货运站交单发货。

交单是将随机单据和应由承运人留存的单据给航空公司。随机单据包括第二联航空公司正本、发票、装箱单、产地证明、品质鉴定书等。

交货是与航空公司或机场货运站办理与单据相符的货物的交接手续。交货之前必须粘贴或拴挂货物标签，核对清点货物，缮制货物交接清单，机场货运站审单验货后，在交接单上签收。大宗货、集中托运货，以整板、整箱称重交接；零散小货按票称重，计件交接。

航空公司签收后，将货物存入出口仓库，单据交吨控部门，以备配舱。

10．航班跟踪、信息服务

货物装机完毕，由航空公司签发航空总运单，航空货运代理公司签发航空分运单。

单、货交接给航空公司后，航空公司可能会因种种原因，如航班取消、延误、溢载、故障、改机型、错运、倒垛或装板不符合规定等，未能按预定时间运出，所以货运代理公司从单、货交给航空公司后就需对航班、货物进行跟踪。

需要联程中转的货物，在货物出运后，应要求航空公司提供二程、三程航班中转信息，确认中转情况，并及时将上述信息反馈给客户，以便遇到不正常情况及时处理。航空货运代理公司从接收委托开始，须在多个方面为客户做好信息服务，如订舱信息、审单及报关信息、仓库收货信息、交运称重信息、一程二程航班信息、单证信息等，对货物进行全程跟踪。

对于集中托运货物，还应将发运信息预报收货人所在地的国外代理，以便及时接货、查询和分拨处理。

11．费用结算

费用结算主要涉及同发货人、承运人和国外代理人等的结算。

(1) 与发货人结算费用。在运费预付的情况下，收取航空运费、地面杂费、各种服务费和手续费。

(2) 与航空公司结算费用。向航空公司支付航空运费及代理费，同时收取代理佣金。

(3) 与机场地面代理结算费用。向机场地面代理支付各种地面杂费。

(4) 与国外代理人结算到付运费和利润分成。到付运费实际上是发货方的航空货运代理人为收货人垫付的，因此收货方航空货运代理公司在将货物移交收货人时，应收回到付运费，并将运费退还给发货方的货运代理人。同时，发货方的货运代理人应将代理佣金的一部分给收货方的货运代理人。发货方与收货方货运代理公司采取抵销账单、一月一结的办法。

至此，此笔从青岛运至印度孟买的毛线玩具的货运代理业务顺利完成。

4.3.2 航空货运进口操作

航空货物进口运输代理业务流程，是指航空货运代理公司对空运货物从入境到提取或转运，整个流程所需通过的环节，及准备相关单证办理手续的全过程。

航空货运进口操作流程：代理预报→交接单、货→理货与仓储→理单与到货通知→制单、报关→收费、发货→送货与转运。

【讨论】

海航国际货运代理公司陈先生在顺利完成第一笔业务后，他接手的第二票货是受托在青岛提取自德国空运进口的机器部件并运至陆丰机器设备有限公司。陈先生该如何操作呢？

1．代理预报

代理预报是指在国外发货之前，由国外代理公司将运单、航班、件数、重量、品名、实际收货人及其地址、联系电话等内容通过传真或电子邮件发给目的地代理公司，这一过程称为预报。

到货预报的目的是使代理公司做好接货前的准备工作。此时需注意的事项如下：

(1) 注意中转航班信息。中转点航班的延误会使实际到达时间和预报时间出现差异。

(2) 注意分批货物。从国外一次性运来的货物在国内中转时，由于国内载货量的限制，往往采用分批运输的方式。

在该业务中，陆丰机器设备有限公司将进口提货运输工作委托给海航国际货运代理公司。这天，陈先生接到陆丰公司的电话和国外代理的传真，要求陈先生安排接货。

2. 交接单、货

5 天后，航空公司通知陈先生提取货物。

1) 抽单

陈先生在收到取单通知后，向航空公司设在机场的进口柜台抽单，取回随机文件、总运单及空运货运代理交接单。而后陈先生将单据交公司操作部门进行理单、拆单工作。

2) 提货

陈先生凭到货通知向货站办理提货事宜。交接时要做到以下几个方面。

(1) 单单核对，即交接清单与总运单核对。

(2) 单货核对，即交接清单与货物核对。

核对后，出现问题的处理方式见表 4-17。

表 4-17 问题处理方式

总运单	清　单	货　物	处理方式
有	无	有	清单上加总运单号
有	无	无	总运单退回
无	有	有	总运单后补
无	有	无	清单上划去
有	有	无	总运单退回
无	无	有	货物退回

另外，还需注意以下两点：

(1) 集中托运货物，做好航空公司主运单和货运代理公司分运单的换单工作。

(2) 分批货物，做好空运进口分批货物登记表。

总之，货代在与航空货站办理交接手续时，应根据运单及交接清单核对实际货物，若存在有单无货或有货无单的情况，应在交接清单上注明，以便航空公司组织查询并通知入境地海关。发现货物短缺、破损或其他异常情况，应向民航索要商务事故记录，作为实际收货人交涉索赔事宜的依据。也可以接受收货人委托，由航空货运代理公司代表收货人向航空公司办理索赔。

在实际业务中，航空货运代理通常拥有自己的海关监管车和监管库，可在未报关的情况下先将货物从航空公司监管库转至自己的监管库。

【业务提示】

货运代理公司请航空公司开具商务事故证明的情况

⑴ 包装货物受损。包括纸箱开裂、破损、内种货物散落；木箱开裂、破损，有明显受撞击迹象；纸箱、木箱未见开裂、破损，但其中液体漏出。

⑵ 裸装货物受损。包括无包装货物明显受损，如金属管、塑料管压扁、断裂、折弯；机器部件失落，仪器表面破裂等。

⑶ 木箱或精密仪器上防震、防倒置标志泛红。

⑷ 货物件数短缺。

3．理货与仓储

海航国际货代公司陈先生自航空公司接货后，即安排将货物短途驳运进自己公司的仓库，组织理货及仓储。

1) 理货内容

(1) 逐一核对每票件数，再次检查货物破损情况，遇有异常，如确有接货时发现的问题，可向航空公司提出交涉。

(2) 按大货、小货、重货、轻货、单票货、混载货、危险品、贵重品、冷冻品、冷藏品分别堆存、进仓。堆存时要注意货物箭头朝向，总运单、分运单标志朝向，注意重不压轻、大不压小。

(3) 登记每票货储存区号，并输入电脑。

2) 仓储注意事项

鉴于航空进口货物的贵重性、特殊性，其仓储要求较高，需注意以下几点。

(1) 防雨淋、防受潮。货物不能露天放置，不能直接放置地上。

(2) 防重压。纸箱、木箱均有叠高限制，如超过高度限制，箱体容易受压变形，危及箱内货物。

(3) 防升温变质。生物制剂、化学试剂、针剂药品等特殊物品，有存储温度要求，同时防止暴晒。

(4) 防危险品。危险品有特殊的存放要求，应按要求放置，以防危及人员及其他货品安全。

(5) 防盗。贵重物品应设专库，由专人制约保管。

注意：以上货物的仓储必须在海关监管的仓库。

4．理单与到货通知

1) 理单

货运单据常用的分类方法如下：

(1) 按进口代理人理单。便于掌握、反馈信息。

(2) 按货主理单。将重要、经常有大批货物的货主单独分类，便于联系客户，制单报关和送货、转运。

(3) 按口岸、内地和区域理单。便于联系内地货运代理，安排集中转运。

(4) 按运费到付、预付理单。便于安全收费。

(5) 按寄发运单、自取运单客户理单。

注意：分类理单时，将各票总运单、分运单编上航空货运代理公司自己设定的编号，便于内部操作及客户查询。

货运代理编配单证要求：将总运单、分运单、随机单证、国外代理预先寄达的单证(发票、箱单、合同副本、装箱及运输指示等)、国内货主预先交送的各类单证进行编配。

代理公司理单人员需将其逐单审核、编配。凡单证齐全、符合报关条件的，即转入制单、报关程序。否则，联系货主，催齐单证，使其符合报关条件。

2) 到货通知

货物到达目的港后，货运代理应从航空运输的时效出发，为减少货物仓储费，避免滞报金，尽早、尽快、尽妥地通知货主到货情况，提请货主配齐有关单证，尽快报关。

到货通知应向货主提供到达货物的以下内容：

(1) 运单号、分运单号、货运代理公司编号。

(2) 件数、重量、体积、品名、发货公司、发货地。

(3) 运单、发票上编注的合同号，随机已有单证数量及尚缺的报关单证。

(4) 运费到付数额，货运代理公司地面服务标准。

(5) 货运代理公司及仓库的地址、电话、传真、联系人。

(6) 提示货主海关关于超过 14 天报关收取滞报金及 3 个月未报关货物上交海关处理的规定。

3) 正本运单处理

计算机打印海关监管进口货物入仓单一式五份，分别提交检验检疫部门和海关。提交给海关的两份中，一份海关留存，另一份海关签字后收回存档。

运单上一般盖有 6 个章：监管章(总运单)、代理公司分运单确认章(分运单)、动检章、卫检章、商检章、海关放行章。

5. 报检报关

1) 进口报检

对进出口商品进行检验检疫，通常是国际货物买卖中的一项重要内容。需要做商检的货物需向商检局申报，查验合格后商检局将出具证明文件，由报关行或者货主/货代交海关，再进行报关。

进口商品报验时应注意以下事项。

(1) 同一合同、同一发票、同一提单只填一份申请单；同一合同、不同发票或提单的，应分别填写申请单。

(2) 对装船前已经过预检验、监造监制的进口法检商品，到达口岸时，仍应按规定进行报验。以货到后商检机构的检验结果为最终结果，并对检验不合格的进口商品签发检验证书，按合同规定对外索赔。

(3) 对列入《实施安全质量许可制度的进口商品目录》内的进口商品，按法定检验商品办理报验，并附加进口质量许可复印件或提供许可证编号。

(4) 报验人应按合同、发票、提单等项目填写申请单，要求填写清晰、准确。

2) 进口报关

(1) 制单、报关、运输的形式。除部分进口货物存放民航监管仓库外，大部分进口货物存放于各货代公司自有的监管仓库。由于货主的需求不一，货物进口后的制单、报关、运输一般有以下几种形式。

① 货运代理公司代办制单、报关、运输。

② 货主自办制单、报关后，自办运输。

③ 货主自办制单、报关后，委托货运代理公司运输。

④ 货主自办制单，委托货运代理公司报关和办理运输。

(2) 进口制单。制单指按海关要求，依据运单、发票、装箱单及证明货物合法进口的有关批准文件，制作进口货物报关单。

长期协作的货主单位，有进口批文、证明手册等存放于货运代理处的，货物到达，发出货到通知后，即可制单、报关，通知货主运输或代办运输；部分进口货，因货主单位缺少有关批文、证明的，可于理单、审单后列明内容，向货主单位催寄有关批文、证明，备齐后再决定制单、报关事宜；无须批文和证明的，可即行制单、报关，通知货主提货或代办运输；部分货主要求异地清关时，在符合海关规定的情况下，制作转关运输申报单办理转关手续。

(3) 进口报关程序。进口报关程序为：初审 → 审单 → 征税 → 验放。由海关在正本航空运单上或货运代理经海关认可的分运单上加盖放行章。

6．收费与发货

办完报验、报关等进口手续后，货主须凭盖有海关放行章、检验检疫章(进口药品需有药品检验合格章)的进口提货单，到所属监管仓库付费提货。

1) 收费

货运代理公司仓库在发放货物之前，一般先将费用收妥。收费内容有以下几项：

(1) 到付运费及垫付佣金。

(2) 单证、报关费。

(3) 仓储费(含冷藏、冷冻、危险品、贵重品特殊仓储费)；装卸、铲车费。

(4) 航空公司到港仓储费。

(5) 海关预录入、动植检、卫检报验等代收代付费用。

(6) 关税及垫付佣金。

除了每次结清提货的货主外，业务来往多的货主与货运代理公司签订财务付费协议，实施先提货、后付款，按月结账的付费方法。

2) 发货

仓库发货时，须检验提货单据上各类报关、报验章是否齐全，并登记提货人的单位、姓名、身份证号以确保发货安全。

仓管人员发货时须检查货物外包装情况，遇有破损、短缺，应向货主做出交代。

(1) 分批到达货：收回原提货单，出具分批到达提货单，待后续货物到达后，即通知货主再次提取。

(2) 航空公司责任的破损、短缺：由航空公司签发商务记录。

(3) 货运代理公司责任的破损、短缺：由代理公司签发商务记录。

遇有货运代理公司责任的破损事项，应尽可能同货主、商检单位立即在仓库做商品检验，确定货损程度，避免在之后运输中加剧货损的发展。

7．送货与转运

出于多种因素(便利、节省费用、运力限制)，许多货主或国外发货人要求将进口到达货由货运代理人报关、垫税、提货后运输到收货人手中。

货运代理公司在代理客户制单、报关、垫税、提货、运输的一揽子服务中，由于工作熟练，衔接紧密，服务到位，受到货主欢迎。

1) 送货上门业务

送货上门业务主要指将进口货物清关后货物直接运送至货主单位。运输工具一般为汽车。

2) 转运业务

转运业务主要指将进口清关后货物转运至内地的货运代理公司。运输工具及方式主要为飞机、汽车、火车、水运、邮政等。

办理转运业务，需由内地货运代理公司协助收回相关费用。同时，口岸货代公司亦应支付一定比例的代理佣金给内地代理公司。

3) 进口转关及监管运输

进口货物转关，指货物入境后不在进境地海关办理进口报关手续，而运往另一设关地点办理进口海关手续。在办理进口报关手续前，货物一直处于海关监管之下，因此转关运输也称监管运输。

海航国际货运代理公司陈先生在办理报检报关手续后，安排财务部办理收费事宜，安排操作部办理发货事宜，根据陆丰公司要求，货运代理公司负责将货物清关后直接运至陆丰公司。至此，该笔空运进口业务顺利完成。

任务 4.4 填制航空货运单

4.4.1 航空货运单概述

1．航空货运单的定义

航空货运单(Air Waybill)是承运货物的航空公司或其代理人，在收到所承运的货物并接受托运人的运输要约后，签发给托运人的货物收据。

航空货运单不可转让，持有航空运单并不代表拥有货物的所有权。

2．航空货运单的作用

(1) 运输合同：航空货运单是发货人与航空承运人之间签订的运输合同。

(2) 货物收据：航空货运单是承运人签发的已接收货物的证明。

(3) 结算凭证：航空货运单是承运人据以核收运费的单据和结算的凭证。

(4) 报关单证：航空货运单是报关单证之一。

(5) 保险证书：航空货运单可作为保险证书。

(6) 内部操作依据：航空货运单是承运人内部处理业务的依据。

3. 航空货运单的分类

1) 航空主运单(Master Air Waybill，MAWB)

凡由航空公司签发的航空运单称为主运单。它是航空公司据以办理货物运输和交付的依据，是航空公司和托运人订立的运输合同，每一批航空运输货物都有其对应的航空主运单。

2) 航空分运单(House Air Waybill，HAWB)

航空分运单是航空货运代理公司在办理集中托运业务时签发给各发货人的运单。

4.4.2 航空货运单的构成

国际航空运输中，航空货运单一般由一式十二联组成：三联正本、六联副本和三联额外副本。国际航空货运单构成见表4-18。

表4-18 国际航空货运单构成

序号	名称及分发对象	颜色
A	Original 3(正本3，给托运人)	浅蓝色
B	Copy 9(副本9，给代理人)	白色
C	Original 1(正本1，交出票航空公司)	浅绿色
D	Original 2(正本2，给收货人)	粉红色
E	Copy 4(副本4，提取货物收据)	浅黄色
F	Copy 5(副本5，给目的地机场)	白色
G	Copy 6(副本6，给第三承运人)	白色
H	Copy 7(副本7，给第二承运人)	白色
I	Copy 8(副本8，给第一承运人)	白色
J	Extra copy(额外副本，供承运人使用)	白色
K	Extra copy(额外副本，供承运人使用)	白色
L	Extra copy(额外副本，供承运人使用)	白色

4.4.3 航空货运单的填制

航空运单的内容与海运提单类似，也有正面、背面条款，不同的航空公司有自己独特的航空运单格式。所不同的是，航运公司的海运提单可能千差万别，但各航空公司所使用的航空运单则大多借鉴IATA所推荐的标准格式，差别并不大。所以我们这里只介绍这种标准格式，也称中性运单。

下面将需要填写的栏目说明如下：

(1) 始发站机场：需填写 IATA 统一制定的始发站机场或城市的三字代码，这一栏应该和 11 栏相一致。

1A：IATA 统一编制的航空公司代码，如我国的国际航空公司的代码就是 999；

1B：运单号。

(2) 发货人姓名、住址(Shipper's Name and Address)：填写发货人姓名、地址、所在国家及联络方法。

(3) 发货人账号(Shipper's Account Number)：只在必要时填写。

(4) 收货人姓名、住址(Consignee's Name and Address)：应填写收货人姓名、地址、所在国家及联络方法。与海运提单不同，因为空运单不可转让，“凭指示”之类的字样不得出现。

(5) 收货人账号(Consignee's Account Number)：同 3 栏一样只在必要时填写。

(6) 承运人代理的名称和所在城市(Issuing Carrier's Agent Name and City)。

(7) 代理人的 IATA 代号(Agent's IATA Code)。

(8) 代理人账号(Account No.)。

(9) 始发站机场及所要求的航线(Airport of Departure and Requested routing)：这里的始发站应与 1 栏填写的相一致。

(10) 支付信息(Accounting Information)：此栏只有在采用特殊付款方式时才填写。

(11) 11A(C、E)、去往(To)：分别填入第一(二、三)中转站机场的 IATA 代码。

11B(D、F)、承运人(By)：分别填入第一(二、三)段运输的承运人。

(12) 货币(Currency)：填入 ISO 货币代码。

(13) 收费代号(CHGS Code)：表明支付方式。

(14) 运费及声明价值费(WT / VAL，Weight Charge / Valuation Charge)：此时可以有两种情况：预付(PPD，Prepaid)或到付(COLL，Collect)。如预付在 14A 中填入“*”，否则填在 14B 中。需要注意的是，航空货物运输中运费与声明价值费支付的方式必须一致，不能分别支付。

(15) 其他费用(Other)：也有预付和到付两种支付方式。

(16) 运输声明价值(Declared Value for Carriage)：在此栏填入发货人要求的用于运输的声明价值。如果发货人不要求声明价值，则填入“NVD(No Value Declared)”。

(17) 海关声明价值(Declared Value for Customs)：发货人在此填入对海关的声明价值，或者填入“NCV(No Customs Valuation)”，表明没有声明价值。

(18) 目的地机场(Airport of Destination)：填写最终目的地机场的全称。

(19) 航班及日期(Flight/Date)：填入货物所搭乘航班及日期。

(20) 保险金额(Amount of Insurance)：只有在航空公司提供代保险业务而客户也有此需要时才填写。

(21) 操作信息(Handling Information)：一般填入承运人对货物处理的有关注意事项，如“Shipper's Certification for Live Animals(托运人提供活动物证明)”等。

(22) 22A—22L 货物运价、运费细节。

22A. 货物件数和运价组成点(No. of Pieces RCP，Rate Combination Point)：填入货物包装

件数。如 10 包即填“10”。当需要组成比例运价或分段相加运价时，在此栏填入运价组成点机场的 IATA 代码。

22B. 毛重(Gross Weight)：填入货物总毛重。

22C. 重量单位：可选择公斤(KG)或磅(LB)。

22D. 运价等级(Rate Class)：针对不同的航空运价共有 6 种代码，它们是 M(Minimum，起码运费)、C (Specific Commodity Rates，特种运价)、S(Surcharge，高于普通货物运价的等级货物运价)、R(Reduced，低于普通货物运价的等级货物运价)、N (Normal，45kg 以下货物适用的普通货物运价)、Q(Quantity，45kg 以上货物适用的普通货物运价)。

22E. 商品代码(Commodity Item No.)：在使用特种运价时需要在此栏填写商品代码。

22F. 计费重量(Chargeable Weight)：此栏填入航空公司据以计算运费的计费重量，该重量可以与货物毛重相同，也可以不同。

22G. 运价(Rate/Charge)：填入该货物适用的费率。

22H. 运费总额(Total)：此栏数值为起码运费值或者是运价与计费重量两栏数值的乘积。

22I. 货物的品名、数量，含尺码或体积(Nature and Quantity of Goods (incl. Dimensions or Volume))：货物的尺码应以厘米或英寸为单位，尺寸分别以货物最长、最宽、最高边为基础。体积则是上述三边的乘积，单位为立方厘米或立方英寸。

22J. 该运单项下货物总件数。

22K. 该运单项下货物总毛重。

22L. 该运单项下货物总运费。

(23) 其他费用(Other Charges)：指除运费和声明价值附加费以外的其他费用。根据 IATA 规则，各项费用分别用三个英文字母表示。其中前两个字母是某项费用的代码，如运单费就表示为 AW(Air Waybill Fee)。第三个字母是 C 或 A，分别表示费用应支付给承运人(Carrier)或货运代理人(Agent)。

(24)—(26)分别记录运费、声明价值费和税款金额，有预付与到付两种方式。

(27)—(28)分别记录需要付给货运代理人(Due Agent)和承运人(Due Carrier)的其他费用合计金额。

(29) 需预付或到付的各种费用。

(30) 预付、到付的总金额。

(31) 发货人的签字。

(32) 签单时间(日期)、地点、承运人或其代理人的签字。

(33) 货币换算及目的地机场收费记录。

以上所有内容不一定要全部填入空运单，IATA 也并未反对在运单中写入其他所需的内容。但这种标准化的单证对航空货运经营人提高工作效率，促进航空货运业向电子商务的方向迈进有着积极的意义。

【学学练练】

根据航空货运单填写说明，将填写说明序号填人航空货运单相应栏目内。

999			999—	

Shipper's Name and Address	Shipper's Account Number	NOT NEGOTIABLE AIR WAYBILL ISSUED BY
		Copies 1, 2 and 3 of this Air Waybill are originals and have the same validity.
Consignee's Name and Address	Consignee's Account Number	It is agreed that the goods described herein are accepted for carriage in apparent good order And condition (except as noted) and SUBJECT TO THE CONDITIONS OF CONTRACT ON THE REVERSE HEREOF. ALL GOODS MAY BE CARRIED BY AND OTHER MEANS INCLUDING ROAD OR ANY OTHER CARRIER UNLESS SPECIFIC CONTRARY INSTRUCTIONS ARE GIVEN HEREON BY THE SHIPPER. THE SHIPPER'S ATTENTIONIS DRAWN TO THE NOTICE CONCERNING CARRIER'S LIMITATION OF LIABILITY. Shipper may increase such limitation of liability by declaring a higher value for carriage and paying a supplemental charge if required.

Issuing Carrier's Agent Name and City		Accounting Information
Agent's IATA Code	Account No.	
Airport of Departure (Addr. of First Carrier) and Requested Routing		

To	By First Carrier Routing and Destination	to	by	to	by	Currency	CHGS Code	WT/VAL		Other		Declared Value for Carriage	Declared Value for Customs
								PPD	COLL	PPD	COLL		

Airport of Destination	Flight/Date For carrier Use Only	Flight/Date	Amount of Insurance	INSURANCE - If Carrier offers insurance, and such insurance is requested in accordance with the conditions thereof, indicate amount to be insured in figures in box marked "Amount of Insurance".

Handing Information

(For USA only) These commodities licensed by U.S. for ultimate destination ....Diversion contrary to U.S. law is prohibited

No. of Pieces RCP	Gross Weight	KG LB		Rate Class		Chargeable Weight		Rate Charge		Total		Nature and Quantity of Goods (incl. Dimensions or Volume)
				Commodity Item No.								

Prepaid Collect	Weight Charge	Other Charges
Valuation Charge		
Tax		
Total other Charges Due Agent		Shipper certifies that the particulars on the face hereof are correct and that insofar as any part of the consignment contains dangerous goods, such part is properly described by name and is in proper condition for carriage by air according to the applicable Dangerous Goods Regulations.
Total other Charges Due Carrier		
		.... Signature of Shipper or his Agent
Total Prepaid	Total Collect	
Currency Conversion Rates	CC Charges in Dest. Currency	
		.... Executed on (date) at(place) Signature of Issuing Carrier or its Agent
For Carrier's Use only at Destination	Charges at Destination	Total Collect Charges 999—

任务 4.5 特种货物航空运输业务操作

特种货物包括贵重货物、动物、尸体、骨灰、危险货物、外交信函、行李、鲜活易腐货物等。随着国家经济的发展，这类货物的运输量呈现明显增长趋势。运输这类货物利润空间比普通货物大，因此愈来愈受到航空公司、货运代理公司的关注。特种货物运输操作难度大，容易出现问题，除按一般运输规定外，还应严格遵守每类特种货物的特殊规定。

4.5.1 鲜活易腐货物运输

1. 定义

鲜活易腐货物是指在一般运输条件下易于死亡或变质腐烂的货物，如虾、蟹类，肉类，花卉，水果，蔬菜类，沙蚕、活赤贝、鲜鱼类，植物、树苗，蚕种，蛋种，乳制品，冰冻食品，药品，血清、疫苗、人体自蛋白、胎盘球蛋白等。

鲜活易腐货物一般要求在运输和保管中采取冷藏、保温等特别的措施，以保持其鲜活或不变质。

2. 收运条件

1) 基本条件

鲜活易腐货物应具有必要的检验合格证明和卫生检疫证明，还应符合有关到达站国家关于此种货物进出口和过境规定。

托运人交运鲜活易腐货物时，应书面提出在运输中需要注意的事项及允许的最长运输时间。

2) 包装

包装必须要适合此种货物特性，要注意不致因在运输途中包装破损或有液体溢出而污损飞机或其他装载物。

凡怕压货物，外包装应坚固抗压；需通风的货物，包装上应有通气孔；需冷藏冰冻的货物，容器应严密，保证冰水不致流出。

带土的树种或植物苗等不得用麻袋、草包、草绳包装，应用塑料袋包装，以免土粒、草屑等杂物堵塞飞机空气调节系统。

为便于搬运，鲜活易腐货物每件重量以不超过 25kg 为宜。

3) 标签

除识别标签外，货物的外包装上还应拴挂“鲜货易腐”标签和“向上”标签。

3. 文件

1) 货运单

货运单品名栏“Nature and Quantity”应注明“PERISHABLE”字样；并注明已订妥的各航段航班号或日期。

2) 其他文件

在“Handing Information”栏内注明其他文件的名称和注意事项，并将装有各种卫生检疫证明的信封钉在货运单后面，随货运单寄出。

4．仓储

为减少鲜活易腐货物在仓库存放的时间，托运人或收货人可直接到机场办理交运或提取手续。

5．运输

承运前必须查阅 TACT 规则本中的第七部分，关于各个国家对鲜活易腐物品进出口、转口的运输规定，如机场能否提供冷库、清关的时间范围等，确定无误后方可承运。承运前还应查阅 TACT 规则本中第八部分有关承运人对鲜活易腐品的承运规定。

(1) 鲜活易腐货物应优先发运，尽可能利用直达航班，并需订妥航班。

(2) 收运鲜活易腐品的数量必须取决于机型以及飞机所能提供的调温设备。

(3) 鲜活易腐货物运达后，应由航空公司或其地面代理人立即通知收货人来机场提取。

(4) 如果在周末和节假日无法办理清关手续，应尽量安排货物在工作日到达中转站或目的站。

6．对几类鲜活易腐品在处理中的要求

1) 鲜花

鲜花对温度的变化很敏感，所收运的数量应取决于机型的要求，通常可采用集装箱运输，托运人应在飞机起飞前的最后限定时间内到机场交货，装机时应注意天气的变化。

2) 蔬菜

由于一些蔬菜含较高的水分，若不保持充分通风状况，则会导致氧化变质，因此每件包装必须保证通风，摆放时应远离活动物及有毒物品以防止污染。如果用集装箱装运，不可与其他货物混装。另外，大多数蔬菜会散发出乙醇气体，会对鲜花和植物造成影响，因此蔬菜不可与鲜花、植物放在同一舱内。

3) 新鲜或冷冻的鱼、肉

新鲜或冷冻的鱼、肉必须密封包装，不致渗漏液体；必须小心存放以免造成污染；机舱和集装器内必须洁净，若之前运输过活动物的话，必须经过消毒处理，操作人员也应经过卫生检查。

4) 干冰

干冰常被作为货物的冷却剂。因此，应在货物包装、货运单以及仓单上注明。由于干冰是固体 CO_2，因此用干冰冷却的货物包装上应有使 CO_2 气体散出的漏孔，并根据 IATA 有关对限制物品的规定，在货物外包装上做好标记或贴有关标贴。

4.5.2 活体动物运输

1．概述

由于航空运输的快捷性和安全性，活体动物的运输在整个国际航空运输中占有非常重要的地位。

(1) 活体动物不同于其他货物，对环境的变化很敏感。

(2) 活体动物的运输要体现人道主义。

(3) 活体动物运输要符合各国的政府规定。

(4) 处理活体动物的工作人员必须经过专门培训，并且要熟练掌握和运用相关工作技能。

2. 活体动物运输要求

(1) 必须在订妥全程舱位之后方可收运。

(2) 动物运输不办理运费到付。

(3) 动物运输应尽量利用直达航班，如无直达航班，应尽量选择中转次数较少的航班，尽量避开周末和节假日，以免延误交付，造成动物死亡。

(4) 只有部分飞机的下货舱可以通风和控制温度。因此，动物装载在下货舱内运输时，应考虑不同飞机提供的运输条件。

(5) 活体动物在运输过程中，由于自然原因而发生的病、伤或死亡，承运人不负责任，除非证明由承运人造成的责任。

(6) 动物在运输途中或到达目的地后死亡(承运人的责任事故除外)所产生的一切处理费用，由托运人或收货人承担。

(7) 由于托运人的过失或违反承运人的运输规定，致使动物在运输过程中造成对承运人或第三者的伤害或损失时，托运人应负全责。

3. 活体动物收运条件

1) 基本条件

(1) 托运人交运的活体动物必须健康状况良好，并须出具卫生检疫证明，保证无传染病。

(2) 对进出口动物，托运人须办妥报关手续，且根据有关国家的规定，办妥进出口和过境许可证，以及目的地国家所要求的一切文件。

(3) 妊娠期的哺乳动物一般不予收运，除非兽医证明该动物在运输过程中无分娩的问题，方可收运，同时也需做好防护措施。

(4) 当尚在哺乳期的动物与幼畜同时交运时，只有大动物与幼畜可以分开的条件下，方可收运。

(5) 有特殊不良气味的动物，不予收运。

(6) 必要时，容器内应备饲养设备和饲料。

2) 包装

(1) 动物容器的尺寸，应适合不同机型的舱门大小和货舱容积。

(2) 动物容器的大小应适应动物的习性，也须为动物留有适当的活动空间。大型动物容器还须适合于机械进行装卸的要求。

(3) 动物容器应坚固，防止动物破坏、逃逸和接触外界，容器上须有便于搬运的装置，动物的出入口须设有安全设施。

(4) 动物容器的刚性不会伤及动物和飞机。

(5) 容器必须有足够的通气孔，以防止动物窒息而死，对离不开水的动物，包装须防止漏水和缺氧。

(6) 容器的制作材料须是无毒无害的。

活体动物运输包装如图4.13所示。

图 4.13　活体动物运输包装示例

3) 标签和标记

(1) 字迹清晰、持久；注明饲养方法及注意事项。

(2) 根据所装动物的特性贴上“不可倒置”“有毒”“实验动物”等标识。

4) 所需文件

所需文件包含活体动物证明书、货运单、其他文件(检疫证明、进出口许可证)。

5) 依据的规则

(1) 各国的规定：健康证明、活体动物检疫等。

(2) 《野生物种贸易公约》。

(3) 《活动物规则》。

4.5.3　危险品运输

1．定义

危险品是易燃、易爆、有强烈腐蚀性的物品的总称，是在货物运输中，可能危害人身健康、安全或对财产造成损害的物品或物质，如汽油、炸药、强酸、强碱、苯、萘、赛璐珞、过氧化物等。运输和贮藏时，应按照危险品条例处理。

2．危险品运输原则

(1) 预先检查原则。危险物品的包装件在组装集装器和装机之前，必须进行认真检查，包装件在完全符合要求的情况下，才可以继续进行作业。

(2) 方向性原则。装有液体危险物品的包装件均应按照要求粘贴“向上”标签。

(3) 轻拿轻放原则。在搬运或者装卸危险物品包装件时，无论是采用人工操作还是机械操作，都必须轻拿轻放，切忌磕、碰、摔、撞。

(4) 固定货物、防止滑动原则。危险物品包装件装入飞机货舱后，为防止损坏，装卸人员应当将其在货舱内固定住，以免危险物品在飞机飞行中滑动或者倾倒。

此外还有隔离原则、可接近原则。

危险货物标志如图 4.14 所示。

图 4.14　危险货物标志

4.5.4　其他特殊货物运输

1．超大超重货物

1) 概述

(1) 超大货物是指需要一个以上的集装板才能装下的货物，这类货物的运输需要特殊处理程序以及装卸设备。

(2) 超重货物一般是指每件超过 150kg 的货物，但最大允许货物的重量主要还取决于飞机的机型、机场设施以及飞机在地面停站的时间。

2) 收运条件

(1) 订舱：如果一票货物包括一件或几件超大超重货物，订舱时应说明货物的重量和尺寸，并在货运单内单独列明。

(2) 包装：托运人所提供的包装应便于承运人操作。

3) 运输

(1) 确定货物内部不含有危险性的物品，如果有此类货物，应按 TACT 有关危险品规定来处理。

(2) 托运人应提供装卸超大、超重货物的设施。重货尽量装在集装器的中间位置。如果装载的货物未超过集装器的 2/3，属于重货需固定。

【业务提示】

TACT

TACT 全称为 The Air Cargo Tariff，是由国际航空出版社(IAP)与国际航空运输协会(IATA)合作出版的“空运货物运价表”。

TACT 主要分为三个部分：TACT Rules、TACT Rates——North America、TACT Rates——Worldwide。

TACT Rules 内容非常全面，包括了 IATA 在国际运输中的所有规则；TACT Rates——North America《北美运价手册》包含了从北美出发或到北美的运价；TACT Rates——Worldwide《世界(除北美)运价手册》包含了除北美的全世界的运价。

2．贵重货物

1) 概述

符合下列条件之一则为贵重物品。

(1) 每公斤毛重的声明价值超过 1 000 美元。

(2) 贵金属。

(3) 铂金或铂金类稀有贵金属。

(4) 现金、证券等。

(5) 珠宝首饰。

(6) 金或铂金制成的手表等饰物。

2) 包装

使用硬质木箱或铁箱，包装上不得出现任何透漏内装物信息的内容。

3) 运输要求

(1) 不能和其他货物放在同一张运单上运输，否则整票货按贵重物品计价。

(2) 一票货物的声明价值不得超过 10 万美元，当一票货物声明价值超过 10 万美元时，托运人须分批托运。

(3) 每次班机上所装载的贵重货物，其价值总额不得超过 100 万美元。

(4) 优先使用直达航班。

(5) 如需特别安全措施，托运人应承担有关航站因素采取特别安全措施产生的费用。

(6) 托运人应预先将货物的航班安排情况通知收货人。

(7) 承运贵重货物，应尽量缩短货物在始发站、中转站和目的站机场的停留时间，避免在周末或节假日交运。

(8) 贵重货物在装机或装集装箱时，需至少三人在场，其中一人必须是承运人代表。

(9) 贵重货物不得使用地面运输。

(10) 当发现贵重货物有破损、丢失或短少时，应立即停止运输，填写“货物不正常运输记录”并及时通知相关部门。

(11) 收货人在提货时如发现货物异常，应当场向承运人提出，并详细填写运输事故记录表。

3．作为货物运输的行李

1) 定义

作为货物运输的行李又称无人陪伴行李。行李超重时需交逾重行李费，或将行李送至货运部门托运，行李内只限装旅客的私人物品。

2) 运输要求

凡作为货物运输的行李，只能在旅客客票中所列的机场间运送，并且行李交付的时间不得晚于旅客乘机旅行的当天。

国际旅行，旅客必须如实申报行李内容，提供相关文件，自行办理报关手续并支付相关费用。

行李箱必须锁好，如果旅客要求托带钥匙，可以接收，但应装入封好的信封内，并随附在货运单上带往目的地，货运单上必须说明旅客客票号和旅客客票中的航程、航班号和日期。

在客票“签注”一栏内应注明“UBAG”字样、货运单号、件数和重量。

在货运单“Nature and Quantity of Goods”一栏内也需填明“UBNG”。

当旅客要求UBNG同机抵达时，应事先订妥UBNG运输的全程航班和舱位。

4. 尸体、骨灰的运输

1) 骨灰

骨灰应放入专门的容器(丧葬专用的罐、瓮等)，并放置衬垫物以保护容器不致损坏。通常情况下，骨灰的运输可被任何飞机接受而无须订舱。

2) 灵柩

灵柩必须放入密封的铅制或锌制并经过焊接的内棺，外包装用木质的容器，最外层还应用帆布或水油布包裹以防止容器受损，外包装上应装有牢固的把手以便装卸，许多国家要求尸体必须经过防腐处理。

灵柩不可与其他货物混运，除非整票集运货物都是灵柩。另外，灵柩应装在全货机或有独立货舱的客机上并事先订舱。应保证全程的舱位已经订妥，衔接航班的舱位应证实确认。

5. 外交信袋

外交信袋是指各国政府与其驻外代表机构之间作为货物交运的公务文件信袋。

1) 收运条件

(1) 外交信袋应有完好的包装和明显的封志。

(2) 外交信袋应使用挂签，外包装不得使用其他粘贴物。

2) 运输要求

(1) 外交信袋应按指定航班日期运出。

(2) 外交信袋一般安排在直达航班上运输，国际航班国内段不安排外交信袋的运输。

(3) 外交信袋应放在货舱内明显的位置，并且不能与航空邮件装在一起。

(4) 外交信袋不可与放射性物质或磁性物质放在同一货舱内。

任务4.6 国际航空快递运输业务操作

4.6.1 国际航空快递业务概述

1. 定义

国际航空快递是快递业发展到一定程度，与航空业有机结合，满足市场新的需要，尤其是应国际快递市场需要而产生的。国际航空快递业务是快递公司与航空公司合作，向货主提供的快递服务。

2. 航空快递的特点

航空快递与传统的航空货运业务、与邮政运送业务有相似之处，如运送速度快、安全准确和节约费用。但作为一项专门的业务，它又有独到之处，主要表现在以下几个方面。

1) 收件范围不同

航空快递的收件范围主要有文件和包裹两大类。其中文件主要是指商业文件和各种印刷品，对于包裹一般要求毛重不超过 32kg(含 32kg)或外包装单边不超过 102cm，三边相加不超过 175cm。随着航空运输行业竞争更加激烈，快递公司为吸引更多的客户，对包裹大小的要求趋于放松。而传统的航空货运业务以贸易货物为主，规定每件货物体积不得小于 5cm×10cm ×20cm。邮政业务则以私人信函为主要业务对象，对包裹要求每件重量不超过 20kg，长度不超过 1m。

2) 经营者不同

经营国际航空快递的大多为跨国公司，这些公司以独资或合资的形式将业务深入世界各地，建立起全球网络。航空快件的传送基本都是在跨国公司内部完成。而国际邮政业务则通过万国邮政联盟的形式在世界上大多数国家的邮政机构之间取得合作，邮件通过两个以上国家邮政当局的合作完成传送。国际航空货物运输则主要采用集中托运的形式，或直接由发货人委托航空货运代理人进行，货物到达目的地后再通过发货地航空货运代理的关系人代为转交到收货人的手中。业务中除涉及航空公司外，还要依赖航空货运代理人的协助。

3) 内部的组织形式不同

邮政运输的传统操作理论是接力式传送。航空快递公司则大多采用中心分拨理论或称转盘分拨理论组织全球的网络。简单来讲就是快递公司根据自己业务的实际情况在中心地区设立分拨中心(Hub)。各地收集起来的快件，按所到地区分拨完毕，装上飞机。当晚各地飞机飞到分拨中心，各自交换快件后飞回。第二天清晨，快件再由各地分公司用汽车送到收件人办公桌上。这种方式看上去似乎不太合理，但由于中心分拨理论减少了中间环节，快件的流向简单清楚，减少了错误，提高了操作效率，缩短了运送时间，事实证明是经济、有效的。

4) 使用单据不同

航空货运使用的是航空运单，邮政使用的是包裹单，航空快递业也有自己独特的运输单据——交付凭证(Proof of Delivery，POD)。交付凭证一式四份。第一联留在始发地并用于出口报关；第二联贴附在货物表面，随货同行，收件人可以在此联签字表示收到货物(交付凭证由此得名)，但通常快件的收件人在快递公司提供的送货记录上签字，而将此联保留；第三联作为快递公司内部结算的依据；第四联作为发件凭证留存发件人处，同时该联印有背面条款，一旦产生争议时可作为判定当事各方权益、解决争议的依据。

5) 服务质量更高

服务质量更高主要体现在以下几个方面。

(1) 速度更快。一般洲际快件运送在 1～5 天内完成；地区内部只要 1～3 天。这样的传送速度无论是传统的航空货运业还是邮政运输都是很难达到的。

(2) 更加安全、可靠。因为在航空快递形式下，快件运送自始至终是在同一公司内部完成，各分公司操作规程相同，服务标准也基本相同，而且同一公司内部信息交流更加方便，对客户的高价值、易破损货物的保护也会更加妥帖，所以运输的安全性、可靠性也更好。

(3) 更方便。航空快递通过将服务由机场延伸至客户的仓库、办公桌，真正实现了门到门服务，方便了客户。

当然，航空快递同样有自己的局限性。如快递服务所覆盖的范围就不如邮政运输广泛。国际邮政运输综合了各国的力量，可以说有人烟的地方就有邮政运输的足迹，但航空快递毕竟是靠某个跨国公司的一己之力，所以各快递公司的运送网络只能包括那些商业发达、对外交流多的地区。

4.6.2 世界主要航空快递公司

世界主要航空快递公司有德国敦豪国际快递有限公司、美国联邦快递公司、美国联合包裹服务公司、荷兰天地快运公司等，见表 4-19。

表 4-19　世界四大航空快递公司

英文简称	中文名称	所属国家	公司标识
DHL	敦豪国际快递有限公司	德国	DHL
FedEX	联邦快递公司	美国	FedEx®
UPS	联合包裹服务公司	美国	ups
TNT	荷兰天地快运	荷兰	TNT

1. 敦豪国际快递有限公司(DHL)

DHL 是全球快递、洲际运输和航空货运的领导者，也是全球第一的海运和合同物流提供商。DHL 为客户提供从文件到供应链管理的全系列物流解决方案。在五大洲拥有将近 34 个销售办事处以及 44 个邮件处理中心，覆盖全球 220 多个国家和地区的 120 000 多个目的地(主要城市)的运输网络。2006 年 4 月，DHL 在其中国合资公司中外运敦豪成立 20 周年之际，隆重发布了“DHL 中国优先”战略。DHL 如图 4.15 所示。

图 4.15　DHL

2. 联邦快递公司(FedEX)

FedEX 是全球最具规模的快递公司，为全球超过 235 个国家及地区提供快捷、可靠的服务。联邦快递设有环球航空及陆运网络，通常只需 1～2 个工作日，就能迅速运送时限紧迫的货件，而且确保准时送达，并设有“准时送达保证”。2013 年 4 月 1 日起，联邦快递中国有限公司实施 GDS(全球分销系统)中国区全境覆盖计划，在武汉设立中国区公路转运中心，正式将武汉作为全国公路转运枢纽，承担武汉至西安、郑州、长沙、南昌、上海、重庆、成都、广州 8 条公路干线、16 个往返班次的货物分拨与转运业务。FedEX 如图 4.16 所示。

图 4.16　FedEX

3．联合包裹服务公司(UPS)

UPS 是全世界最大的物流服务商，于 1907 年建立于美国西雅图。作为世界上最大的快递承运商与包裹递送公司，UPS 同时也是专业的运输、物流、资本与电子商务服务提供者。UPS 如图 4.17 所示。

图 4.17　UPS

4．荷兰天地快运(TNT)

TNT 是世界顶级的快递与物流公司，公司总部设在阿姆斯特丹，其母公司 TPG 在纽约等证券交易所上市。TNT 通过 200 多个国家近 2 331 个快递服务中心、国际转运中心及分拣中心，每周在全球递送440万个包裹、文件和货件。TNT如图4.18所示。

图4.18　TNT

在以上航空快递公司中，每家快递公司对不同重量的货物运输费用的定价都有所不同。如果小件货物发送至美加、南美、英国等区域，最快的是UPS和DHL。如果小件货物运往西欧国家，首选TNT，因为TNT清关能力强，但是运价较高。

EMS(中国速递服务公司)是中国的国际航空快递公司，是中国邮政集团公司直属全资公司，主要经营国际、国内EMS特快专递业务，是中国速递服务的最早供应商，也是目前中国速递行业的最大运营商和领导者。EMS业务通达全球200多个国家和地区以及国内近2 000个城市。

4.6.3　航空快递主要业务形式

1．门/桌到门/桌(Door/Desk to Door/Desk，最常用的形式)

门/桌到门/桌的服务形式是航空快递公司最常用的一种服务形式。

首先由发件人在需要时电话通知快递公司，快递公司接到通知后派人上门取件；然后将所有收到的快件集中到一起，根据其目的地分拣、整理、制单、报关、发往世界各地；到达目的地后，再由当地的分公司办理清关、提货手续，并送至收件人手中。在这期间，客户还可依靠快递公司的电脑网络随时对快件(主要指包裹)的位置进行查询。快件送达之后，也可以及时通过电脑网络将消息反馈给发件人。

2．门/桌到机场(Door/Desk to Airport)

与前一种服务方式相比，门/桌到机场的服务指快件到达目的地机场后不是由快递公司去办理清关、提货手续并送达收件人的手中，而是由快递公司通知收件人自己去办理相关手续。采用这种方式的多是海关当局有特殊规定的货物或物品。

3．专人派送(Courier on Board)

所谓专人派送是指由快递公司指派专人携带快件，在最短时间内将快件直接送到收件人手中的一种服务形式。这是一种特殊服务，一般很少采用。

以上三种服务形式相比，门/桌到机场形式对客户来讲比较麻烦；专人派送最可靠，最安全，同时费用也最高；而门/桌到门/桌的服务介于上述两者之间，适合绝大多数快件的运送。

4.6.4 航空快递操作流程及运费计算

李涛最近在网上开了国际网店，他每天需安排货物的国际运输事宜。最近李涛与顺通国际快递有限公司签订了运输合同，货物出运事宜由顺通公司负责。顺通公司安排航空快件运输的操作流程及运费计算方式如下。

1．航空快递操作流程

(1) 顺通快递公司由各分点收取航空快件，在规定时间运转到快递公司总运转中心。

(2) 总运转中心对应分检货物，确定对应机场发货总量同外包装件数。

(3) 快递公司向航空代理预订舱位，并将航空货物交给航空代理。

(4) 航空代理接到快递公司订舱资料，根据快递企业要求时效，对应向航空公司预订舱位。

(5) 航空公司批舱后，航空代理在对应的航班起飞前 3 小时交机场主单，起飞前 2 小时过完安检。

(6) 航空代理将对应机场资料给快递企业。

(7) 快递公司在飞机降落后 2～3 小时提取货物，分检后运到各派送点安排派送。

2．通用运费计算公式

(1) 快递物品实重大于体积重量时，运费计算方法为

运费＝首重运费＋[重量(千克)×2－1]×续费重量

(2) 重量小体积大的货物，体积重量计算公式分两种情况。

① 规则物品：重量＝长×宽×高÷6 000

② 不规则物品：重量＝最长×最宽×最高÷6 000

(3) 总费用。

从上面得出：总费用＝(运费＋燃油附加费)×折扣＋包装费用＋其他费用

【学习测评】

一、单选题

1. 在航空运输中，GCR 表示(　　)。

A. 比例运价　B. 普通货物运价　C. 指定商品运价　D. 等级货物运价

2. 一个国家或地区的航空公司自其登记国或地区载运客货至另一个国家或地区的权利是(　　)。

A. 领空飞跃权　B. 技术经停权　C. 目的地下客权　D. 目的地上客权

3. 航空运输的计费重量以实际毛重表示时，计费重量的最小单位是(　　)。

A. 0.5kg　B. 0.1kg　C. 2kg　D. 5kg

4. 下列城市属于 IATA 三个航空运输业务区中的 TC3 区的是(　　)。

A. 纽约　B. 北京　C. 伦敦　D. 渥太华

5. 急需的小件货物适用于(　　)。

A. 班机运输　B. 包机运输　C. 集中托运　D. 航空快递

二、多选题

1. 航空运输主要适合运载的货物有(　　)。
   A. 价值高的货物　B. 价值低的货物　C. 紧急需要的物资　D. 体积小的货物
2. 航空货运单的作用(　　)。
   A. 是一种承运合同　B. 是接收货物的证明
   C. 是相关责任人费用结算的凭证　D. 是保险的依据
3. 在航空运输中，(　　)可以办理集中托运。
   A. 塑料玩具　B. 活动物　C. 衣服　D. 金表
4. 以下(　　)属于美国的航空快递公司。
   A. TNT　B. EMS　C. FedEX　D. UPS
5. 以下(　　)属于航空特种运输货物。
   A. 玩具　B. 鲜花　C. 行李　D. 外交信函

三、案例分析

1. 我国某出口企业与某航空公司签订了运输合同，将一批茶叶由北京运往东京。当出口企业办好一切手续并支付了航空运费后，发现由于业务人员的疏忽，该批茶叶的品质与合同品质不同，因此立即要求航空公司在目的地航空站将货物退回，并承诺偿付由此产生的一切费用，航空公司却以货物已装上飞机为由拒绝了托运人的要求。

请分析航空公司的拒绝有无道理？为什么？

2. 我出口一批服装到纽约，与航空公司签订了运输合同并制作了航空货运单，货运单上“数量”一栏为20箱，每箱30件服装。收货人收到货物后，发现每箱货物里只有25件服装，于是要求出口商赔偿。出口商以“承运人应当或有理由知道空运单内容的不正确”为由，要求承运人给予一定的赔偿。

请分析出口商的要求是否合理？为什么？

【技能训练】

一、航空货运代理出口货物模拟训练

1. 实训内容

空运货物国际空运代理出口操作流程。

2. 实训目标

通过模拟操作空运货物出口业务，达到以下目的：

(1) 了解国际空运货代出口操作的基本流程及相关单证。

(2) 学生能够以小组为单位完成空运出口业务。

3. 业务背景

张美静是海航国际货运代理有限公司空运部的工作人员，现接到公司客户青岛美达进出口公司李丽委托，将一批口袋熊毛绒玩具出口到德国法兰克福，采用航空运输。该批货物共计2 000只，毛重180KGS，尺码3.12 CBM。客户要求在4月底前运抵法兰克福。

相关信息：

标志及号码：N/M。

航空运单号：999-10668899。

运费预付。

4．实训角色

角色1：海航国际货运代理公司空运部张美静。

角色2：青岛美达进出口公司业务员李丽。

角色3：航空公司工作人员。

角色4：航空公司地面代理工作人员。

5．实训安排与分组

(1) 教师说明本次实训的目的、主要内容、实施方法。

(2) 将学生分组，每组4人，每组推选1名项目经理，负责组内分工、任务完成质量监督及资料准备。

6．实训步骤

(1) 发货人填写国际货物托运书交出口地货代，发送海关申报文件。

(2) 出口地货代审核国际货物托运书、商业发票、装箱单，然后预配舱、预订舱。

(3) 出口地货代接受文件交接单、逐单预配运单、逐单附报关单证。

(4) 出口地货代填写总运单、分运单、标签，发送货物签收单、关封。

(5) 货代仓库点数、过磅、称重。

(6) 出口地货代发送航空总标签、货代分标签，贴标记和标签。

(7) 出口地货代正式配舱与订舱。

(8) 出口地货代填写报关委托书、出口货物报关单，海关查验货物，出口地货代缴纳税费，海关放行。

(9) 出口地货代填写出仓单、空运代理交接单。

(10) 出仓、提板箱装货，发送总运单、运输证明、特殊货物说明书。

(11) 航空公司签单。

(12) 出口地货代填写载重表，发送随机文件、总运单、商业发票、装箱单、产地证明、运输证明。

(13) 交货、发运、航班跟踪、信息服务、航空运费结算、地面杂费结算。

(14) 预付运费、地面杂费、其他服务费，到付运费、利润分成、其他服务费。

7．实训成果

实训成果包含航空货运代理出口操作流程图、缮制的商业单据和货运单据，根据业务分工分类整理单据及资料，将分类整合后的单据与业务资料与流程图合成，形成实训成果，提交实训成果。

二、航空货运代理进口货物模拟训练

1．实训内容

空运货物国际空运代理进口操作流程。

2. 实训目标

通过模拟操作空运货物进口业务，达到以下目的：

(1) 了解国际空运货代进口操作的基本流程及相关单证。

(2) 学生能够以小组为单位完成空运进口业务。

3. 业务背景

张美静是海航国际货运代理有限公司空运部的工作人员，现接到公司客户奥瑞特进出口公司业务员陈旭升的委托，进口一批松香，采用航空运输。请海航国际货运代理公司安排该批货物的进口。该批货物共计 663KGS，尺码 1.89CBM。

4. 实训角色

角色 1：海航国际货运代理公司空运部张美静。

角色 2：奥瑞特进出口公司业务员陈旭升。

角色 3：航空公司工作人员。

角色 4：航空公司地面代理工作人员。

5. 实训安排与分组

(1) 教师说明本次实训的目的、主要内容、实施方法。

(2) 将学生分组，每组 4 人，每组推选 1 名项目经理，负责组内分工、任务完成质量监督及资料准备。

6. 实训步骤

(1) 代理预报，国外代理公司将运单、航班、件数、重量、品名、实际收货人及地址、联系电话等内容发给目的地代理公司。

(2) 航空公司电话通知海航国际货运代理公司提取货物。

(3) 货代公司到航空公司地面柜台领取货物单据。

(4) 货代公司分拆核对总运单、舱单、分运单。

(5) 货物舱单录入，编配各类单证。

(6) 打印货物到达清单，制作、邮寄到货通知。

(7) 货物交接、接货、分类、存储、填写报检委托书、报检单，商检局盖章并发放通关单。

(8) 货代公司审核通关单，填写报关委托书、报关单，审核商业发票，交纳税费，配合查验，海关放行。

(9) 收货人付款，进口地货代放单，收货人提货。

7. 实训成果

实训成果包含航空货运代理进口操作流程图、缮制的商业单据和货运单据，根据业务分工分类整理单据及资料，将分类整合后的单据与业务资料与流程图合成，形成实训成果，提交实训成果。

项目 5

国际铁路联运代理操作

【学习导航】

【知识目标】

(1) 了解国际铁路联运基础知识；

(2) 熟记我国与接壤国家的国境站名；

(3) 掌握铁路运费的计算；

(4) 掌握铁路货运进出口操作流程；

(5) 掌握铁路票据的种类与填写方法。

【能力目标】

(1) 能核算铁路货物联运运费；

(2) 能办理铁路联运货物进出口业务；

(3) 能填制铁路票据。

【学习情境】

济南欣悦纺织有限公司是一家专门生产和出口纺织品的外向型企业，其产品主要销往中亚和俄罗斯。2014 年 10 月 15 日，该公司委托海航国际货运代理公司出口一批纺织品到俄罗斯美若琳纺织品进出口公司，铁路运输，货主自备 20 英尺集装箱 3 个(纺织品出口数量 15 000 捆，每捆体积 0.15m^3)。海航国际货运代理公司指派张晓菲负责此票业务。

讨论：(1) 了解济南欣悦纺织有限公司。

(2) 济南欣悦纺织有限公司运的货物是什么？货量多少？最终目的地是哪里？运期是什么时候？对运输有没有特殊要求？

(3) 根据要求向车站提出货运申请，商谈货运价格。

(4) 如有可能，务必揽到此业务，最终与济南欣悦纺织有限公司签订国际货运代理合同。

【学习任务】

任务 5.1 认知国际铁路联运

根据学习情境提供的信息，借助岗位培训知识和网络资源，张晓菲了解到本公司的服务主要是铁路货运运输代理，办理进出口报关报检，进出口货物拆装箱等业务。张晓菲在公司办理铁路运输进出口业务前，进行了员工培训，主要内容如下。

5.1.1 国际铁路联运的概念和特点

1．概念

铁路运输是指利用铁路进行进出口货物运输的一种方式。在国际贸易运输中，铁路运输是一种仅次于海洋运输的主要运输方式，特别是对在内陆接壤国家间进行贸易，起着重要的作用。铁路运输的优点是运量大、速度快、风险小、运费低、手续简单。

国际铁路联运(International Railway through Goods Traffic)指使用一份统一的国际联运单据，在跨两个或两个以上国家铁路货物的运送中，由铁路负责经过两国或两国以上的全程运送，不需发货人或收货人参加的联运业务。

2．特点

(1) 国际铁路联运是在两个或两个以上国家进行的货物运输。因此，国际铁路运送的货物运输要涉及多个国境站。

(2) 国际铁路联运对运输条件有统一要求。国际铁路货物联运要求每批货物的运输条件都要符合有关国际联运的公约、规则的统一规定。

(3) 国际铁路货物联运的组织工作复杂。因为联运货物必须有两个或两个以上国家铁路参加运送，在办理联运时，其运输单据、货物、车辆及有关单证都必须符合相关国家有关规定，并且要办好衔接工作。

(4) 国际铁路联运使用一份铁路联运单据完成货物的跨国运输。

(5) 国际铁路联运国境换装作业不需要货方参加。目前，俄罗斯和蒙古铁路的轨距为宽轨，而包括我国在内的多数国家的铁路为标准轨距，因此，在边境口岸要进行货物换装作业，由承办国际铁路联运的铁路方安排，不需货主参加。

【知识链接】

国际铁路货物联运公约与规则

目前，国际铁路货物运输公约主要有两个，一个是奥地利、法国、德国、比利时等西欧国家签订的《国际铁路货物运输公约》，简称《国际货约》；另一个是由苏联、波兰、捷克斯洛伐克、匈牙利、罗马尼亚等国家签订的《国际铁路货物联运协定》，简称《国际货协》。

欧洲国家的铁路运输开展得较早，随着贸易的日益增多，运输业务扩展到国外，由于要通过不同国家或地区，承运人和货物面临许多复杂的问题，急需各国之间签订协议进行协调。1890 年，欧洲各国代表在伯尔尼举行会议，制定了《国际铁路货物运输规则》，即《伯尔尼公约》，1934 年又进行了修改，改为《国际铁路货物运输公约》。

《国际货协》是关于铁路货物联运范围和运输条件的规定。1951 年，在北大西洋公约组织的欧洲各国部长运输会议上起草并通过了该协定，我国于 1954 年 1 月参加了该协定。

《国际铁路货物联运统一国境运价规程》，简称《统一运价》，原先从属于《国际货协》，规定了参加国际货协铁路办理运送的手续、过境运送费用及杂费的计算、过境铁路里程表、货物品名分等表和货物运费计算表等，它对铁路和发货人都有约束力。1991 年 6 月，规定《统一运价》不再从属于《国际铁路货物联运协定》。

5.1.2 国际铁路货物运输种类与件数

1．货车分类

货车按其用途不同可分为通用货车、专用货车和特种货车。

1) 通用货车

通用货车能装载多种货物，具有通用性，主要有篷车(P)、敞车(C)、平车(N)和集装箱。选择车型的原则如下。

(1) 篷车：装运散杂货物，体积较小，单件重量不超过 1.5t，如图 5.1 所示。例如，水泥(25kg 袋，吨袋)、托盘包装的货物(两平方米)、小型设备(可装卸的叉车)等。

(2) 敞车：装运较大型货物，适于吊车装卸，且货物高度不超过 3m，宽度不超过 2.6m，长度不超过 12m，如图 5.2 所示。例如，钢管、油管、带钢、煤炭、木材，体积较小的设备但重量大于 1.5t。

图 5.1　篷车

图 5.2　敞车

(3) 平车：装运大件设备，适于吊车装卸或者直接可以开到平车上的非超限和超限货物，如图5.3所示。例如，汽车、推土机、挖掘机、大型设备等。

(4) 集装箱：适用于品名数量比较复杂、易碎、轻泡货或较贵重的货物，如图5.4所示。例如，计算机、精密仪器设备、成套电器、服装、鞋帽、日用品等。

图5.3 平车

图5.4 集装箱

2) 专用货车

专用货车是指专供运输某种货物的车辆。例如，罐车、冷藏车、集装箱车、矿石车、长大货物车、毒品车、粮食车等。罐车如图5.5所示。

图5.5 专用货车：罐车

图5.6 特种货车：检衡车

3) 特种货车

特种货车是指具有特种用途的车辆。例如，检衡车、救援车、除雪车等。检衡车如图5.6所示。

2. 铁路货物运输种类

现行铁路货物运输种类分为整车、零担和集装箱运输，见表5-1。

表5-1 铁路货物运输种类

种类	适合运输的货物	说明
整车运输	大宗货物	一批货物的重量、体积、状态需要以一辆以上货车运送的货物，按整车办理，使用一份托运单
零担货物运输	零星货物	按货物的重量、体积、状态不需要以一辆单独货车运送，而且允许和其他货物配装的货物，一件体积不得小于$0.02m^3$，重量不超过5 000kg的货物
集装箱运输	精密、贵重及易损货物	凡能装入集装箱，不对集装箱造成损坏和污染的货物及可按集装箱运输的危险货物均可按集装箱办理

托运人可以根据货物的数量、性质、状态、形体等特点加以选择，以达到安全、迅速、经济、便利地运送货物的目的。

【业务说明】

关于整车运输

一批货物无论重量还是总体积能满足一辆货车标记记载重量或充满一辆货车的容积都应按整车办。此外一件货物的形状不适合进入棚车、敞车或与其他货物拼装，或货物的性质决定有特殊运输要求或不能清点件数的货物也应按整车办理。

3．运输货物件数

运输货物不论采取整车、零担、集装箱，均按件数和重量承运。但下列货物按整车办理时，只按重量承运，不计算件数。

(1) 散装、堆装无法成件的货物。

(2) 成件的货物规格相同，一批数量超过 2 000 件；规格不同，一批数量超过 1 600 件。

(3) 文具百货、家用电器、医疗器械、玻璃仪器等按整车条件运输时，不论规格，每件平均重量在 10kg 以上，托运人应按件数点交给车站，承运人应按件数的重量承运。

5.1.3　国际铁路货物运输的限制

1．不准运送或换装的货物

根据《国际货协》规定，在国际铁路货物联运中，下列货物不准运送或换装。

(1) 参加运送的铁路的任何一国禁止运送的物品。

(2) 参加运送的铁路的任何一国邮政专运的物品。

(3) 炸弹、弹药和军火，狩猎和体育用品除外。

(4) 爆炸品、压缩气体、液化气体、在压力下溶解的气体、自燃品和放射性物质。

(5) 一件重量不足 10kg、体积不超过 $0.1m^3$ 的零担货物。

(6) 在换装联运中使用不能揭盖的篷车运送一件重量超过 1.5t 的货物。

(7) 在换装联运中使用敞车类货车运送的一件重量不足 100kg 的零担货物。

2．不准按一份或数份运单在一辆车内混载运送的货物

根据《国际货协》的规定，在国际铁路货物联运中，下列货物不准按一份或数份运单在一辆车内混载运送。

(1) 一种易腐货物同照管方法不同的另一种易腐货物。

(2) 需要遵守保温制度或特殊管理的易腐货物同非易腐货物。

(3) 《国际货协》规定禁止在一辆车内混装的其他货物。

(4) 发货人装车的货物同铁路装车的货物。

(5) 根据发送国内规章不准许在一辆车内混装运输的货物。

(6) 堆装运送的货物同其他货物。

5.1.4　国际铁路货物联运的特种货物运输

国际铁路货物联运的特种货物主要包含危险货物，超限、超长、超重货物和鲜活易腐货物，其运输要求见表 5-2。

表 5-2 特种货物运输要求

特种货物	运输要求
危险货物	一般使用篷车或专用车装运；应是同一品名或属于同类项、同类质的货物，不属于同类的货物拼装，应符合《国际货协》和发送国内危险货物运输规定要求；不准混装运送的危险货物，不得用一份运单办理运送
超限、超长、超重货物	超长货物是指一件长度超过 18m 的货物(运往越南超过 12m)； 超重货物是指一件重量超过 60t 的货物。(对罗马尼亚的重量超过 30t，对越南的重量超过 20t) 按特殊方式办理货物运输，只有在参加运送的各铁路间预先商定后才能运送
鲜活易腐货物	鲜活易腐货物分为易腐货物、活动物两大类。运送时，遵守《国际货协》附件第 4 号和第 3 号的规定

5.1.5 我国同邻国铁路间的货物运送

我国与俄国、哈萨克斯坦、蒙古、朝鲜、越南等相邻国家开展国际铁路联运业务，其铁路干线、国境站、轨距等情况见表 5-3。

表 5-3 我国同邻国的铁路

国际铁路	我国铁路干线	我国国境站名	邻国国境站名	我国轨距/mm	邻国轨距/mm
中俄	滨洲线	满洲里	后贝加尔	1 435	1 520
	滨绥线	绥芬河	格罗迭科沃	1 435	1 520
	珲马线	珲春	卡梅绍娃亚	1 435	1 520
中哈	北疆铁路	阿拉山口	德鲁日巴	1 435	1 520
中蒙	集二线	二连	扎门乌德	1 435	1 524
中朝	沈丹线	丹东	新义州	1 435	1 435
	长图线	图们	南阳	1 435	1 435
	梅集线	集安	满浦	1 435	1 435
中越	湘桂线	凭祥	同登	1 435/1 000	1 435/1 000
	昆河线	山腰	老街	1 000	1 000

【知识链接】

国际铁路新通道——“渝新欧”“义新欧”

2011 年 3 月 19 日，“渝新欧”国际铁路大通道全线开行。“渝新欧”是重庆至欧洲的国际铁路大通道，是指利用南线欧亚大陆桥这条国际铁路通道，从重庆出发，经西安、兰州、乌鲁木齐，向西过北疆铁路，到达边境口岸阿拉山口，进入哈萨克斯坦，再经俄罗斯、白俄罗斯、波兰，至德国的杜伊斯堡，全长 11 179 公里。这是一条由沿途六个国家铁路、海关部门共同协调建立的铁路运输通道。重庆是欧亚大陆桥的新起点。“渝”指重庆，“新”指新疆阿拉山口，“欧”指欧洲，合称“渝新欧”。

2014 年 11 月 18 日 11 时 18 分，首趟“义新欧”（义乌—马德里）铁路班列从义乌鸣笛开出，奔向 13 052 公里之遥的西班牙马德里。这标志着“义新欧”铁路国际货运班列正式开行，义乌国际物流大通道建设取得重大突破。

“义新欧”班列是义乌市乃至浙江省融入“丝绸之路经济带和 21 世纪海上丝绸之路”国家战略建设的重

要平台。该班列经新疆进入哈萨克斯坦，再经俄罗斯、白俄罗斯、波兰、德国、法国，最后到达西班牙马德里，穿越7个国家，几乎横贯整个欧洲，是所有中欧班列中最长的一条。

“义新欧”中欧班列货运具有中国商品元素鲜明、辐射范围广、货源支撑强劲、综合运输成本较低等优势和特点，未来发展潜力巨大。这是中国梦与世界梦交融的一条新丝路，将有效促进浙江乃至全国商品更好地走向世界、让世界商品更好地汇聚浙江，推动义乌市场向“买全球、卖全球”发展。

任务5.2　认知国际铁路联运操作流程

5.2.1　国际铁路货物联运出口运输业务

国际铁路货物联运出口运输业务操作流程：货物托运安排→货物发运→国境站交接→铁路货物费用结算→货物交接

1. 货物托运安排

(1) 发货人在托运货物时，向车站提出货物运单，以此作为货物托运的书面申请。

(2) 车站接到货物运单后，应认真审核，对整车货物运送的申请检查是否有批准的月度和旬度计划，检查货物运单各项内容的填写是否正确，如确认可以承运，应予以登记。

(3) 车站在运单上登记货物和填入车站的承运日期或装车日期，即表示受理托运。

(4) 发货人应按登记时指定的日期将货物搬入车站的货场或指定的货位，由铁路有关部门根据货物运单上的记载查对实际货物，并由车站确认符合《国际货协》和有关规章制度的规定后，予以接收。

(5) 整车货物装车完毕，车站在货物运单上加盖承运日期戳，即为承运。

托运、承运完毕，以运单为具体表现形式的运输合同即开始生效，铁路按《国际货协》的规定对货物有保管、装车并运送到指定目的地的责任。

【知识链接】

国际铁路货物联运出口货物计划的编制

国际铁路货物联运出口货物运输计划，一般是指月度要车计划，是日常铁路联运工作的重要依据。凡发送整车货物，均需具备铁路部门批准的月度要车计划和旬度要车计划；零担货物，不必向铁路部门编报月度要车计划，但发货人必须事先向发站办理托运手续。

2. 货物发运

货物办理完托运和承运手续后，即可装车发运。货物装车，应在保证货物和人身安全的前提下快速进行，以缩短装车作业时间，加快车辆周转和货物运送。

发货人向铁路托运货物时，应做以下工作。

(1) 货物的品质、规格、数量须符合合同的规定。凡需要进行商品检验和检疫的商品，应及时做报检工作。

(2) 托运时应认真过磅称重，细致查点件数，并将重量和件数正确记载在运单上。如总件数不超过100件，发货人在运单中记载货物的件数和重量；如超过100件，在运单“件数”栏内记载“堆装”，见表5-4。

表 5-4 运单“件数”填写

货物情况	运单“件数”栏填制内容
货物总件数不超过 100 件	在运单中记载货物的件数和重量
货物超过 100 件	填写“堆装”
小型无包装精制品	填写“堆装”

(3) 货物的包装应能充分保证防止货物在运送中的灭失和损坏，包括防止对其他货物和运输工具、包装的损坏及对人员的伤害。

本案用纸箱包装的货物，应在箱面和箱底中线缝加贴牛皮纸或胶条。

用麻布(或白布)包装的出口货物，应包装完整整洁，包件捆紧，发运时根据车辆情况妥善垫衬。

(4) 货物标记和标志牌要为运送货物提供方便，便于识别货物，以利于装卸和收货人提货。发货人应在货件上作字迹清晰、不容易擦掉的标记或拴挂货签。

(5) 货物的声明价格。发货人在托运货物时声明价格，目的在于保证货物发生货损货差时，能够得到铁路按照货物的声明价格的全部赔偿。

《国际货协》规定，发货人在托运下列货物时应声明价格：金、银、白金及制品；宝石；贵重毛皮及其制品；摄制的电影片、画、雕像、艺术制品；古董、家庭用品。

本案货物服装为普通货物，不在上述货物范围内，可以不进行价格声明。但如果发货人要求，也可声明价格。

货物装车发运的主要步骤：货物进站→请车和拨车→装车→加固→施封→办理和使用运输标志→向国境站寄送合同资料→办理货物发货后事项。

3. 国际联运货物的国境站交接

联运出口货物实际交接是在接收路国境站进行，国境站除办理一般车站的事务外，还办理国际铁路联运货物、车辆和列车与邻国铁路的交接，货物的换装、运送票据、文件的翻译以及货物运送费用的计算。

出口货物在国境站交接的一般程序如下：

(1) 出口国境站货运调度根据国内前方站列车到达预报，通知交接所和海关做好接车准备。

(2) 出口货物列车进站后，铁路会同海关接车，海关负责对列车监管和检查，未经海关许可，列车不准移动、解体或调离，车上人员亦不得离开。铁路负责将列车随带的运送票据送交接所处理。

(3) 交接所由铁路、海关、商检、动植检、卫检、边检、外运等单位联合办公，实行流水作业。

【知识链接】

专门从事边境口岸交接业务的代理公司代办交接手续内容

(1) 到达车辆的车站交接手续。

(2) 海关需随即查验的货物的卸货、拆箱检验。

(3) 交纳出口车、箱的检验和检疫费用。

(4) 需口岸报关货物的保管、报验。

(5) 代理运输变更申请、进口货物的发运。

(6) 进口货物的报关、报检。

(7) 交纳进口报关货物的关税、增值税。

(8) 通知国外代理段接货。

以上仅是一般货物的交接过程，对于特殊货物的交接，如鲜活商品、易腐、超重、超限、危险品等货物，则按合同和有关协议规定，由贸易双方商定具体的交接方法和手续。

4．出口货物交接

到站在货物到达后，应通知运单中所记载的收货人领取货物。在收货人付清运单中所载的一切应付运费后，铁路须将货物连同运单正本和货物达到通知单交付收货人。收货人支付运费并领取货物。

货物交接应遵循如下程序。

(1) 货物调度根据前方列车到达预报，通知做好接车准备工作。

(2) 货物列车进站后，铁路方面及时接车，并检验列车代交的运送票据。

(3) 通知收货方接货。

【讨论】

青岛锦绣贸易公司是一家专门进行服装进出口的外贸生产加工企业，其产品主要销往俄罗斯、蒙古和哈萨克斯坦。2014 年 10 月，锦绣贸易公司委托海航国际货运代理公司代理出运一批服装到俄罗斯美斯特贸易公司，铁路运输，货主自备 20 英尺集装箱 1 个，22 300 套，箱装，每箱 50 套。海航国际货运代理公司安排王晓敏具体负责此票业务。

王晓敏刚刚分配到铁路联运操作岗工作，她该如何处理此项业务？

5．铁路货物费用核算

(1) 在参加《国际货协》和虽未参加《国际货协》，但采用《国际货协》规定的铁路间运送货物时，运送费用按下列规定核收。

① 发送路运送费用。此即我国国内铁路运送费用，按承运当日“价规”规定计算，由发货人以人民币向车站支付。

② 过境路运送费用。过境路是指在国际铁路联运中，货物发送路和到达路以外的途经铁路。过境路运费按照《统一货价》计算，可由发货人支付，也可由收货人支付，由发货人在第 20 栏内注明。但《统一货价》规定需由发货人支付的，则应由发货人支付。

③ 到达路运送费用。到达路是指在国际铁路联运中，货物到达国家铁路的简称。到达路运送费用按承运当日到达路国内规章规定，由收货人以到达国货币向到站支付。

④ 我国与朝鲜、越南、蒙古、独联体国家和东欧国家签订有交货共同条件，过境运费在到达站由收货人支付。

(2) 往未参加《国际货协》的国家或地区运送货物时，运送费用按下列规定核收。

① 我国铁路的运送费用按我国国内规章规定计算，在发站向收货人核收。

② 参加《国际货协》的各过境国铁路的运送费用，按《统一货价》计算，在发站向收货人核收(相反方向运送则在到站向收货人核收)。

③ 往未参加《国际货协》国家运送时，按这些铁路所参加的国际联运协定计算，在到站向收货人核收(相反方向运送则在发站向发货人核收)。

(3) 通过港口站运送货物时，运送费用按下列规定核收。

① 我国通过参加《国际货协》铁路的港口站往其他国家(及相反方向)运送货物时，我国

铁路的运送费用按我国国内规章规定计算，在发站向发货人核收(相反方向运送时，在到站向收货人核收)。

② 参加《国际货协》铁路的国家通过我国铁路港口站往其他国家运送货物时，过境我国的运送费用按《统一货价》规定计算，并且必须在发站向发货人核收；向反方向运送时，必须在到站向收货人核收。只有在港口站发生的杂费和其他费用，可在该港口向代理人核收。

6．铁路货物费用计算程序

(1) 根据运单上载明的运输路线，在过境里程表中，查出各通过国的过境里程。

(2) 根据货物品名，在货物品名分类表中查出可适用的运价等级和计费重量标准。

(3) 在慢运货物计算表中，根据货物运价等级和总的过境里程查出适用的运费率。其计算公式为

$$基本运费额=货物运费率\times计费重量$$

$$运费总额=基本运费额\times(1+加成率)$$

加成率是指运费总额应按托运类别在基本运费额基础上所增加的百分比。基本运费额是指慢运整车货物的运费，对零担货物、快运、随旅客列车的挂运分别在基本费率基础上规定了不同的运费加成率。快运货物运费按慢运运费加 100%，零担货物加 50%后再加 100%，随旅客列车挂运整车费另加 200%。

除运费外，铁路运送费用还包括杂费部分，通常有货物装卸费、取送车费、机车作业费、货物暂存费、货车清扫费、货车滞留费、换装费、验关费、运单费、变更手续费等费用。上述费用在核算货物运送费时一并核计。

5.2.2 国际铁路货物联运进口运输业务

根据《国际货协》的规定，我国从参加《国际货协》的国家通过铁路联运进口货物，凡国外发货人向其所在国铁路办理托运，一切手续和规定均按《国际货协》和该国国内规章办理。我国联运进口货物的运输工作主要包括：联运进口货物在发运前编制运输标志；审核联运进口货物的运输条件；向国境站寄送合同资料；国境站的交接、分拨；进口货物交付给收货人以及运到逾期计算等。

国际铁路联运代理出口业务流程如图 5.7 所示。

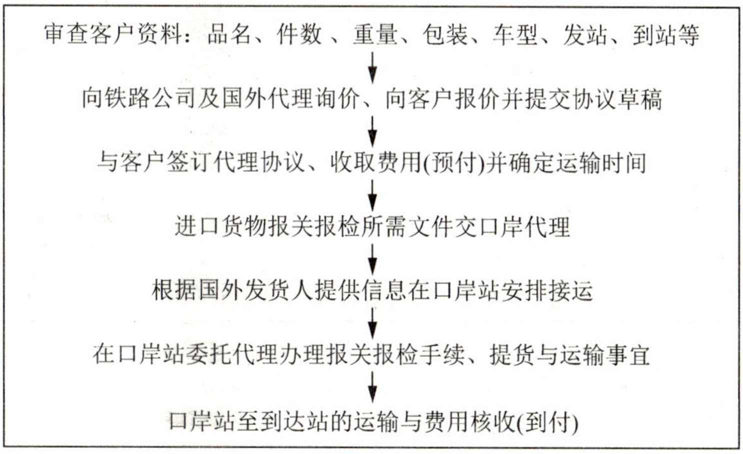

图 5.7 国际铁路联运代理出口业务流程

联运进口货物交接中的注意事项如下：

(1) 进口合同资料的审核。进口合同资料是国境站核放货物的唯一依据，也是纠正并处理进口货物在运输中出现错乱的重要资料。联运进口货物抵达国境站时，口岸外运分公司根据合同资料对各种货运单证进行审核，只有单、证、票、货完全相符，才可核放货物。

(2) 变更到站和变更收货人。国际铁路联运货物，根据发货人和收货人的需要，可以提出运输变更。运输变更申请由发货人或收货人提出。

联运进口货物变更到站和收货人时，首先通过有关进出口公司向国外发货人提出。若国外发货人不同意变更，可向国境站外贸运输机构申请，在国境站办理变更。

(3) 进口货物分拨与分运。对于小额订货、合装货物和混装货物，通常以口岸外运分公司作为收货人。在双方国境站办妥货物交接手续后，口岸外运分公司应及时向铁路提取货物，进行开箱分拨，并按照合同编制有关货运单证，向铁路重新办理托运手续。在分运货物时，必须做到货物包装牢固，单货相符，并办理海关申报手续。

如发现货损货差，属于铁路责任的，必须由铁路出具商务记录；如属发货人责任，由各有关进出口公司向发货人提出索赔。

任务 5.3　国际铁路联运运单

1. 国际铁路联运运单的作用

国际铁路货物联运运单是参加国际铁路货物联运的铁路与发货人、收货人之间缔结的运输合同。它体现了参加联运的各国铁路和发货人、收货人之间在货物运送上的权利、义务、责任和豁免，对铁路和发货人、收货人都具有法律效力。

2. 国际铁路联运运单的组成

国际铁路货物联运运单组成情况见表 5-5。

表 5-5　国际铁路联运运单

张　数	名　称	作　用
第 1 张	运单正本	是货物运送契约。它随同货物到站，并与第 5 张(货物到达通知单)和货物一起交收货人
第 2 张	运行保单	办理铁路货物交接及清算费用之用。它随货物到站，留存到达站
第 3 张	运单副本	交寄发货人，发货人可凭运单副本向收货人结算货款
第 4 张	货物交付单	作为货物已交付给收货人的凭证。随同货物到站，留存到达车站
第 5 张	货物到达通知单	记载了货物在运送全程所发生的滞留、编制商务记录等情况。随货物到站后，同运单正本和货物一起交收货人

3. 联运运单的填写

国际铁路联运运单示例见表 5-6。

表 5-6 国际铁路联运运单示例

发送路简称 中铁	1 发货人，通信地址：389700 Jing international logistic Co 25 longwangshan Street Liaoning , China	25 批号(检查标签) 33 12.5.1
		运输号码：No. 9383727
		2 合同号码：No. 876091
	5 收货人，通信地址：807221 Blinkers Co.Ltd 8620W.Knoll Dr Mosico CA-90067	3 发运站：大连货运公司
		4 发货人的特别申明：
6 对铁路无效约束力的记载：		26 海关记载
7 通过的国境站：大连站		
8 到达路和站	俄铁 | 俄罗斯联邦铁路	

27 车辆 / 28 标记载重(吨) / 29 轴数/ 30 自重/ 31 换装后的货物重量				
27	28	29	30	31
KP2453874 俄铁	C500	6	450	454.6

国际货协——运单慢运	9 记号，标记，号码	10 包装种类	11 货物名称	12 件数	13 发货人确定的重量(公斤)	32 铁路确定的重量(公斤)
	ART.NO. 3331	集装箱	50，附件第二号 CASUAL SHOES	200	2 400	2 400

14 共计件数(大写)：贰佰件整	15 共计重量(大写)：贰仟肆百千克整	16 发货人签字
17 互换托盘 数量	集装箱/运送用具 18 种类 类型	19 所属者及号码
20 发货人负担下列过境铁路的费用：无	21 办理种别：/ 整车 | 零担 | 大规模集装箱	22 由何方装车：/ 发货人 | 铁路

20 发货人负担下列过境铁路的费用：无	21 办理种别：/ 整车 | 零担 | 大规模集装箱	22 由何方装车：/ 发货人 | 铁路	33
			34
	不需要的划清		35
	24 货物的声明价格：四十二万六千 RMB		36
23 发货人添附的文件			37
	45 封印		38
	个数 200	记号 ART.NO. 3331	39
			40

46 发站日期数	47 到站日期数	48 确定重量方法	49 过磅的戳记、签字	
2012-11-9	2012-12-30	按货件上标记的重量		41
				42
				43

运单正面未画粗线的各栏由发货人填写，现将发货人填写的各栏说明如下。

第 1 栏，发货人及其通信地址。填写发货人的名称及其通信地址。发货人只能是一个自然人或法人。由中国、朝鲜、越南发货时，准许填写这些国家规定的发货人及其通信地址的代号。

第 2 栏，合同号码。填写出口单位和进口单位签订的供货合同号码。

第 3 栏，发站。填写运价规程中所载发站全称。

第 4 栏，发货人的特别声明。发货人可在该栏中填写自己的声明，例如关于对运单的修改及易腐货物的运送条件等。

第 5 栏，收货人及其通信地址。注明收货人的名称及其通信地址，收货人只能是一个自然人或法人。从国际货协参加路向未参加国际货协的铁路发货而由站长办理转发送时，则在该栏填写“站长”。

第 6 栏，对铁路无效约束力的记载。发货人可以对该批货物做出记载，该项记载仅作为对收货人的通知，铁路不承担任何义务和责任。

第 7 栏，通过的国境站。注明货物应通过的发送路和过境路的出口国境站。如有可能从一个出口国境站通过邻国的几个进口国境站办理货物运送，还应注明运送所要通过的进口国境站。根据发货人注明的通过国境站确定经路。

第 8 栏，到达路和到站。在斜线之前，应注明到达路的简称，在斜线之后，应用印刷体字母(中文用正楷粗体字)注明运价规程上到站的全称。运往朝鲜的货物，还应注明到站的数字代号。运往非货协国的货物而由站长办理转发时，记载国际货协参加路最后过境路的出口国境站，并在该站站名后记载：“由铁路继续办理转发送至____铁路____站”。

9—11 栏的一般说明。填写 9—11 栏事项时，可不受各栏间竖线的严格限制。但是，有关货物事项的填写顺序，应严格符合各栏的排列次序。

第 9 栏，记号、标记、号码。填写每件货物上的记号、标记和号码。货物如装在集装箱内，则还要填写集装箱号码。

第 10 栏，包装种类。填写包装的具体种类，如纸箱、木桶等，不能笼统地填“箱”“桶”，如用集装箱运输，则记载集装箱。

第 11 栏，货物名称。货物名称应按国际货协规定填写，或按发送路或发送路和到达路现行的国内运价规程品名表的规定填写，但需注明货物的状态和特征；两国间的货物运送，可按两国商定的直通运价规程品名表中的名称填写。

在“货物名称”字样下面专设的栏内填写通用货物品名表规定的六位数字代码。填写全部事项时，如篇幅不足，则应添附补充清单。

第 12 栏，件数。注明一批货物的件数。用敞车类货车运送不盖篷布或盖有篷布而未加封的货物，其总件数超过 100 件时，或运送仅按重量不按件数计的小型无包装制品时，注明“堆装”，不注件数。

第 13 栏，发货人确定的重量(公斤)。注明货物的总重量。

第 14 栏，共计件数(大写)。用大写填写第 12 栏中所记载的件数。

第 15 栏，共计重量(大写)。用大写填写第 13 栏中所载的总重量。

第 16 栏：发货人签字。发货人应签字证明列入运单中的所有事项正确无误。发货人的签字也可用印刷的方法或加盖戳记处理。

第 17 栏：互换托盘。该栏内的记载事项，仅与互换托盘有关。注明托盘互换办法，并分别注明平式托盘和箱式托盘的数量。

第18栏：种类、类型。在发送集装箱货物时，应注明集装箱的种类和类型。使用运送用具时，应注明该用具的种类。

第19栏：所属者及号码。运送集装箱时，应注明集装箱所属记号和号码。对不属于铁路的集装箱，应在集装箱号码之后注明大写字母“P”。

使用属于铁路的运送用具时，应注明运送用具所属记号和号码。使用不属于铁路的运送用具时，应注明大写字母“P”。

第20栏，发货人负担下列过境铁路的费用。如发货人负担过境铁路运送费用，填写所负担过境铁路名称的简称。如发货人不负担任何一个过境铁路的运送费用，填写“无”字。

第21栏，办理种别。办理种别分为：整车、零担、大吨位集装箱。

第22栏，由何方装车。发货人应在运单该栏内注明由谁装车。

第23栏，发货人添附的文件。注明发货人在运单上添附的所有文件的名称和份数。

第24栏，货物的声明价格。用大写注明以瑞士法郎表示的货物价格。

27—30栏的一般说明。用于记载使用车辆的事项，只有在运送整车货物时填写。至于各栏是由发货人填写还是由铁路车站填写，则视由何方装车而定。

第45栏，封印个数和记号。填写车辆或集装箱上施加的封印个数和所有记号。至于封印的个数和记号，视由何方施封而由发货人或铁路车站填写。

第48栏，确定重量方法。注明确定重量的方法，例如，“用轨道衡”“按标准重量”“按货件上标记重量”等。由发货人确定货物重量时，发货人应在该栏注明确定重量的方法。

【学习测评】

一、单选题

1. 下列属于我国与俄罗斯相连的运输通道有(　　)。

   A. 满洲里　　B. 阿拉山口

   C. 图们　　D. 凭祥

2. 国际铁路联运运单凭第(　　)办理铁路货物交接及清算费用。

   A. 二联　　B. 三联

   C. 四联　　D. 五联

3. 国际铁路联运(　　)。

   A. 使用统一的联运票据　　B. 以集装箱为媒介

   C. 使用统一运费费率　　D. 通过能力大

4. 铁路始发站在(　　)，开始对承运货物承担有关责任。

   A. 收货完毕后　　B. 核对货物后

   C. 接到托运人运单申请后　　D. 货运单上加盖承运人承运日期后

5. 下列运输方案中能够有效降低运输成本的途径是(　　)。

   A. 小批量、多批次运输　　B. 大批量、少批次运输

   C. 采用零担运输的形式　　D. 对流运输

二、多选题

1. 下列关于国际铁路货物联运正确的表述是(　　)。
   A. 在由一国铁路向另一国铁路移交货物时需要发货人与收货人参与
   B. 由铁路部门负责从托运人接货到收货人交货的全过程运输
   C. 经过两个或两个以上国家的铁路运输
   D. 在整个联运过程中使用一份国际联运运单
2. 我国与朝鲜边境铁路线的过境站是(　　)。
   A. 新义州　　B. 南阳　　C. 满浦　　D. 老挝
3. 国际铁路联运运单正本的主要作用有(　　)。
   A. 铁路运送货物的依据　　B. 据以结汇的证明
   C. 向铁路索赔的必要证明　　D. 出口货物的明细表
4. 国际铁路联运对于危险货物运输(　　)。
   A. 使用篷车或专用车装运　　B. 不属于同类的货物不能拼装
   C. 可以拼装同类项、同类质的货物　　D. 不准混装的危险货物不得用一份运单办理
5. 国际铁路联运中的专用货车包括(　　)。
   A. 罐车　　B. 冷藏车　　C. 救援车　　D. 粮食车

三、案例分析

2014 年 9 月，A 公司与货运代理 B 公司办理出口货运委托，要求将价值 15 万美元的中药材经由天津铁路运往俄罗斯莫斯科车站。出口货运委托书声明：发货人为 A 公司，并告知收货人的姓名、护照号码和电话号码，运输方式为铁路运输。同年 11 月，B 公司接收所托运货物，向 A 公司签发了 C 公司为总经营人的苏联大陆桥运输的提单，提单发货人为 A 公司，并附上 C 公司驻莫斯科联络人的详细地址。同年 12 月，B 公司从天津站发运了该批货物，天津站开具了发货人为 C 公司，到站为莫斯科的国际货物联运协定的运单。但此后，A 公司一直未收到到货消息，C 公司查询后得知货物到站后被俄方拍卖。A 公司随后向法院提出诉讼。

请分析该案例中货物损失赔偿责任应当由谁来承担？

【技能训练】

国际铁路联运进出口模拟训练

1. 实训内容

国际铁路联运货物进出口业务流程和单据填制。

2. 实训目标

通过让学生模拟国际铁路联运货物进出口业务，达到以下目的：

(1) 掌握国际铁路联运进出口操作的基本流程及相关单证。

(2) 能够以小组为单位完成国际货代铁路联运货物出口和进口业务。

3. 业务背景

济南锦绣贸易公司是一家专门进行外贸运动服出口的外贸生产加工企业，其产品主要销

往俄罗斯和蒙古，与蒙古乌兰巴托市的新特贸易公司有着贸易往来关系。现在济南锦绣贸易公司委托海航国际货运代理公司出运一批外贸服装到新特贸易公司，采用铁路运输，货主自备1个集装箱，服装共计27 000件，纸箱包装，每箱0.18m^3，每箱装60套。

4. 实训角色

角色1：海航国际货运代理公司陆运部业务员。

角色2：锦绣贸易公司业务员。

角色3：铁路部门工作人员。

5. 实训安排与分组

(1) 教师说明本次实训的目的、主要内容、实施方法。

(2) 将学生分组，每组3人，每组推选1名项目经理，负责组内分工、任务完成质量监督及资料准备。

6. 实训步骤

(1) 小组绘制运动服铁路联运出口业务流程图、进口业务流程图。

(2) 整理锦绣贸易公司提供的货物出运信息，对货物出运信息进行确认。

(3) 核算出运货物运价，向托运人报价。项目经理审核报价是否符合公司要求。

(4) 根据货物出运要求，填制托运委托书。

(5) 货代公司向铁路部门申请托运。

(6) 货物装车发运。货物进站、请车和拨车、装车、加固、施封、办理和使用运输标志，向国境站寄送合同资料，办理货物发出后的事项(登记货物信息及运输信息、通知收货人并上报有关主管部门，如发现单证或单货错误，进行修改和更正)。

(7) 国际联运货物国境站交接。

(8) 货物费用核算。

(9) 货物交接。

7. 实训成果

实训成果包含国际铁路联运货物进出口操作流程图、缮制货运单据，根据业务分工分类整理单据及资料，将分类整合后的单据与业务资料与流程图合成，形成实训成果，提交实训成果。

项目 6

国际多式联运代理操作

【学习导航】

【知识目标】

(1) 掌握国际多式联运的基础知识；

(2) 掌握国际多式联运业务流程；

(3) 掌握国际多式联运单证的内容。

【能力目标】

(1) 能够根据客户需求进行分析；

(2) 能够设计多式联运方案；

(3) 能够填制多式联运单证。

【学习情境】

海航国际货运代理公司收到四海国际贸易有限公司的询盘，主要询问毛纺织品从济南运往芝加哥的运价、运输方式、运输路线、运输时间等内容。

海航国际货运代理公司安排业务员张振负责与四海国际贸易有限公司联系，争取接单并安排货物出运事宜。

业务员张振在了解四海国际贸易有限公司运输要求的基础上，对此票业务制作了货物出运方案和芝加哥接货方案，随即开展相关工作。

讨论：(1) 对于此票业务，张振下一步开展工作的关键问题是什么？
(2) 业务员张振需要了解哪些出运信息？
(3) 如果你是业务员张振，将如何设计货物运输方案？

【学习任务】

任务6.1 认知国际多式联运

6.1.1 国际多式联运概述

1．国际多式联运的概念

国际多式联运(International Multimodal Transport)是一种以实现货物整体运输的最优化效益为目标的联运组织形式。它通常以集装箱为运输单元，将不同的运输方式有机地组合在一起，构成连续的、综合性的一体化货物运输。

2．国际多式联运的特征

(1) 国际多式联运是由两种以上运输方式结合而构成的整体运输方式。

(2) 国际多式联运一般是与集装箱运输结合在一起的。

(3) 国际多式联运的法律调整情况特殊，因为这种运输中的货物随着运输方式的变化要受不同的法律管辖。例如，在海运时受《海牙规则》的管辖，在空运时则受《华沙公约》的管辖。

3．国际多式联运的基本条件

(1) 多式联运经营人与托运人之间必须签订多式联运合同，以明确承、托双方的权利、义务和豁免关系。

(2) 必须使用全程多式联运单据(Multimodal Transport Documents, M.T.D.，我国现在使用C.T.B/L)。该单据既是物权凭证，又是有价证券。

(3) 必须是全程单一运价。该运价一次收取，包括运输成本(各段运杂费的总和)、经营管理和合理利润。

(4) 必须由一个多式联运经营人对全程运输负责。国际多式联运经营人是与托运人签订合同的当事人，在运输过程中，可以将部分运输委托给分承运人完成，订立分运合同，但分运合同的承运人与发货人之间不存在合同关系。对发货人而言，国际多式联运经营人对全程负责。

(5) 必须是两种或两种以上不同运输方式的连贯运输。如海/海、铁/铁、空/空联运虽为两程运输，但不属于多式联运，这是一般联运与多式联运的重要区别之一。

(6) 必须是跨越国境的国际货物运输。这是区别国内运输和国际运输的限制条件。

6.1.2 国际多式联运经营人的类型

根据是否拥有运输船舶，国际多式联运经营人可以分为以船舶运输为主的国际多式联运经营人和无船国际多式联运经营人两大类，见表 6-1。

表 6-1 国际多式联运经营人的类型

<table>
<tr><th colspan="2">类 型</th><th>特 点</th></tr>
<tr><td colspan="2">以船舶运输为主的国际多式联运经营人</td><td>利用自己的船舶提供港对港服务的同时，将服务扩展到包括陆上运输甚至空运在内的门到门服务。可以通过与公路、铁路、航空公司、场站等订立合同安排运输及仓储</td></tr>
<tr><td rowspan="3">无船国际多式联运经营人</td><td>承运人型</td><td>不拥有船舶，但拥有汽车、火车或(和)飞机等运输工具，与货主订立合同后，承运人通过订立分合同完成运输</td></tr>
<tr><td>场站经营人型</td><td>拥有货运站、堆场、仓库等场站设施，需要与相关各种运输方式的承运人订立分合同完成运输</td></tr>
<tr><td>代理型</td><td>不拥有任何运输工具和场站设施，需要通过与相关的承运人、场站经营人订立分合同，履行与货主订立的国际多式联运合同</td></tr>
</table>

6.1.3 国际多式联运经营人的责任

国际多式联运责任制的类型如图 6.1 所示。

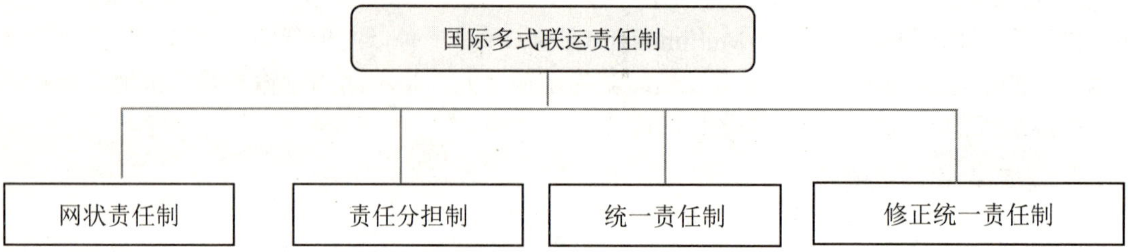

图 6.1 国际多式联运责任制

1. 网状责任制

网状责任制是指多式联运经营人尽管对全程运输负责，但对货运事故的赔偿原则仍按不同运输区段所适用的法律规定，当无法确定货运事故发生区段时，则按海运法规或双方约定原则加以赔偿。目前，几乎所有的多式联运单据均采用这种赔偿责任形式。

2. 责任分担制

责任分担制也称分段责任制，是多式联运经营人对货主并不承担全程运输责任，仅对自己完成的区段货物运输负责，各区段的责任原则按该区段适用的法律予以确定。

由于这种责任形式与多式联运的基本特征矛盾，即使在多式联运单据中声明采用此形式，也可能被法院判定该约定无效而要求其承担全程运输责任。

3. 统一责任制

统一责任制是指多式联运经营人对货主赔偿时不考虑各区段运输方式的种类及其所适用

的法律，而是对全程运输按一个统一的原则并一律按一个约定的责任限额进行赔偿。目前，多式联运经营人因责任限额规定，其签发的提单未能采用此种责任形式。

4．修正统一责任制

这是介于统一责任制与网状责任制之间的责任制，也称混合责任制。它在责任基础方面与统一责任制相同，在赔偿限额方面与网状责任制相同。多式联运经营人对全程运输负责，各区段的实际承运人仅对自己完成区段的运输负责。无论货损发生在哪一区段，多式联运经营人和实际承运人都按公约规定的统一责任限额承担责任。

《联合国国际多式联运公约》采用了修正统一责任制。根据这一责任形式，多式联运经营人对货损的处理，不管是否能确定造成货损的实际运输区段，都将使用本公约的规定。

《联合国国际多式联运公约》规定，如果货物灭失或损坏发生于多式联运的某一特定区段，而对这一区段使用的一项国际公约或强制性国家法律规定的赔偿责任限额高于本公约规定的赔偿责任限额，多式联运经营人对这种灭失或损坏的赔偿，应按照该国际公约或强制性国家法律予以确认。根据这一规定，一旦发生货物的灭失或损坏，多式联运经营人对货损的赔偿首先要依据所适用的法律规定来确定所适用的责任制形式。

【案例 6-1】

2012 年 10 月，中国土畜产进出口公司××畜产分公司委托××对外贸易运输公司办理 333 只纸箱的男士羽绒滑雪衫出口手续，外运公司将货装上××远洋运输公司的货轮并向畜产进出口公司签发了中国对外贸易运输总公司的清洁联运提单，提单载明货物数量共为 333 箱，分装 3 只集装箱。同年 6 月 29 日，货轮抵达目的港日本神户，7 月 6 日，日方收货人在港口装卸公司开箱发现其中一个集装箱 A 的 11 只纸箱中，有 5 箱严重湿损，6 箱轻微湿损。7 月 7 日，运至东京日方收货人仓库，同日由新日本商检协会检验，10 月 11 日出具的商检报告指出货损的原因是由于集装箱有裂痕，雨水进人造成箱内衣服损坏，实际货损约合 1 868 338 日元。在东京进行货损检验时，商检会曾邀请××远洋运输公司派人共同勘察，但该公司以“出港后检验无意义”为由拒绝。日方收货人从 AIU 保险公司取得赔偿后， AIU 公司取得代位求偿权，于 2013 年 9 月 25 日向上海海事法院提起诉讼，要求被告货运代理人和实际承运人赔偿日方损失，并承担律师费和诉讼费。两被告答辩相互指出应由另一被告承担全部责任，并要求原告进一步对减少货损的合理措施进行举证。

【分析】上海海事法院认为，根据两被告 2012 年签订的集装箱运输协议以及提单条款，两被告有相当的责任牵连，但日方收货人于××远洋运输公司在开箱时交割不清，商检又在港口外进行，故原告对货物损害索赔及所受损害的确切数额的请求举证不力。

经法院调解，2014 年 3 月 28 日，原被告三方达成协议，两被告根据损害事实及提单条款规定，赔付原告人民币 8 000 元(其中 300 元为原告预支的诉讼费)，赔款先由货运代理人先行给付，再由他与实际承运人自行协商解决，案件受理费由原告负担。

6.1.4 国际多式联运的方式

1．海陆联运

海陆联运是国际多式联运的主要组织形式，也是远东—欧洲多式联运的主要组织形式之一。这种运输组织形式以航运为主体，签发联运提单，与航线两端的内陆运输部门开展联运业务，与大陆桥运输展开竞争。

目前，经营远东—欧洲多式联运的主要有班轮公会的三联集团、北荷、冠航和丹麦的马士基等国际航运公司，以及非班轮公会的中国远洋运输公司、中国台湾长荣航运公司和德国那亚航空公司等。

2．海铁联运

海铁联运最初产生于美国。这种联运方式将不同大陆的铁路系统，通过海上运输工具连接起来，适于重型货物运输。

3．海空联运

海空联运又被称为空桥运输。在运输组织方式上，空桥运输与陆桥运输不同，陆桥运输在整个货运过程中使用的是同一个集装箱，不用换装；而空桥运输的货物通常要在航空港换入航空集装箱。

海空联运兼有海运的经济性和空运的速度，在远东—欧洲的国际贸易中运用越来越广泛，适用于电器、电子产品、计算机和照相器材等高价值商品，以及玩具、时装等季节性需求较强的商品的运输。

目前，国际海空联运线主要有以下三条。

(1) 远东—欧洲，以温哥华、西雅图、洛杉矶为中转地，也有以香港、曼谷、海参崴为中转地，还有以旧金山、新加坡为中转地。

(2) 远东—中南美，以迈阿密、洛杉矶、温哥华为中转地，因中南美港口和内陆运输不稳定，所以对海空联运需求大。

(3) 远东—中近东、非洲、大洋洲，以香港、曼谷为中转地至中近东、非洲的运输服务。

4．陆空联运

陆空联运是火车、飞机和卡车的联合运输方式，简称 TAT(Train- Air- Truck)；或火车、飞机的联合运输方式，简称 TA(Train- Air)。

我国空运出口货物通常采用陆空联运方式。我国幅员辽阔，但国际航空港口岸主要在北京、上海、广州等。虽然省会城市和一些主要城市每天都有班机飞往上海、北京、广州，但班机所带货量有限，费用比较高。如果采用国内包机，费用更贵。因此在货量较大的情况下，往往采用陆运至航空口岸，再与国际航班衔接。由于汽车具有机动灵活的特点，在运送时间上更可掌握主动，因此一般都采用“TAT”方式组织出运。

我国长江以南的外运公司办理陆空联运的做法是用火车、卡车或船将货物运至香港，利用香港航班多、运价低的条件出运；长江以北的公司多采用火车或卡车将货物运送至北京、上海等航空口岸出运。

5．陆桥运输

陆桥系统通过“海陆”或“海陆海”路线运输集装箱跨越大陆。陆桥系统常见于重要的国际集装箱运输线。它是远东—欧洲国际多式联运的主要形式。所谓陆桥运输，是指采用集装箱专用列车或卡车，以横贯大陆的铁路或公路作为中间桥梁，把大陆两端的集装箱海运航线与专用列车或卡车连接起来的一种连贯运输方式。

陆桥运输以集装箱为运输单位，大大简化了理货、搬运、储存、保管和装卸等操作环节，同时集装箱经过了海关铅封，中途不用开箱验货，可以迅速直接转换运输工具，故采用集装箱是开展陆桥运输的最佳方式。目前，远东—欧洲的陆桥运输线路主要有西伯利亚大陆桥和北美大陆桥。

1) 西伯利亚大陆桥

西伯利亚大陆桥又称亚欧大陆桥，是指适用标准集装箱将货物由远东海运到俄罗斯东部港口，再经跨越欧亚大陆的西伯利亚铁路运至波罗的海沿岸，如爱沙尼亚的塔林或拉脱维亚的里加等港口，然后再采用铁路、公路或海运运到欧洲各地的国际多式联运的运输线路。其中的亚欧铁路大陆桥示意图如图 6.2 所示。

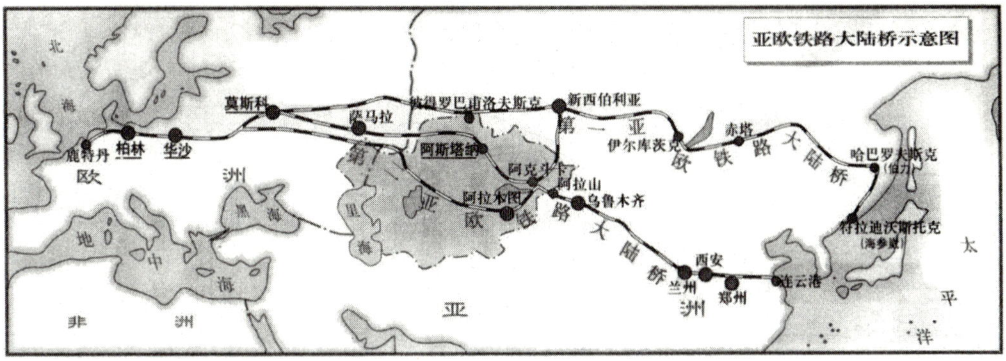

图 6.2　亚欧铁路大陆桥示意图

西伯利亚大陆桥包括海铁铁、海铁海、海铁公、海公空四种运输方式。由俄罗斯的过境运输总公司担任总经营人，它拥有签发货物过境许可证的权利，并签发统一的全程联运提单，承担全程运输责任。西伯利亚大陆桥是较为典型的一条过境多式联运线路，是目前世界上最长的陆桥运输线。它大大缩短了从日本、远东、东南亚及大洋洲到欧洲的运输距离，节省了运输时间。从远东经俄罗斯太平洋沿岸港口至欧洲的陆桥运输线全长 13 000km，而相应的全程水路(经苏伊士运河)约为 20 000km，该线省时省费用，对货主有很大吸引力。

2) 北美大陆桥

北美大陆桥是指利用北美的大铁路从远东到欧洲的海陆海联运。该陆桥包括美国大陆桥运输和加拿大大陆桥运输。美国大陆桥有两条运输路线，一条是从西部太平洋至东部大西洋沿岸的铁路和公路运输线；另一条是从西部太平洋沿岸至东南部墨西哥湾沿岸的铁路和公路运输线。加拿大大陆桥与美国大陆桥相似，由船公司把货物运至温哥华，经铁路运到蒙特利尔或哈利法克斯，再与大西洋海运连接。

据统计，从远东到北美东海岸的货物大约有 50%以上是采用双层列车运输的，这种陆桥运输方式比采用全程水运方式通常要快 1～2 周。例如，集装箱货从日本横滨到欧洲鹿特丹港，全程水运(经巴拿马运河或苏伊士运河)通常需要 5～6 周时间，采用北美陆桥运输仅需 3 周左右的时间。

3) 其他陆桥运输形式

北美地区的陆桥运输不仅包括上述大陆桥运输，而且还包括小陆桥运输、微桥运输及内陆公共点运输等组织形式。

(1) 小陆桥运输。小陆桥运输组织方式与大陆桥相似，只是其运送货物的目的地为沿海港口。目前，北美小陆桥运送的主要是日本经北美太平洋沿岸到大西洋沿岸和墨西哥湾地区的集装箱货物。同时，也承运从欧洲到美西及海湾地区各港的大西洋航线的转运货物。

北美小陆桥在缩短运输距离、节省运输时间上效果显著。以日本—美东航线为例，从大阪至纽约全程水运(经巴拿马运河)航线距离 9 700km，运输时间 21～24 天。采用小陆桥运输，运输距离仅为 7 400km，运输时间 16 天，可节省 1 周左右的时间。

(2) 微桥运输。微桥运输，又称内陆点多式联运或半桥运输，交货地点在内陆地区。微桥运输指经北美东、西海岸及墨西哥湾沿岸港口到美国、加拿大内陆地区的联运服务。进出美、加内陆城市的货物采用微桥运输既可节省时间，又可避免双重港口收费，从而节省费用。

【知识链接】

微桥运输产生的原因

随着北美小陆桥运输的发展，出现了新的矛盾，如货物由靠近东海岸的内陆城市运往远东地区(或反向)，首先要通过国内运输，以国内提单运至东海岸交船公司，然后由船公司另外签发由东海岸出口的国际货运单证，再通过国内运输至西海岸港口，然后海运至远东。货主认为，这种运输不能从内地直接以国际货运单证运至西海岸港口转运，不仅增加费用，而且耽误运输时间。为解决这一问题，微桥运输应运而生。

(3) 内陆公共点运输。内陆公共点运输是指使用两种运输方式，将卸至美国西海岸港口的货物通过铁路运抵美国内陆公共点。

内陆公共点运输是一种特殊的国际运输方式，它虽然由海运、陆运两种运输形式组成，但只能称为国际多式的联营运输，不属于国际多式联运，因为海运、陆运段分别由两个承运人签发单据，运输与风险也是分段负责，与多式联运不同。

内陆公共点运输只适用于美国或加拿大内陆区域。签订贸易合同时，在运输条款中应予以明确，同时也要明确是集装箱运输，必须经由美国西海岸指定港口中转。

内陆公共点运输是一种成熟的国际航运惯例。美国内陆公共点运输条款规定，凡是经过美国西海岸指定港口中转运往内陆地区的货物，如果按照该条款运输，可以享受内陆地区的优惠运费率，即陆路公共点运费率(OCP Rate)，比当地运费率(Local Rate)低 3%～5%，同时可享有比直达美国东海岸港口约低 3.5 美元/尺码吨的海运费，内陆转运费、码头费、装卸费已包含其中。

【业务设计】

请根据相关知识，设计国际多式联运方式

(1) 200 箱纸箱装玩具从广州运至美国芝加哥。

(2) 100 箱电子产品从日本横滨运至欧洲鹿特丹。

(3) 260 捆布匹从杭州运往哈萨克斯坦的阿拉木图。

(4) 120 箱运动用品从瑞士日内瓦运至美国亚特兰大。

任务 6.2　认知国际多式联运业务流程及单证

6.2.1　国际多式联运业务流程

多式联运经营人从事多式联运业务时，按照以下流程办理，如图 6.3 所示。

1．接受托运申请，订立多式联运合同

多式联运经营人根据货主提出的托运申请和自己的运输线路等情况，确定是否接受该托运申请。发货人根据货物的交接方式、时间、地点、付费方式等信息填写场站收据，将其送至多式联运经营人进行编号，多式联运经营人编号后留下货物托运联，将其他联交还给发货人。

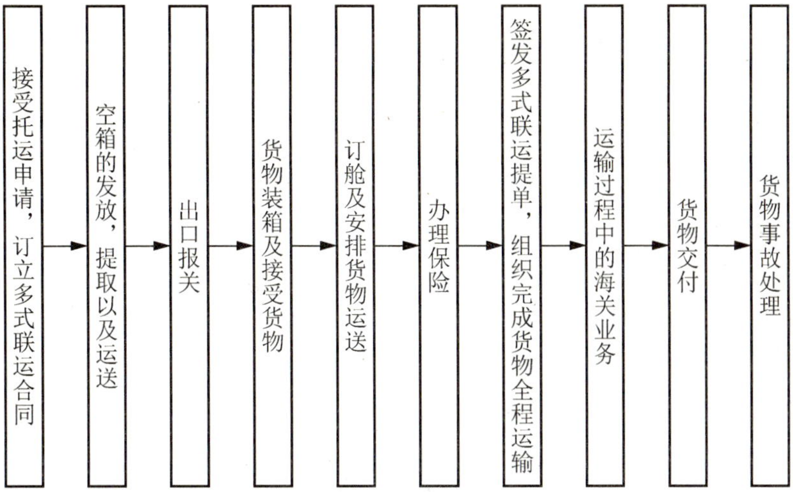

图 6.3　国际多式联运业务流程

2．空箱的发放、提取及运送

多式联运中使用的集装箱一般由多式联运经营人提供，这些集装箱来源可能有三种情况。

(1) 多式联运经营人自己购置使用的集装箱。

(2) 向租箱公司租用的集装箱。

(3) 由全程运输中的某一分运人提供。

如果双方协议由发货人自行装箱，则多式联运经营人、租箱公司或分运人签发提箱单交给发货人，由他们在规定日期到指定的堆场提箱，并自行将空箱托运到货物装箱地点，准备装箱。

3．出口报关

(1) 若多式联运从港口开始，应在港口报关。

(2) 若从内陆开始，则应在附近内陆地海关办理报关出口。报关事宜一般由发货人或代理人办理，也可委托多式联运经营人代为办理。

报关时应提供场站收据、装箱单、出口许可证等有关单据和文件。

4．货物装箱及接受货物

若是发货人自行装箱，发货人或代理人提取空箱后在自己的工厂和仓库组织装箱，装箱工作一般要在报关后进行，并请海关派员到装箱地点监装和办理加封事宜。如需理货，还应请理货员现场理货，并与其共同制作装箱单。

对于由货主自行装箱的整箱货物，发货人应负责将货物运至双方协议规定的地点，多式联运经营人或其代表在指定地点接收货物。

如果是拼箱货，则由多式联运经营人在指定的货运站接收货物，验收货物后，代表多式联运经营人接收货物的人应在场站收据正本上签章，并将其交给发货人或其代理人。

5．订舱及安排货物运送

多式联运经营人在合同订立后，应立即制订该合同涉及的集装箱货物的运输计划。该计划应包括货物的运输路线、区段的划分、各区段实际承运人的选择及确定各区段衔接地点的到达、起运时间等内容。

这里所说的订舱是指多式联运经营人按照运输计划安排确定各区段的运输工具，与选定的各实际承运人订立各区段的分运合同，这些合同的订立可以由多式联运经营人本人或代理办理，也可请前一区段的实际承运人代为向后一段的实际承运人订舱。货物运输计划的安排必须科学并留有余地，工作中应相互联系，根据实际情况调整计划，避免彼此脱节。

6. 办理保险

在发货人方面，应投保货物运输保险，该保险由发货人自理，或由发货人承担费用而由多式联运经营人代为办理。货物运输保险可以全程投保，也可以分段投保。

在多式联运经营人方面，应投保货物责任险和集装箱保险，由多式联运经营人或其代理人向保险公司或以其他形式办理。

7. 签发多式联运提单，组织完成货物的全程运输

多式联运经营人的代表收取货物后，多式联运经营人应向发货人签发多式联运提单。在将提单交给发货人之前，应注意按双方议定的付费方式及内容、数量向发货人收取全部应付费用。

8. 运输过程中的海关业务

按照国际惯例，国际多式联运的全程运输均应视为国际货物运输。因此，该环节的工作主要包括货物及集装箱进口国的通关手续，进口国内陆段保税运输手续及结关等内容。如果陆上运输要通过其他国家海关和内陆运输线路，还应包括这些海关的通关及保税运输手续。

如果货物在目的港交付，则结关应在港口所在地海关进行。如果在内陆地交货，则应在口岸办理保税运输手续，海关加封后方可运往内陆目的地，然后在内陆海关办理结关手续。

9. 货物交付

当货物运往目的地后，由目的地代理通知收货人提货，收货人需凭多式联运提单提货。多式联运经营人或其代理人需按照合同规定，收取收货人应付的全部费用，收回提单签发提货单，提货人凭提货单到指定堆场和地点提取货物。

如果是整箱提货，则收货人要负责至掏箱地点的运输，并在货物掏箱后将集装箱运回指定的堆场，此时，运输合同终止。

10. 货运事故处理

如果全程运输中发生了货物灭失、损害和运输延误，无论能否确定损害发生的区段，发(收)货人均可向多式联运经营人提出索赔，多式联运经营人根据提单条款及双方协议确定责任并做出赔偿。

如果能确定事故发生的区段和实际责任者，可向其进一步索赔；如果不能确定事故发生的区段，一般按在海运段发生处理；如果已对货物及责任投保，则存在要求保险公司赔偿和向保险公司进一步追索的问题；如果受损人和责任人之间不能取得一致意见，则需要通过在诉讼时效内提起诉讼和仲裁来解决。

6.2.2 国际多式联运合同

1. 定义

国际多式联运合同是指多式联运经营人凭以收取运费、负责完成或组织完成国际多式联运的合同。该合同由多式联运经营人与发货人协议订立。

2．特点

(1) 多式联运合同是双方合同，合同双方均负有义务和享有权利。

(2) 多式联运合同是有偿合同。

(3) 多式联运合同是不要式的合同。尽管可用多式联运提单证明，但提单不是运输合同，没有具体体现形式。

(4) 多式联运合同有约束第三者的性质，收货人不参加合同订立，但可直接获得合同规定的利益并自动受合同约束。

(5) 多式联运合同有时包括接受委托、提供服务等内容，这些内容由双方议定。

3．合同订立方式

1) 托运人与经营多式联运业务的经营人订立合同

在此种情况下，先是由托运人与经营多式联运业务的经营人订立承揽运输合同，联运经营人为合同的承揽运输人(多式联运承运人)一方，托运人为另一方。然后，联运经营人与各承运人签订运输协议。

2) 托运人与第一承运人订立运输合同

在此种情况下，各个承运人为合同的一方当事人，而托运人为另一方当事人。各个承运人虽均为联运合同的当事人，但只有第一承运人代表其他承运人与托运人签订运输合同，其他承运人不参与订立合同，第一承运人为联运承运人。

6.2.3 国际多式联运单据

1．定义与主要内容

多式联运单据(Combined Transport Documents，CTD)，是指证明国际多式联运合同成立及证明多式联运经营人接管货物，并负责按照多式联运合同条款支付货物的单据。

多式联运单据由承运人或其代理人签发，其作用与海运提单相似，既是货物收据也是运输契约的证明，在单据制作成指示抬头或不记名抬头时，可作为物权凭证，经背书可以转让。

2．多式联运提单的内容

(1) 货物品类；识别货物所必需的主要标志；如属危险货物，其危险特性的明确声明；包数或件数；货物的毛重或其他方式表示的数量等。所有这些事项均由发货人提供。

(2) 货物外表状况。

(3) 多式联运经营人的名称和主要营业所。

(4) 发货人名称。

(5) 如经发货人指定收货人，收货人的名称。

(6) 多式联运经营人接管货物的地点和日期。

(7) 交货地点。

(8) 如经双方明确协议，在交付地点交货的日期或期间。

(9) 表示该多式联运单据为可转让或不可转让的声明。

(10) 多式联运单据的签发地点和日期。

(11) 多式联运经营人或经其授权的人的签字。

(12) 如经双方明确协议，每种运输方式的运费；或者应由收货人支付的运费，包括用以支付的货币；或者关于运费由收货人支付的其他说明。

(13) 如在签发多式联运单据时已经确知，预期经过的路线、运输方式和转运地点。

(14) 如不违背签发多式联运单据所在国的法律，双方同意列入多式联运单据的任何其他事项。

但是以上一项或者多项内容的缺乏，不影响单据作为多式联运单据的性质。

国际多式联运提单样本如图 6.4 所示。

BILL OF LADING

NOT NEGOTIABLE UNLESS CONSIGNED "TO ORDER"

Shipper	Country of Origin	Bill of lading No.
	F/Agent Name & Ref.	Shipper's Ref
Consignee (if 'To Order' so indicate)	TMT Multi Modal Transportation Shanghai Tie Yang Multi Modal Transportation Co., Ltd	
Notify Party (No claim shall attach for failure to notify)		

Place of Receipt	Intended Port of Loading		
Intended Vessel	Intended Port of Discharge	Place of Delivery	No.of Bills of Lading

Mark's & Numbers	No. of Pkgs. or Shipping Units	Description of Goods & Pkgs.	Gross Weight	Measurement
	Total	Temperature Control Instructions		

Freight Details, Charges etc:	Excess Value Declaration: Refer to Clause 6(4) (B) + (C) on reverse side
	RECEIVED by the Carrier the Goods as specified above in apparent good order and condition unless otherwise stated, to be transported to such place as agreed, authorised or permitted herein and subject to all the terms and conditions appearing on the front and reverse of this Bill of Lading to which the Merchant agrees by accepting this Bill of Lading, any local privileges and customs notwithstanding. The particulars given above as stated by the shipper and the weight, measure,quantity, condition, contents and value of the Goods are unknown to the carrier. In WITNESS where of one (1) original Bill of Lading has been signed if not otherwise stated above, the same being accomplished to other(s), if any, to be void. If required by the Carrier one (1) original Bill of Lading must be surrendered duly endorsed in exchange for the Goods or delivery order.
JURISDICTION AND LAW CLAUSE The contract evidenced by or contained in this bill of lading is governed by the law of the People's Republic of China and any claim or dispute arising hereunder or in connection herewith shall be determined by the Courts in the People's Republic of China.	Place and date of issue ____________ Signed on behalf of the Carrier: Shanghai Tie Yang Multi Modal Transportation Co.,Ltd by ____________

图 6.4　国际多式联运提单样本

3．多式联运单据的证据效力与保留

根据《联合国国际货物多式联运公约》的规定，多式联运经营人对多式联运单据中的有关记载事项可以做出保留。该公约规定：

(1) 如果多式联运经营人或其代表知道，或有合理的根据怀疑多式联运单据所列货物的品种、主要标志、包数或件数、重量或数量等事项没有准确地表明实际接管的货物的状况，或无适当方法进行核对，则该多式联运经营人或其代表应在多式联运单据上做出保留，注明不符之处、怀疑的根据或无适当的核对方法。

(2) 如果多式联运经营人或其代表未在多式联运单据上对货物的外表状况加以批注，则应视为他已在多式联运单据上注明货物的外表状况良好。

任务 6.3 国际多式联运方案设计

海航国际货运代理公司多式联运操作部张振根据客户要求，正在为客户设计从济南运往美国芝加哥的运输路线，制作国际多式联运方案。张振根据对国际多式联运的学习与了解设计了联运方案，以下内容是张振对国际多式联运方案设计的理解。

6.3.1 国际多式联运方案设计概述

1．定义

国际多式联运方案设计是指国际多式联运企业针对客户的运输需求，运用系统理论和运输管理的原理和方法，合理地选择运输方式、运输工具与设备、运输路线以及货物包装与装卸等的过程。

2．影响因素

国际多式联运方案设计的最终目的在于满足客户的需求，因此，以下客户需求特征应该成为国际多式联运方案设计应考虑的因素。

(1) 货物特征方面，主要包括货物的种类、单件体积与毛重、外包装规格与性能、可堆码高度、货物价值、是否贵重、冷藏、危险品等特种商品。

(2) 运输与装卸搬运特征，主要包括每次发运货物数量(数量有无增减)、装运时间、发运频率、到达时间、可否拼装、装货与卸货地点是否拥挤或罢工、运输距离的长短等。

(3) 储运保管特征，主要是指货物的物理与化学性质对储运与保管的要求等。

(4) 客户其他要求，如对运输价格、运输工具、运输线路、装卸搬运设备、运输时间、运输单证等有无具体要求。

6.3.2 国际多式联运方案设计的内容与程序

国际多式联运方案设计，是多式联运经营人在分析客户需求的基础上，对包括运输方式、运输工具与设备、运输路线和自营与分包四个方面做出决策，如图 6.5 所示。国际多式联运方案设计流程如图 6.6 所示。

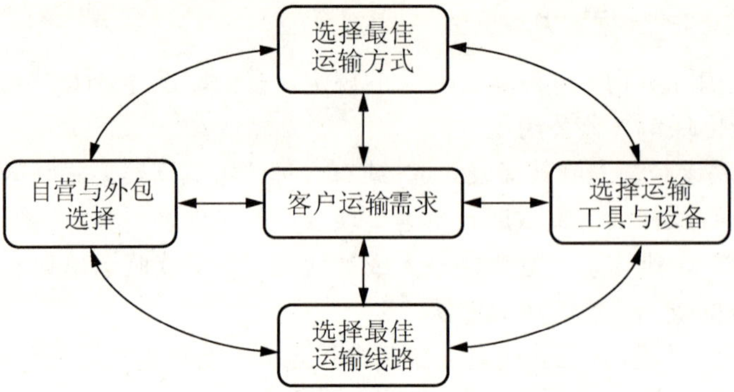

图 6.5　国际多式联运方案设计内容

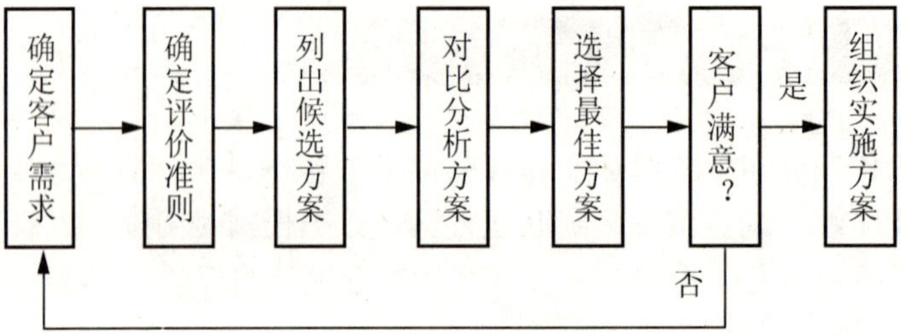

图 6.6　国际多式联运方案设计流程

1. 客户运输需求分析

客户运输需求分析是指通过与客户交流，了解客户需求，并针对客户的核心需求进行产品的差异化、个性化的设计。

对客户运输需求的分析应考虑以下内容。

(1) 时效性。由于生产和销售的需要，要求运输过程在一定的时限内完成，保证在货主要求的时限内交付。

(2) 安全性。保证整个运输过程中货物的完好无损和无差错。

(3) 方便性。货主能够方便地进行货物订舱、交运、查询运输状态和提取，同时能够按照货主指定的地点收货和交付。

(4) 经济性。对运输价格、各种服务性收费和提供增值服务的要求。

2. 运输方式的选择

铁路、公路、水运、民航、管道五种基本运输方式的优缺点及适用范围，见表 6-2。

表 6-2　运输方式的优缺点及适用范围

运输方式	优点	缺点	主要运输对象
铁路	大批量货物一次性有效运送 运费负担小； 轨道运输，事故少、安全； 铁路运输网完善，运达各地； 受外界影响小，运输准时	近距离运输费用高； 不适合紧急货物运输； 中途停留时间长； 非沿线目的地需汽车转运； 装卸次数多，破损多	长途、大量、低价、高密度商品，比如，采掘工业产品、重工业产品及原料、制造业产品及原料、农产品等

续表

运输方式	优点	缺点	主要运输对象
公路	门到门运输； 适合近距离运输，较经济； 使用灵活，满足多种需要； 输送时包装简单、经济	装载量小，不适合大量运输； 长距离运输费用高； 环境污染较严重； 燃料消耗大	短距离具有高价值的加工制造产品和日用消费品， 比如，纺织和皮革制品、润滑金属产品、通信产品、零部件、影像设备等
水运	运量大； 成本低； 适于超长超宽笨重货物运输	运输速度慢； 港口装卸费用高； 航行受天气影响大； 运输正确性、安全性差	长途的低值、高密度大宗货物，比如，矿产品、大宗散装货、化工产品、远洋集装箱等
民航	运输速度快； 安全性高	运费高； 重量和体积受限； 可达性差； 受气候条件限制	高价、易腐烂或急需的商品
管道	运量大； 运输安全可靠； 连续性强	灵活性差； 仅适用于特定货物	石油、天然气、煤浆等

选择运输方式时，主要考虑如下因素。

(1) 运输货物品种。

(2) 运输成本。

(3) 运输期限。

(4) 运输距离。

(5) 运输批量。

(6) 运输需要的伸缩性。

(7) 与其他运输方式的衔接。

(8) 提供货物所在位置信息的可能性。

3. 运输工具与设备的选择

1) 运输工具的选择

在同一运输路线上使用技术性能与经济性能不同的运输工具，将会产生不同的经济效果；同一运输工具在不同的运输路线上营运，经济效果也会不同。因此，研究各类运输工具在运输路线上的合理配置是国际多式联运方案设计的重要内容之一。

运输工具选择主要是指对运输工具的类型、吨位(载重量)、国籍、出厂日期等有关指标的选择。同时，对运输工具所具有的特征进行综合评价，做出合理选择运输工具的策略，并尽可能选择廉价运输工具。

2) 装卸设备的选择

(1) 装卸机械首先要符合现场作业的性质和物资特点、特性要求，如在有铁路专用线的车站、仓库等，可选择门式起重机；在库房内可选择桥式起重机；在使用托盘和集装箱作业的生产条件下，尽量选择叉车及跨载起重机，如图 6.7 所示。

(2) 机械作业能力(吨位)与现场作业量之间要形成最佳的配合状态。在完成同样作业效能的前提下，应选择性能好、节省能源、便于维修、利于配套、成本较低的装卸机械。

(a) 门式起重机　　　　(b) 桥式起重机

图 6.7　装卸机械

(3) 其他影响条件。影响物流现场装卸作业的最基本因素是吞吐量，还要考虑堆码、卸垛作业量、装卸作业的高峰量等因素的影响。

3) 集装箱的选择

选取集装箱规格时，应根据货物的状况及航线上所经港口的条件和运输路线等决定。首先，要考虑是否能装下货物；其次，考虑在经济上是否合理，与货物要求的运输条件是否相符。

将选择标准具体化后，还要符合以下几个基本条件。

(1) 符合 ISO 标准。

(2) 具有合格检验证书。

(3) 箱子各焊接部位牢固。

(4) 四柱、六面、八角完好无损。

(5) 箱子内部清洁、干燥、无尘、无味。

(6) 不漏光、漏水。

4) 运输包装的设计

运输包装的作用在于防止货物在物流渠道中的损伤，提高货物在配送过程中的操作效率，传递货物信息。运输包装的方式和造型多种多样，用料和质地各不相同，包装程度和防护效果也有差异。

在设计运输包装时要考虑运输方式的适用性和方便性，以及何时、何地将运输包装转换为销售包装，以达到货物运输既安全又快捷。

4．运输路线的选择

对运输路线的选择，要结合运输线路的类型，充分考虑运输费用与时间，在此基础上确定最佳运输路线。

1) 国际多式联运线路

(1) 往复式运输线路。往复式运输线路是指车辆在两个装卸作业点之间的线路上，做一次或多次重复运行的运输线路，分为单程有载往复式、回程部分有载往复式、双程有载往复式三种。在实际运输组织过程中，因单程有载往复式运输线路里程利用率低，尽量避免使用。

(2) 环形式运输线路。环形式运输线路是指车辆在若干装卸作业点组成的封闭回路上，做连续单项运行的运输线路。选择该线路时，遵循里程利用率最高原则。

(3) 汇集式运输线路。汇集式运输线路是指车辆沿分布于运行线路上各装卸作业点，依次完成相应的装卸作业，且每次货物装卸量均小于该车额定载重，直到整车装满后返回出发点的行驶路线。

2) 选择运输路线注意事项

(1) 运输线路选择与运输方式选择的协同。不同的运输线路所适用的运输方式不同，连接两点之间的飞行线路与船舶航行的线路显然不同。在选择运输线路时，应考虑该线路运输方式的成本、速度和时间等因素。

(2) 注重装卸地点的选择。进出口货物的装卸地点，应尽量选择自然条件好、装卸设备好、费用低的装卸地点。出口货物的装货地，还应考虑进出口货物产地或供货地点，以减少国内运输里程，节约运力。进口货物的卸货地，应根据货物流向和大宗货物用货地综合考虑。

(3) 注重不同装货量的拼装。货运代理应充分利用自身优势，对货量进行科学调配，以实现运输工具满载率的最大化和运输成本的最小化。

【学习测评】

一、单选题

1. 国际多式联运是指(　　)。

A. 两种或两种以上运输方式的连贯运输

B. 货物损失由相关运输区段的承运人负责

C. 使用多种运输单据

D. 仅适用于海铁联运

2. (　　)无船国际多式联运经营人不拥有船舶，但拥有汽车、火车或(和)飞机等运输工具，与货主订立合同后，与不经营的区段通过订立分合同完成运输。

A. 承运人型　　B. 场站型　　C. 代理人型　　D. 综合型

3. (　　)是国际多式联运使用最普遍的赔偿责任形式。

A. 责任分担制　　B. 网状责任制　　C. 统一责任制　　D. 修正统一责任制

4. 使用两种运输方式，将卸至美国西海岸港口的货物通过铁路运抵美国内陆公共点的运输方式是(　　)。

A. 微桥运输　　B. OCP 运输　　C. 大陆桥运输　　D. IPI 运输

5. 国际多式联运经营人对货物的责任期间是(　　)。

A. 装上运输工具开始，到卸下运输工具时终止

B. 装上运输工具开始，到交付货物时终止

C. 接收货物开始，到交付货物时终止

D. 发货人仓库开始，收货人仓库终止

二、多选题

1. 国际多式联运是(　　)的组合。

A. 多种运输方式　　B. 两种运输方式

C. 海海运输方式　　D. 海铁运输方式

2. 国际多式联运的优点有(　　)。

A. 无货损　　B. 降低运输成本，节约运杂费用

C. 安全迅速　　D. 手续简便，提早结汇

3. 关于海运提单、航空运单、铁路运单、多式联运单据的表述正确的是(　　)。

A. 都是运输合同的证明　　B. 都是物权凭证

C. 都是收货凭证　　D. 都可以流通转让

4. 美国地区运输条款有(　　)。

A. OCP　　B. IPI　　C. MLB　　D. DDP

5. 国际海空联运线主要有(　　)。

A. 远东—欧洲　　B. 远东—非洲　　C. 远东—中近东　　D. 远东—中南美

三、案例分析

发货人将 500 包书委托给伦敦一经营多式联运业务的货运代理，货物自伦敦运抵曼谷。该批货物装入集装箱，且由货运代理自行装箱，然后委托某船公司承运。承运人接管货物后签发了清洁提单。货物运抵目的港曼谷，铅封完好，但箱内 100 包书不见了。发货人向货运代理起诉，诉其短交货物。

请分析货物损失应该由哪方负责并说明原因。

【技能训练】

一、设计多式联运方案

1．实训内容

根据客户要求，制作多式联运方案。

2．实训目标

掌握国际多式联运方案设计的方法，能选择合适的运输路线与运输方式。

3．业务背景

中力贸易有限公司现有一批大型机械设备需要从德国汉堡运往内蒙古达尔汗，货物起运地为德国汉堡，交货地为内蒙古达尔汗，现委托海航国际货运代理有限公司组织多式联运。请为中力贸易有限公司设计多式联运方案，确定运输方式与运输路线。

4．实训角色

角色 1：海航国际货运代理公司多式联运业务员。

角色 2：中力贸易有限公司工作人员。

5．实训安排与分组

(1) 教师说明本次实训的目的、主要内容、实施方法。

(2) 将学生分组，每组 3 人，每组推选 1 名项目经理，负责组内分工、任务完成质量监督及资料准备。

6. 实训步骤

(1) 在世界地图上找到德国汉堡、内蒙古达尔汗。
(2) 设计从德国汉堡至内蒙古达尔汗的线路。
(3) 确定运输方式。
(4) 制作多式联运方案。

7. 实训成果

实训成果为包含运输路线、运输方式等内容的多式联运方案，小组设计完成后，先进行组际评价，然后由教师评价。

二、组织货物出运

1. 实训内容

根据多式联运方案，组织货物出运。

2. 实训目标

掌握国际多式联运的出运操作流程。

3. 实训角色

角色 1：海航国际货运代理公司多式联运业务员。
角色 2：各段运输承运人。

4. 实训安排与分组

(1) 教师说明本次实训的目的、主要内容、实施方法。
(2) 将学生分组，每组 3 人，每组推选 1 名项目经理，负责组内分工、任务完成质量监督及资料准备。

5. 实训步骤

(1) 根据学习的国际货运代理操作流程设计货物从德国汉堡到内蒙古达尔汗的出运操作流程。
(2) 分析确定关键操作环节。
(3) 组织出运。

6. 实训成果

国际货运代理操作流程设计书。

项目 7

国际货运代理客服岗位认知

【学习导航】

【知识目标】

(1) 了解国际货运代理客服的重要性；
(2) 掌握国际货运代理服务的含义；
(3) 掌握国际货运代理服务基本礼仪；
(4) 掌握国际货运代理服务质量的主要内容；
(5) 掌握提高国际货运代理服务质量的途径。

【能力目标】

(1) 能运用国际货运代理基本礼仪与客户交流，为客户提供相关业务信息；
(2) 能正确处理客户投诉；
(3) 能有效维护和管理客户关系。

【学习情境】

海航国际货代公司客服部王欣如负责整理客户档案信息，对客户进行分类管理，回答客户关于订舱确认、货物运输信息咨询、货物损失投诉等问题。最近，远华进出口有限公司就货物没有按期出运等问题要求海航国际货代公司做出解释并给予赔偿。客服部王欣如与远华进出口有限公司进一步联系，洽谈相关事宜，最后问题得到顺利解决。

讨论：(1) 客服部的主要工作内容是什么？岗位工作要求有哪些？

(2) 如果你是客服部王欣如，你该如何解决远华进出口有限公司的索赔要求？

【学习任务】

任务 7.1 认知国际货运代理客服

随着国际货运代理企业客户群的日益增多，只依靠揽货员应对客户远远不够，容易造成客户的流失。由于客户层次良莠不齐，为了更好地服务客户、稳定客户和筛选客户，许多国际货运代理企业专门设立客服部，由专门的客服人员管理客户，提升客户服务质量。

7.1.1 国际货代客服的定义与重要性

1．定义

国际货运代理客服，即国际货运代理客户服务，是指为满足客户需求和管理客户群所提供的各种服务，具体包括：回答客户咨询、管理客户关系、处理客户投诉、调查客户需求、国际货代服务质量管理等。一般分为两种，见表 7-1。

表 7-1 国际货运代理客服售前与售后服务

售前服务	售后服务
提供客户产品的信息； 告知客户国际货代费用计算方式； 告知客户国际货代服务项目	对产品提供的后续服务，如处理事故、货物赔偿、查验货物、处理客户投诉等

2．国际货代客服的重要性

国际货运代理客服是国际货运代理企业的增值服务部分。由国际货代客服体现出来的服务质量意识是国际货运代理企业的核心价值。

国际货运代理客服是维护企业良好关系的关键职能，是以客户为尊的具体体现。可以建立与客户之间长期互利关系，合作创造价值，提高客户的竞争力，增加客户的信任度和忠诚度。

国际货运代理客服提供的客户调研，研究市场需求与发展，从时间、价格、运力、路线、环节的组合等去发现增强实力的途径，紧跟市场，寻求创新的方法，为客户创造价值。

7.1.2 国际货代客服基本职业礼仪

国际货运代理基本职业礼仪是对客户尊重的具体体现，时时注意礼仪不仅有利于融洽双方气氛，也容易赢得对方的信任。国际货运代理客服基本礼仪如下。

1. 见面礼仪

见面礼仪是日常社交礼仪中最常用、最基础的礼仪，人与人之间的交往都要用到见面礼仪，特别是从事服务行业的人，掌握一些见面礼仪，能给客户留下良好的第一印象，为以后顺利开展工作打下基础。

1) 握手

通常年长(尊)者先伸手后，另一方及时呼应。来访时、主人先伸手以表示欢迎。告辞时，待客人先伸手后，主人再相握。握手的力度以不握疼对方的手为限度。初次见面时，握手时间一般控制在 3s 内，如图 7.1 所示。

图 7.1 握手礼仪

2) 介绍

介绍时应把身份、地位较为低的一方介绍给相对而言身份、地位较为尊贵的一方。介绍时陈述的时间宜短不宜长，内容宜简不宜繁，同时避免给任何一方厚此薄彼的感觉。

3) 致意

致意表示问候之意。通常在各种场合用举手、点头、欠身、脱帽等方式向相识的人打招呼。

4) 注意观察

业务洽谈中，客户的心理活动往往会通过某种形式的表情和行为表现出来，特别是一些细微的动作往往会流露真实的想法。通过观察，学会与性格阴郁、外表冰冷、盛气凌人等各种类型的客户交流。

5) 注重形象

(1) 着装。国际货运代理客服着装标准见表 7-2。

表 7-2 国际货运代理客服着装标准

男职员着装标准	女职员着装标准
着西装、衬衫，系领带，穿皮鞋。 西装单排扣，只系第一颗纽扣；三颗纽扣只系中间或上面两颗；双排则全扣上。 穿西装不要挽袖子。 衬衫领口、袖口干净无污渍。 领带要选条文、方格、点状或不规则图形的。 西裤口袋不要放东西，西裤笔直有弹性。 皮鞋要光亮，着黑色或深色袜子	正规的裙装或裤装。 穿着大方得体。 袖口不宜过长并保持清洁。 裙子长短适宜，不宜穿短于膝盖 3 寸以上的裙子，要穿丝袜。 着装不宜太露、太透、过分花哨。 旗袍开叉不宜太高

(2) 发式。男职员短发，头发要保持干净、整齐，切忌头发凌乱、发型怪异；女职员发型要文雅、庄重、整齐，长发用发夹束起。

(3) 其他。指甲不宜过长，要保持清洁；尽量少吃刺激性易生气味的食物，保持口腔卫生；女职员若涂指甲油要用无色透明的，脸部可化淡妆；男职员胡须要剃干净。

6) 注重仪态

(1) 表情。微笑是全世界唯一没有沟通障碍的语言。笑脸迎客是每位国际货运代理从业人员的基本要求。

(2) 眼神。微笑及交谈中要保持与对方平视，要有胆量正视和接受对方的目光，视线高于对方会让人感到被轻视，视线低于对方会让人存有戒心。

(3) 形体。站有站姿，坐有坐姿。国际货代从业人员在与客户的交流中也要注意各种形体语言。站姿如图 7.2 所示；坐姿如图 7.3 所示。

图 7.2　站姿

图 7.3　坐姿

2. 电话礼仪

1) 接听和拨打电话的基本原则

(1) 服务时，必须使用标准语言，声调平和，保持亲切。

(2) 解答问题时，语言简明易懂，口齿清晰。

(3) 尊称对方为先生、女士。

2) 接听和拨打电话的注意事项

(1) 不用质问、不耐烦和使人反感的服务忌语。

(2) 记录的信息一定要全面准确，接收正确的信息是提高企业效率的保证。

(3) 听不清的内容务必请对方再说一遍，数字、地址等要重新核对一遍。

3) 对话常用语

国际货运代理客服人员在接听电话、转接电话和记录电话时常用的语言见表 7-3。

表 7-3　国际货运代理客服对话常用语

场　景	常 用 语
接听电话	您好，海航国际货运代理有限公司王欣如为您服务，请问您办理什么业务？您找哪一位？ 请问有什么事可以帮您？ 谢谢您提出的意见。 不客气，很高兴为您服务

续表

场　景	常 用 语
转接电话	请您稍等。 请稍等，我帮您转接操作部
记录电话	对不起，张经理现在不在，请您留下姓名、电话，我们会请他与您联络。 请稍等，我记录下来。我们会将处理情况尽快通知您

3. 函电礼仪

收到客户的邮件，要合理安排复函，特别要注意行文格式和落款签名的权限。

任务 7.2　国际货代客户咨询

国际货运代理行业常见咨询问题是价格、航线、运输方式、交货时间、在途情况及其仓储、报关、报检、拖车服务等情况。特别应注意的是大票货物、客户自提货物、外发货物、中转货物及甩柜拉货的更改情况的查询。

国际货运代理企业可以把常见的问题及答案归纳放在网上供客户随时查看，以减少客服人员的工作量，而特殊的问题则通过电话和网上在线和离线答疑。

7.2.1　货载情况的查询

查询货物的步骤与注意事项如下。

(1) 接听客户来电时，首先根据客户所提供的信息在电脑查询系统中查找，客户所提供的信息包括托运单号、目的地、收货人、托运人、件数、重量、发货日期等。根据以上两条或两条以上信息进行查询，即可在系统中查询到此票货物。

(2) 根据不同的走货方式进行电话查询，如外发可向外发点查询，大票可查询起运港，确认所查货物是否正常出港。

(3) 如正常出港，对方仍未收到货，可以向目的港查询或向送货人查询货物是否正常进港。

(4) 如果目的港确实少货，而起运港也确实装货，在这种情况下，查询目的港是否传不正常(少货)报告至起运港，然后在双方场站及码头查找。如确实找不到货物，则让客户或送货人向目的港索要正规的事故签证。

(5) 在确认货物丢失后，可将事故签证及相关材料递交办公室，进行客户索赔事项的交接。向办公室提交的材料有：丢货或破损的情况说明书、相应的单号、提货清单、事故签证等。

7.2.2　货载在途状况咨询

货物追踪是电子通信技术在国际货运代理业的应用，是国际货运代理业中的信息流管理。许多承运人的物流数据交给国际货运代理企业或码头公司，由其客服职员录入承运人的网站。一方面极大地提高了货物流通的速度；另一方面客户随时可以看到自己的货物操作的情况。客户登录码头系统后可以非常方便地查看货物、单证、集装箱场位等各个环节、各种数据。

收集物流数据的步骤如下。

(1) 要认真、真实地填写各类跟踪表格，包括货物跟踪表、甩柜拉货登记本、中转货物跟踪表、网络信息反馈表等。

(2) 依船期表、航班时刻表跟踪货物是否正常出港，如甩柜拉货要及时通知客户并进行登记。

(3) 货物到达时可联络目的地或网络送货人查询货物是否正常到达。

任务 7.3 国际货代客户管理

客户资源对国际货运代理企业是至关重要的，客户关系管理是防止客户流失和增加客户忠诚度的有效方式。客户关系管理是国际货运代理企业整合所有的接触点，例如客户、员工、供货商等，并整合各种技术来加强销售、客户服务、企业资源规划等，以获得、保持、增加客户，并增加收入和利润的重要手段。

1. 客户分类

1) 狭义的客户

狭义的客户是指国际货运代理企业的委托人，也是国际货运代理企业利润的源泉。狭义的客户分类见表 7-4。

表 7-4 狭义的客户分类

标 准	客户类别
按时间顺序	老客户、新客户、潜在客户
按性质	直接客户(贸易公司)、间接客户(同行)
按航线	美加线、东南亚线、欧洲线、日本线等
按信用等级	A 级、B 级、C 级

2) 广义的客户

广义的客户是指国际货运代理业务的所有关系人。这些关系人包含承运人、仓库、堆场、货运站、码头、港口代理、机场、车站、保险公司、报关行、快递公司、拖车行、控箱公司、熏蒸公司、银行等相关企业；海关、出入境检验检疫局、税务局、外汇管理局、港务局等政府部门。

2. 客户关系管理的内容

1) 基础资料

客户的基本资料：包含客户单位名称、地址、电话、经办人、规模、所有制形式、经营特点等，以上信息主要通过揽货员获得。

关键人物的资料：姓名、联系方式、年龄、爱好、禁忌、学历、妻子、子女等。其中，关键人物主要指公司的总经理、储运部经理、财务部经理等。

2) 业务资料

业务资料包含资信额度、结算方式、汇率设置、投诉管理、历史报价、欠收欠付、历史实收实付、毛利、发票、对账单、余额表等，以及托运人对应的收货人、通知人、供应商及装货地点。

3) 统计分析

客户关系管理最重要的内容是统计分析客户的基础资料和业务资料。统计分析包括以下内容。

(1) 统计某客户对本公司每季度或每年度各航线业务量的贡献排名，对本公司每季度或每年利润贡献排名。

(2) 该客户同本公司的合作现状及存在问题。

(3) 该客户同本公司竞争对手的合作现状及存在问题。

(4) 该客户产品销售趋势和未来发展动态。

(5) 该客户的信用评估。

根据统计分析，客服人员可以定期制作公司服务质量分析报告，提供个性化服务信息。国际货代公司一般对客户采用分级管理，使信息的利用更有效。

客户跟踪、客户回访也是客户关系管理的重要工作，这些行为记录的存档工作包含联系人信息、预约记录、拜访记录、事情处理结果等。

3. 客户服务质量管理

1) 优质客户服务标准

(1) 对货主表示热情、尊重和关注。

(2) 帮助货主解决问题。

(3) 迅速响应客户的需求。

(4) 始终以客户为中心。

(5) 设身处地地为货主着想。

(6) 提供个性化的服务。

(7) 持续提供优质的服务。

2) 提高服务质量的途径和方法

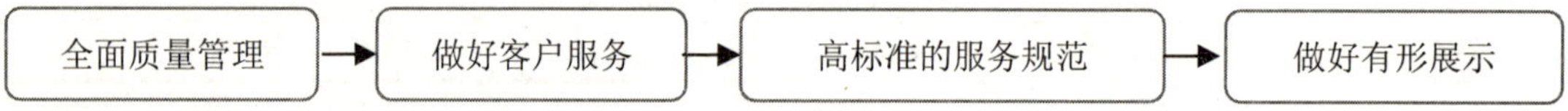

(1) 全面质量管理。国际货运代理企业服务质量高低，取决于国际货代服务全过程的各个环节、各个部门及所有员工的工作质量。因此，除了满足客户服务质量要求外，还必须形成“人人关心服务质量，人人为客户提供优质服务”的企业文化氛围。

(2) 做好客户服务。国际货代客服又被称为内部揽货，是内部营销的重要组成部分。企业营销分为外部营销与内部营销。外部营销是指公司为客户准备的服务、定价、分销和促销等常规工作。内部营销是指国际货运代理企业必须有效地培训和激励直接与客户接触的职员和所有辅助服务人员，使其通力合作，为客户提供满意的服务。

(3) 高标准的服务规范。为了最大限度地提高客户的感受价值，使客户满意，企业必须提出高标准的服务规范。现在服务业的竞争是服务质量的竞争，鉴别一家公司的好坏就在于它是仅提供最基本的服务，还是提供优质和规范的服务。现代服务业的目标是零投诉、零错误、零意外。

(4) 做好有形展示工作。由于国际货运代理服务产品的无形性及生产过程和消费过程的不可分离性特点，决定了客户无法在购买之前感受到服务或进行具体的审视。所以企业应对无形服务产品进行有形展示，使客户对企业形成良好的初步印象，提高使用后的满意度；同时，也达到促使员工提供优质服务的目的。

【学习测评】

一、单选题

1. 国际货运代理客服售前服务包含(　　)。
   A. 检查货物　B. 处理运输事故　C. 告知服务费用　D. 货赔
2. 以下(　　)是国际货运代理公司狭义的客户。
   A. 承运人　B. 发货人　C. 场站　D. 海关
3. 国际货运代理客户的基础资料指(　　)。
   A. 客户单位的名称与地址　B. 客户的资信额度
   C. 客户投诉管理　D. 对客户的历史报价
4. 优质客户服务标准不包含(　　)。
   A. 帮助货主解决问题　B. 迅速响应客户的需求
   C. 始终以公司为中心　D. 持续提供优质的服务
5. 国际货运代理客服人员在处理客户投诉时应该(　　)。
   A. 打断客户　B. 盛气凌人
   C. 拒绝处理无理投诉　D. 避免推诿责任

二、多选题

1. 国际货运代理客服基本礼仪包含(　　)。
   A. 见面礼仪　B. 电话礼仪　C. 函电礼仪　D. 迎送礼仪
2. 客户管理的内容包含(　　)。
   A. 基础资料　B. 业务资料　C. 统计分析　D. 客户机密
3. 国际货运代理客户按性质分为(　　)。
   A. A 级客户　B. B 级客户　C. 直接客户　D. 间接客户
4. 国际货运代理行业常见的咨询问题是(　　)。
   A. 价格　B. 航线　C. 运输方式　D. 交货时间
5. 提高国际货代服务质量的途径和方法有(　　)。
   A. 全面质量管理　B. 做好客户服务工作
   C. 制定高标准的服务规范　D. 做好有形展示工作

三、案例分析

海航国际货运代理公司客服人员接到远景进出口有限公司来电，抱怨委托海航国际货运代理公司出运的货物没有装到预订舱位的船上，而是装在了另外一艘船上。远景进出口有限公司认为货运代理公司没有妥善安排货运事宜，要求海航国际货运代理公司合理解决该问题。

客服人员回答：

回答一：“这是船公司的事，我也没办法。”

回答二：“你说我干什么？又不是我换的船，也不是我们公司的责任。”

请分析海航国际货运代理公司客服人员的回答是否妥当并分析原因。如果你是海航国际货运代理客服人员，你该如何回答？

【技能训练】

国际货运代理客服技能训练

1．实训内容

(1) 国际货运代理客服基本礼仪训练。
(2) 回复客户咨询训练。
(3) 处理客户投诉训练。

2．实训目标

通过让学生模拟国际货运代理客服人员的基本礼仪、处理客服问题等训练，达到以下目的：
(1) 能够掌握和应用国际货运代理客服基本礼仪；
(2) 能够以小组为单位完成处理客户提出的问题及投诉。

3．业务背景

海航国际货运代理公司客服部正在忙碌不已，有的忙于整理客户资料，有的正在回答客户提出的问题，有的正在帮助客户查询货物在途情况，有的正在处理客户投诉……通过高标准高质量的服务，客户得到了满意的答复，对投诉处理结果也非常满意，打算今后继续在海航国际货运代理公司办理货运业务。

4．实训角色

角色 1：海航国际货运代理公司客服人员。
角色 2：进出口公司工作人员。

5．实训安排与分组

(1) 教师说明本次实训的目的、主要内容、实施方法。
(2) 将学生分组，每组 4～5 人，每组推选 1 名项目经理，负责组内分工、任务完成质量监督及资料准备。

6．实训步骤

(1) 海航国际货运代理公司客服人员整理客户资料。
(2) 海航国际货运代理公司客服人员答复客户提出的问题。
(3) 海航国际货运代理公司客服人员处理客户投诉。

7．实训成果

实训成果包含整理后的客户资料、客户提出的问题的记录、客户投诉问题的记录与处理办法，形成实训报告。教师根据客户资料整理的条理程度、客户问题记录的全面程度、处理客户投诉的合理程度确定每组的实训成绩。

附　　录

附录 1　常用货代和报关词汇

附录 2　世界知名船公司及航线分布

附录 3　世界主要港口

附录 4　世界主要航空公司及代码

附录1　常用货代和报关词汇

SHIPPER	发货人
CONSIGNEE	收货人
NOTIFY PARTY	通知人

一、船代

Shipping Agent	船舶代理
Booking Agent	订舱代理
FFF: Freight Forwarding Fee	货代佣金
Handling Agent	操作代理
Cargo Canvassing	揽货
Brokerage / Commission	佣金

二、订舱

Booking	订舱
Booking Note	订舱单
Booking Number	订舱号
Dock Receipt	场站收据
M/F: Manifest	舱单
Cable/Telex Release	电放
A Circular Letter	通告信/通知书
PIC: Person in Charge	具体负责操作人员
The Said Party	所涉及的一方
On Board B/L	已装船提单
Cancellation	退关箱

三、港口

BP: Base Port	基本港
Prompt Release	即时放行
Transit Time	航程时间 / 中转时间
Cargo Availability at Destination	货物运抵目的地
Second Carrier	(第)二程船
In Transit	中转
Transportation Hub	中转港

四、拖车

Tractor	牵引车/拖头
Low-bed	低平板车
Trailer	拖车
Transporter	拖车
Trucking Company	车队(汽车运输公司)
Axle load	轴负荷
Tire-load	轮胎负荷
Toll Gate	收费口

五、保税

Bonded Area	保税区
Bonded Goods (Goods in Bond)	保税货物
Bonded Warehouse	保税库
Caged stored at Bonded Warehouse	进入海关监管
Fork Lift	叉车
Loading Platform	装卸平台

六、船期

A Friday (Tuesday / Thursday) Sailing	周五(周二/周四)班
A Fortnight Sailing	双周班
A Bi-weekly Sailing	双班
A Monthly Sailing	每月班
On-schedule Arrival / Departure	准班抵离
ETA: Estimated (Expected) Time of Arrival	预计到达时间
ETB: Estimated (Expected) Time of Berthing	预计靠泊时间
ETD: Estimated (Expected) Time of Departure	预计离泊时间
The sailing schedule/vessels are subject to change without prior notice.	船期/船舶如有变更将不作事先通知。
Closing Date	截止申报时间
Cut-off time	截关日

七、费用

O/F: Ocean Freight	海运费
Sea Freight	海运费
Freight Rate	海运价
Charge / Fee	(收)费
Dead Freight	空舱费
Dead Space	亏舱

Surcharge / Additional Charge	附加费
Toll	桥/境费
Market Price Level	市场价水平
Special Rate	特价
Rock Bottom Price	底价
Best Obtainable Price	市场最好价
PP: Freight Prepaid	预付运费
CC: Freight to Collect	到付运费
Freight Payable At Destination	到付运费
Back Freight	退货运费
Fixed Price	固定价格
Comm.: Commission	佣金
Rebate	回扣/折扣
Drayage Charge	拖运费
GRI: General Rate Increase	运价上调
SGRI: Second General Rate Increase	第二次运价上调
GRD: General Rate Decrease	运价下调
TGRD: Temporary General Rate Decrease	临时运价下调
PSS: Peak Season Surcharge	旺季附加费
THC: Terminal Handling Charge	码头操作附加费
ORC: Origin Receiving Charge	始发接单费
CUC: Chassis Usage Charge	拖车运费
IAC: Inter-modal Administrative Charge (U.S. Inland Surcharge)	内陆运输附加费
DDC: Destination Delivery Charge	目的地卸货费
OAC: Origin Accessory Charge	始发港杂费
MAF: Manifest Amendment Fee	舱单改单费
AMS: America Manifest System	美国舱单系统，输舱单费
BAF: Bunker Adjustment Factor	燃油附加费
FAF: Fuel Adjustment Factor	燃油附加费
CAF: Currency Adjustment Factor	货币调节附加费
YAS: Yen Adjustment Factor	货币调节附加费
WRS: War Risk	战争附加费
Transshipment Surcharge	转船附加费
Direct Surcharge	直航附加费
Heavy Lift Additional	超重附加费
Long Length Additional	超长附加费
Surcharge of Bulky Cargo	超大附加费
Port Additional	港口附加费

八、货物相关

For Prompt Shipment	立即出运
Cargo Supplier	供货方
Upcoming Shipment	下一载货
Same Assignment	同一批货
Nomination Cargo	指定(指派)货
Indicated / Nominated Cargo	指装货
Shipments under B/L No.…	×××提单货
Cargo Volume	货量
Freight Volume	货量
Reefer Cargo	冷冻货
High-value Cargo (goods)	高价货
Miss Description	虚报货名
Agreement Rate	协议运价
D & H: Dangerous and Hazardous	危险品

九、单证

S/O: Shipping Order	托(运)单
B/L: Bill of Lading	提单
B/L Copy	提单副本
OBL: Ocean Bill of Lading	海运提单
HBL: House Bill of Lading	无船承运人提单
TBL: Through Bill of Lading	全程提单
Advanced BL: Advanced Bill of Lading	预借提单
Anti-dated BL: Anti-dated Bill of Lading	倒签提单
Blank BL: Blank Bill of Lading	空白提单
To Order B/L	指示提单
Combined Bill	并单(提单)
Separate Bill	拆单(提单)
Straight B/L	记名提单
On Board B/L	海运提单
Shipped B/L	已出运的货物提单
Received for Shipment B/L	备运提单
Transshipment B/L	转船提单
Through B/L	联运提单
Shipper (Consignee) Box	发(收)货人栏(格)
Arrival Notice	到货通知书
M/F	舱单
Batch Filing	批量报备

Manifest Discrepancy	舱单数据不符
Acknowledgement of Manifest Receipt	收到舱单回执
Packing List	装箱单
Cargo Receipt	承运货物收据
D/O: Delivery Order	交货单(小提单)
Shipper's Export Declaration	货主出口申报单
Shipping Advice	装运通知(舱单 NVOCC 用)
Manifest Information	舱单信息
FCN: Freight Correction Notice	舱单更改单(通知)

十、检验相关术语

Customs Inspection	海关查验
Commodity Inspection	商品检验
Tally	理货
Tally Report	理货报告
Check	查验/检查/核对
Fumigation	熏蒸
Animal / Plant Inspection	动植物检验
INSP: Inspection / Inspector	检验/检验员
CO: Certificate of Origin	原产地证书
Arbitration	仲裁
ACH: Automated Clearing House (part of ACS)	自动清关
CSS: Cargo Selectivity System	货物抽验
CHB: Customs House Broker	报关行
SED: (EX-DEC) Shipper's Export Declaration	货主出口报关单
Quotas	进口配额
DDP: Delivery Duty Paid	完税后交货
DDU: Delivery Duty Unpaid	未完税交货
Drawback	退税金额
Customs Fine	海关罚款
Customs Seals	海关关封
Application for Inspection	检验申请
To Expedite the Clearance	加快清关
Pilferage	盗窃/偷窃
To be Liable for a Penalty of	受到……处罚

十一、箱子

COC: Carrier's Own Container (CARRIER OWNED CTN)	船东自有箱
SOC: Shipper's Own Container	货主箱
Container Cleaning	洗箱

VEN: Ventilated	通风
FRZ: Frozen	冰冻
HTD: Heated	加热
I.D.: Inside Dimension	箱内尺码
Inside Measurement	箱内尺码
TW: Tare Weight	箱子皮重
Container Leasing Co.	租箱公司
Equipment Exchange (Interchange) Receipt	设备交接单
Repositioning	集装箱回空
Container Leasing	集装箱租赁
Leasing Company	租箱公司
Demurrage	重箱滞箱费

附录 2　世界知名船公司及航线分布

船公司	简　介	航线分布	公司 logo
马士基航运 MSK	全称 A.P.穆勒-马士基，全球五百强，集团总部设在丹麦首都哥本哈根，全球航线覆盖面广泛。船期准确，到港时间准确到小时	较为优势的航线：北欧、英国、地中海、北美(东岸、西岸)	
法国达飞航运 CMA CGM	1978 年 Jacques R. Saade 创建法国达飞轮船公司(CMA)，首次开创南欧至黎巴嫩、叙利亚的班轮航线	优势航线：欧洲基本港、欧洲内陆点、地中海、非洲(北非、西非、南非)	
地中海航运 MSC	地中海航运公司总部位于瑞士日内瓦，于 1970 年建立，2007 年成为按照集装箱运力和集装箱船数量排序的世界第二大航运公司，业务网络遍布世界各地	航线分布：欧洲、地中海、黑海、非洲、中东航线为主	
长荣集团 EMC/EVG	长荣海运服务网络遍布全球 80 多个国家，服务点多达 240 余处，所经营的远、近洋全货柜定期航线涵盖全球五大区块	航线：北美航线、加勒比海地区、地中海；中南美、南美东；中国台湾、克罗地亚；欧洲一些内陆点比较全	
韩进海运 HJS	韩进海运成立于 1977 年，成立时名为韩进集装箱班轮有限公司(HJCL)。1988 年，与大韩商船合并后，正式更名为韩进海运有限公司。目前韩进海运已成为全球第七大集装箱班轮运输公司	航线分布：西北欧、地中海、拉斯配几亚直挂、美线(最佳优势航线)	
大阪商船三井 MOL/MOSK	MOL 公司在中国有 130 年的船运经验，全称为：MOL(日本大阪商船三井船务株式会社)船公司。一般称大阪三井时，简称为 MOSK	覆盖航线：中东、澳洲、北美、南美、非洲	
太平船务 PIL	太平船务有限公司(PIL)由张允中先生于 1967 公司成立初期首次在新加坡成立。从 1983 年才开始接集装箱运输。那时中国的港口还未正式对外开放，但太平船务已有定期的客轮及货轮挂靠中国各港口，从中国运输货物至东南亚、中东及东非等港口	航线分布，主要提供中国各大港口达到东非、西非、红海、欧洲、红海以及南美地区的海洋运输	

续表

船公司	简　介	航线分布	公司 logo
美国总统轮船 APL	美国总统轮船原来是一家有 150 年历史的美国船公司，后来在 1997 年被 NOL(东方海皇)吞并，但还是用 APL 的牌子	航线分布：中东、澳洲、北美、南美、美线(最强)	APL
东方海外 OOCL	东方海外货柜航运有限公司是世界最具规模的综合国际货柜运输、物流及码头公司之一，其子公司东方海外物流(OOCL Logistics)，原名“伟达联运”	航线分布：日本、东南亚、北美、中东。近洋线比较强	OOCL We take it personally
中海集装箱运输股份有限公司 CSCL	中国海运(集团)总公司(简称“中国海运”)成立于 1997 年 7 月 1 日，总部设在上海。中国海运是中央直接领导和管理的重要国有骨干企业之一，是以航运为主业的跨国经营、跨行业、跨地区、跨所有制的特大型综合性企业集团	航线分布：航线服务范围覆盖整个中国沿海、亚洲、欧洲、美洲、非洲、波斯湾等全球各主要贸易区域。主要有欧洲线、地中海线、美洲线、大西洋航线、非洲线、环球航线、澳洲线、中东线、远东—中东—美西航线	CSCL
中远集团 COSCO	中国远洋运输(集团)总公司的前身，是成立于 1961 年 4 月 27 日的中国远洋运输公司。1993 年 2 月 16 日组建以中国远洋运输(集团)总公司为核心企业的中国远洋运输集团	航线分布：日本、澳新，北美、地西、西非、红海、亚得里亚海	COSCO
现代商船 HMM	自 1976 年成立以来，现代商船为了成为世界一流海运公司和物流企业付出了不懈的努力。如今，现代商船已发展成为美洲航线 5 大海运公司之一。同时，拥有不同运力船舶的现代商船凭借其覆盖美洲、欧洲、亚洲以及大西洋航线的海运服务，已跻身全球十大海运公司的行列	航线分布：西北欧、东南亚、中东、印巴线、澳大利亚线	HMM
日本邮船 NYK	日本邮船公司(Nippon Yusen Kaisha Line Ltd.)1885 年成立，现为世界顶尖船公司之一。NYK 的宗旨是最大限度地利用信息技术为客户提供物流运输服务。如今已经跨洋越海，成为世界海运业重要的服务提供商之一	航线分布：中国/日本到美西、中国一美东、中国一地中海、中国一欧洲，中国一中南美和加勒比海、中国到非洲、中国到澳洲等航线服务	NYK LINE NIPPON YUSEN KAISHA

续表

船公司	简　介	航线分布	公司 logo
赫伯罗特 HLG	赫伯罗特拥有超过 150 艘现代船舶，近 500 万个集装箱(20 英尺标准货柜单位)，提供将近 100 条航线，拥有近 73 万标准箱位，总容量约 110 万个标准货柜的集装箱船队，是世界上最大和最现代化的冷藏集装箱航运企业之一	航线分布：墨西哥、中美、南美西海岸港口、加勒比海	Hapag-Lloyd
以星船务 ZIM	以星(ZIM)公司，60 种以上的周次服务，180 个停靠港口快速过闸，端对端多式服务，服务直达五大洲，提供全方位物流服务，在亚洲、美洲和欧洲拥有最先进的服务中心，地区性服务网络遍布全世界	航线分布：加勒比海、柬埔寨的金边、东南亚、以色列、西非 TINCAN、美东、加拿大、地东	ZIM
阳明船务 YANGMING	阳明海运总公司设立于中国台湾基隆市，并于台湾北部之台北市，中部之台中及南部之高雄设有分公司或办事处，同时阳明海运公司在世界各重要地区均设有代理行，提供强实有力的全球性海运服务	航线分布：西北欧、地中海、中东、印巴、意大利、美国线	YANG MING
伊朗国航 IRISL	伊朗国航是伊朗的国家航运公司，属于工会船，是中东最大的航运公司。基港是 DUBAI 和 BANDAR ABBAS	航线分布：伊朗、伊拉克、利比亚、阿尔及利亚	

附录3　世界主要港口

中日韩基本港

所属国 中文	港口 中文	港口 英文	港口代码	港口缩写
中国	张家港	ZHANGJIAGANG	CNZJG	ZJG
中国	秦皇岛	QINHUANGDAO	CNSHP(CNQHD)	SHP
中国	大连	DALIAN	CNDLC	DAL
中国	天津	TIANJIN	CNTSN	TJN
中国	烟台	YANTAI	CNYNT	YNT
中国	青岛	QINGDAO	CNTAO	QIN
中国	日照	RIZHAO	CNRZH	RIZ
中国	连云港	LIANYUNGANG	CNLYG	LYG
中国	上海	SHANGHAI	CNSHA	SHA
中国	宁波	NINGBO	CNNGB	NBO
中国	温州	WENZHOU	CNWNZ	WEN
中国	福州 马尾	FUZHOU MAWEI	CNMAW	MAW
中国	厦门	XIAMEN	CNXMN	XIA
中国	深圳 蛇口	SHENZHEN SHEKOU	CNSHK	SHE
中国	香港	HONG KONG	HKHKG	HKG
中国	三亚	SANYA	CNSYX	SYA
中国	基隆	KEELUNG	TWKL	KEE
中国	高雄	KAOHSTUNG	TWKHH	KAO
韩国	釜山	BUSAN(PUSAN)	KRPUS	BUS(PUS)
韩国	仁川	INCHON	KRICH	INC
日本	名古屋	NAGOYA	JPNAG	NAG
日本	东京	TOKYO	JPTYO	TOK
日本	横滨	YOKOHAMA	JPYOK	YOK
日本	大阪	OSAKA	JPOSA	OSK
日本	神户	KOBE	JPUKB	KOB
日本	门司	MOJI	JOMOJ	MOJ

东南亚基本港和常见港口

所属国 中文	港口 中文	港口 英文	港口代码	港口缩写
越南	海防	HAIPHONG	VNHPH	HPG
越南	胡志明市	HO CHI MINH CITY	VNSGN	SGN
柬埔寨	西哈努克市	SIHANOUKVILLE	KHSIH	
泰国	曼谷	BANGKOK	THBKK	BKK

续表

所属国 中文	港口 中文	港口 英文	港口代码	港口缩写
马来西亚	吉隆坡	KUALA LUMPUR	MAKLP	KUL
新加坡	新加坡	SINGAPORE	SGSIN	SIN
印尼	雅加达	JAKARTA	IDJKT	JAK
菲律宾	马尼拉	MANILA	PHMNL	MXA
缅甸	仰光	YANGON	MMRGN	RGN
孟加拉国	吉大港	CHITTAGONG	BDCGP	CTG
斯里兰卡	科伦坡	COLOMBO	LKCMB	COL
印度	加尔各答	CALCUTTA	INCCU	CCU
印度	孟买	BOMBAY	INBOM	BOM
巴基斯坦	卡拉奇	KARACHI	PKKHI	KAR
印尼	泗水	SURABAYA	IDSUB	SUR
巴林	巴林	BAHRAIN	BHBAH	BAH
文莱	穆阿拉港	MUARA HARBOUR	BNMUH	MUH
马来西亚	槟城	PENANG	MYPEN	PEN
马来西亚	巴生港	PORT KELANG	MYPKG	PKE
马来西亚	泗务	SIBU	MYSBW	SIB
菲律宾	宿务	CEBU	PHCEB	CEB
泰国	宋卡	SONGKHLA	THSRI	SON
印尼	巨港	PALEMBANG	IDPLM	PAL
印度	苏拉特	SURAT	INSTV	SUR
柬埔寨	金边	PHNOM PENH	KHPNH	PNH

欧美基本港

所属国 中文	港口 中文	港口 英文	港口代码	港口缩写
美国	波士顿	BOSTON,MA	USBOS	BSN
美国	纽约	NEW YORK,NY	USNYC	NYK
美国	巴尔的摩	BALTIMORE,MD	USBAL	BWI
美国	诺福克	NORFOLK,VA	USORF	ORF
美国	萨凡纳	SAVANNAH,GA	USSAV	XMX
美国	迈阿密	MIAMI	USMIA	MIA
美国	新奥尔良	NEW ORLEANS,LA	USMSY	NOL
美国	休斯敦	HOUSTON,TX	USHOU	HOU
美国	西雅图	SEATTLE,WA	USSEA	SEA
美国	奥克兰	OAKLAND	USOAK	OAK
美国	旧金山	SAN FRANCISCO	USSFO	SFO
美国	洛杉矶	LOS ANGELES	USLAX	LSA
美国	长滩	LONG BEACH	USLGB	LGB
美国	圣迭戈	SAN DIEGO	USSAN	SDI

续表

所属国 中文	港口 中文	港口 英文	港口代码	港口缩写
英国	费力克斯托	FELIXSTOWE	GBFXT	FEL
英国	南安普顿	SOUTHAMPTON	GBSSK	SOU
荷兰	阿姆斯特丹	AMSTERDAM	NLAMS	AMS
比利时	安特卫普	ANTWERP	BEANR	ANT
荷兰	鹿特丹	ROTTERDAM	NLRTM	ROT
德国	汉堡	HAMBURG	DEHAM	HAM
德国	不莱梅	BREMEN	DEBXB	BRE
法国	勒阿弗尔	LE HAVRE	FRLEH	OPH
加拿大	温哥华	VANCOUVER	CAVAN	VTM
加拿大	多伦多	TORONTO	CATOR	TOD
加拿大	蒙特利尔	MONTREAL	CAMTR	MTL

拉丁美洲基本港

所属国 中文	港口 中文	港口 英文	港口代码	港口缩写
墨西哥	曼萨尼约	MANZANILLO,MX	PAMAN	MAO
墨西哥	墨西哥城	MEXICO CITY	MXMEX	MEX
危地马拉	圣何塞	SAN JOSE	GTSNJ	SJO
古巴	哈瓦那	HAVANA	CUHAV	HAV
巴拿马	巴拿马城	PANAMA CITY	PAPTY	PAN
巴拿马	科隆自贸区	COLON FREE ZONE	PACOL	
巴西	贝伦	BELEM	BRBEL	BML
巴西	福塔雷萨	FORTALEZA	BRFOR	FOR
巴西	累西腓	RECIFE	BRREC	
巴西	萨尔瓦多	SALVADOR	BRSAL	SSA
巴西	里约热内卢	RIO DE JANEIRO	BRRDJ	RDJ
巴西	桑托/圣托斯	SANTOS	BRSTS	
巴西	里奥格兰德	RIO GRANDE	BRRGR	RIG
阿根廷	布宜诺斯艾利斯	BUENOS AIRES	ARENA	BNA
乌拉圭	蒙得维的亚	MONTEVIDEO	UYMON	MON
智利	圣地亚哥	SANTIAGO,CL	SANCL	
秘鲁	卡亚俄	CALLAO	PECAL	CLL(CAL)
秘鲁	利马	LIMA	PELIM	
哥伦比亚	布埃纳文图拉	BUENAVENTURA	COBUE	BUE
哥伦比亚	卡塔赫纳	CARTAGENA	COCTG	CAR
委内瑞拉	加拉加斯湾	CARACAS BAY	ANCSB	CSB
厄瓜多尔	基多	QUITO	ECUIO	
厄瓜多尔	瓜亚基尔	GUAYAQUIL	ECGYE	GYL
圭亚那	乔治敦	GEORGETOWN	GYGEO	GXT
苏里南	帕拉马里博	PARAMARIBO	GBPAR	PBM

非洲基本港

所属国 中文	港口 中文	港口 英文	港口代码	港口缩写
摩洛哥	卡萨布兰卡	CASABLANCA	MACAS	CAS
阿尔及利亚	阿尔及尔	ALGIERS	DZALG	UAY
阿尔及利亚	奥兰	ORAN	DZORN	ORG
利比亚	班加西	BENGHAZI	LYBEN	BEN
利比亚	的黎波里	TRIPOLI	LBTRI	TRI
突尼斯	突尼斯	TUNIS	TNTNS	TNS
安哥拉	罗安达	LUANDA	AOLUA	LAD
喀麦隆	杜阿拉	DOUALA	CMDUA	DUA
尼日利亚	拉各斯	LAGOS	NGLAG	LOS
尼日利亚	阿帕帕	APAPA	NGAPA	APA
贝宁	科托诺	COTONOU	BJCOO	COO
多哥	洛美	LOME	TGLOM	LOM
加纳	特马	TEMA	GHTEM	TEM
科特迪瓦	阿比让	ABIDJAN	CIABI	ABJ
冈比亚	班珠尔	BANJUL	GMBJL	BJL
南非	开普敦	CAPE TOWN	ZACPT	CPT
南非	德班	DURBAN	ZADUR	DUR
南非	约翰内斯堡	JOHANNESBURG	ZAJNB	
南非	伊丽莎白港	PORT ELIZABETH	ZAPLZ	PLZ
肯尼亚	蒙巴萨	MOMBASA	KEMBA	MBA
乌干达	坎帕拉	KAMPALA	UGKAM	
坦桑尼亚	达累斯萨拉姆	DAR ES SALAAM	TZDAR	DAR
莫桑比克	马普托	MAPUTO	MZMAP	MPM
马达加斯加	塔马塔夫	TOAMASINA	MGTMM	
毛里求斯	路易港	PORT LOUIS	MUPLU	PLO

地中海基本港

所属国 中文	港口 中文	港口 英文	港口代码	港口缩写
马耳他	马耳他	MALTA	MTMAL	MLX
希腊	比雷埃夫斯	PIRAEUS	GRPIR	PIR
土耳其	伊斯坦布尔	ISTANBUL	TRIST	IST
土耳其	伊兹密尔	IZMIR	TRIZM	IZM
土耳其	梅尔辛	MERSIN	TRMER	MER
埃及	塞得港	PORT SAID	EGPSA	PSA
埃及	亚历山大	ALEXANDRIA	EGALE	ESF
塞浦路斯	利马索尔	LIMASSOL	CYLIM	LIM
叙利亚	拉塔基亚	LATTAKIA	SYLAT	LAT

续表

所属国 中文	港口 中文	港口 英文	港口代码	港口缩写
黎巴嫩	贝鲁特	BEIRUT	LBBRT	BRT
以色列	海法	HAIFA	ILHFA	HFA
以色列	阿什杜德	ASHDOD	ILASD	ASD
葡萄牙	里斯本	LISBON	PTLIS	LIS
葡萄牙	雷克索斯	LEXIOES	PTLXS	
西班牙	巴塞罗那	BARCELONA	ESBAR	BAR
西班牙	瓦伦西亚	VALENCIA	ESVAL	VLC
法国	马赛	MARSEILLES	FRMRS	MRS
法国	福斯	FOS	FRFOS	OFF
意大利	热那亚	GENOVA	ITGOA	GOA
意大利	那不勒斯	NAPLES	ITNAP	NAP
意大利	拉斯佩齐亚	LA SPEZIA	ITSPE	
意大利	焦亚陶罗	GIOIA TAURO	ITGIT	GTO
突尼斯	突尼斯	TUNIS	TNTNS	TNS
土耳其	盖姆利克	GEMLIK	TRGEM	GEM
乌克兰	敖德萨	ODESSA	UAODE	ODE

中东基本港和其他

所属国 中文	港口 中文	港口 英文	港口代码	港口缩写
伊拉克	乌姆盖斯尔	UMM QASR	IQUMQ	UQR
伊拉克	巴士拉	BASRAH	IQBAS	BAS
科威特	科威特	KUWAIT	KWKUW	KUW
阿联酋	迪拜	DUBAI	AEDUB	DUB
阿联酋	阿布扎比	ABU DHABI	AEABD	AUH
沙特阿拉伯	达曼	DAMMAN	SADMM	DMN
卡塔尔	多哈	DOHA	QADOH	DOH
伊朗	阿巴斯	BANDAR ABBAS	IRBAB	BAB
埃及	苏伊士	SUEZ	EGSUE	SUE
约旦	亚喀巴	AQABA	JOAQA	APW
苏丹	苏丹港	PORT SUDAN	SDPSU	PSU
沙特阿拉伯	吉达	JEDDAH	SAJED	JED
吉布提	吉布提	DJIBOUTI	DJDJI	JIB
也门	荷台达	HODEIDAH	YEHOD	HOD
也门	亚丁	ADEN	YEADN	ADN
澳大利亚	布里斯班	BRISBANE	AUBRI	BNE
澳大利亚	悉尼	SYDNEY	AUSYD	SYD
澳大利亚	墨尔本	MELBOURNE	AUMEL	MEL
澳大利亚	弗里曼特尔	FREMANTLE	AUFRE	FRE
澳大利亚	阿德莱德	ADELAIDE	AUADE	TAT

续表

所属国 中文	港口 中文	港口 英文	港口代码	港口缩写
新西兰	奥克兰	AUCKLAND	NZAUC	AUC
新西兰	惠灵顿	WELLINGTON	NZWEL	WEL
俄罗斯	海参崴	VLADIVOSTOK	RUVLA	VLA
俄罗斯	东方港	VOSTOCHNY	RUVOS	VOS
俄罗斯	圣彼得堡	ST.PETERSBURG	RULED	

附录4　世界主要航空公司及代码

亚洲地区航空公司

国家/地区	中文名	英文名	二字代码/三字代码	数字码
中国	中国国际航空公司	Air China	CA	999
	中国南方航空公司	China Southern Airlines	CZ	784
	中国东方航空公司	China Eastern Airlines	MU	781
	厦门航空公司	Xiamen Airlines	MF	731
	上海航空公司	Shanghai Airlines	FM	774
	海南航空有限公司	Hainan Airlines	HU	880
	中国货运航空公司	China Cargo	FN	
	中国邮政航空公司	China Postal Airlines	FR	
	中国联合航空公司	China United Airlines	KN	
	中国奥凯航空公司	Okay Airways	BK	
	山东航空公司	Shandong Airlines	SC	
	深圳航空公司	Shenzhen Airlines	ZH	
	四川航空公司	Sichuan Airlines	3U	
	中国鹰联航空公司	United Eagle Airlines	EU	
中国澳门	澳门航空公司	Air Macau	NX	675
中国台湾	中华航空公司	China Airlines	CI	297
	台湾长荣航空公司	Eva Air	BR	695
	复兴航空公司	Trans-Asia Airways	GE	170
	远东航空运输公司	Far Eastern Air Transport	EF	265
	大华航空公司	Great China Airlines	IF	
	台湾华信航空公司	Mandarin Airlines	AE	
	立荣航空公司	UNI Air	B7	
中国香港	港龙航空公司	Dragon Air	KA	43
	国泰航空公司	Cathay Pacific Airways	CX	160
	香港航空货运公司	Air Hong Kong	LD	288
	中富航空公司	CR Airways	CR	
	港联航空公司	Hong Kong Express	M3	
阿富汗	阿里亚纳阿富汗航空公司	Ariana Afghan Airlines	FG	
阿拉伯联合酋长国	阿联酋航空公司	Emirates Airlines	EK	176
	半岛航空公司	Air Arabia	4J	
阿曼	阿曼航空公司	Oman Air	WY	910
阿塞拜疆	阿塞拜疆航空公司	Azalavia Azerbaijan Airlines	J2	771

续表

国家/地区	中文名	英文名	二字代码/三字代码	数字码
巴基斯坦	巴基斯坦国际航空公司	PIA Pakistan International Airlines	PK	214
	亚洲国际航空公司	Aero Asia International	E4	
巴林	海湾航空公司	Gulf Air	GF	72
朝鲜	朝鲜航空公司	Air Koryo	JS	120
鞑靼斯坦	鞑靼斯坦航空公司	Tatarstan Airlines		
菲律宾	菲律宾航空公司	PAL Philippine Airlines	PR	79
	阿博伊蒂兹航空运输公司	Aboitiz Air transport	BO	
菲律宾	菲律宾航空运输公司	Air Philippines	3G	
格鲁吉亚	奥比格鲁吉亚航空公司	Orbi Georian Airlines	NQ	819
	泰帆航空公司	Taifun	GIG	
哈萨克斯坦	哈萨克斯坦国际航空公司	Air Kazakhstan	K4	736
	阿斯塔纳航空公司	Air Astana	4L	
韩国	大韩航空公司	Korean Airlines	KE	180
	韩亚航空公司	Asiana Airlines	OZ	988
吉尔吉斯斯坦	吉尔吉斯斯坦航空公司	Kyrgyastan-EX	K2	
柬埔寨	柬埔寨王家航空公司	Royal Air Cambodge	VJ	
卡塔尔	卡塔尔航空公司	Qatar Airways	Q7	157
科威特	科威特航空公司	Kuwait Airways	KU	229
老挝	老挝航空公司	Lao Aviation	QV	627
黎巴嫩	中东航空公司	MEA Middle East Airlines	ME	76
	跨地中海航空公司	Trans-Mediterranean Airways	TL	270
马来西亚	马来西亚航空公司	Malaysia Airlines	MH	232
	亚洲航空公司	Airasia	AK	
	泛迈尔航空公司	Transmile Air Service	9P	
蒙古	蒙古航空公司	MIAT Mongolian Airlines	OM	289
孟加拉	孟加拉航空公司	BAMAN Bangladesh Airlines	BG	997
缅甸	缅甸航空公司	Myanmar Airways	UB	209
	缅甸巴干航空公司	Air Bagan	4S	
	缅甸联合航空公司	Union of Burma Airways		
尼泊尔	尼泊尔王家航空公司	Royal Nepal Airlines	RA	285
	尼泊尔航空公司	Nepal Airways	7E	
	尼昆航空公司	Necon Air	3Z	
日本	日本航空公司	Japan Airlines	JL	131
	全日本航空公司	ANA All Nippon Airways	NH	206
	日本航空系统公司	Japan Air System	JD	234
	日本亚洲航空公司	JAA Japan Asia Airways	EG	688
	肯尼亚国际航空公司	KEENAIR	5Q	
沙特阿拉伯	沙特阿拉伯航空公司	Saudi Arabian Airlines	SV	65

续表

国家/地区	中文名	英文名	二字代码/三字代码	数字码
斯里兰卡	斯里兰卡航空公司	Air Lanka	UL	603
苏丹	苏丹航空公司	Sudan Airways	SD	200
塔吉克斯坦	塔吉克斯坦航空公司	Tajikistan Airlines	W5	735
泰国	泰国国际航空公司	Thai Airways International	TG	217
	曼谷航空公司	Bangkok Airways	PG	829
	安达曼航空公司	Air Andaman	4H	
	泰国东方航空公司	Orient Thai Airlines	T0	
哈萨克斯坦	哈萨克航空公司	Khazar Airlines	KHR	
土库曼斯坦	土库曼斯坦航空公司	Turkmenistan Airlines	TS	
文莱	文莱皇家航空公司	Royal Brunei	BI	672
乌兹别克斯坦	乌兹别克斯坦航空公司	Uzbekistan Airways	HY	250
新加坡	新加坡航空公司	Singapore Airlines	SQ	618
	胜安航空公司	Silk Air	MI	629
亚美尼亚	亚美尼亚国际航空公司	Armenian International Airlines	R3	956
	亚美尼亚航空公司	Air Armenia	4K	
也门	也门航空公司	Yemen Airways	IY	635
伊拉克	伊拉克航空公司	Iraq Airways	LA	
伊朗	伊朗航空公司	Iran Air	IR	96
	伊朗航空公司旅游公司	Iran Air Tours	IRB	
	伊朗阿塞曼航空公司	Iran Asseman	Y7	
	基什航空公司	Kish Air	KN	
以色列	以色列航空公司	EL AL Israel Airlines	LY	115
	阿基亚以色列航空公司	Arkia Israel Airlines	IZ	
印度	印度航空公司	Air India	AI	98
	喷气机航空公司	Jet Airways	9W	508
	联盟航空公司	Alliance Airlines	CD	
	兴都杰货运航空服务公司	Hinduja Cargo Service	LH	
	印度国家航空公司	Indian Airlines	TC	
印度尼西亚	印度尼西亚鹰航空公司	Garuda Indonesia Airways	GA	126
	梅帕蒂航空公司	Merpati Nusantara Airlines	MZ	621
	亚当航空公司	Adam Skyconnection	1A	
	印尼捷运航空公司	Airfast Indonesia	AFE	
	印度尼西亚布拉克航空公司	Bouraq Indonesia Airlines	BO	
约旦	约旦王家航空公司	Royal Jordanian Airlines	RJ	512
越南	越南航空公司	Vietnam Airlines	VN	738
	越南太平洋航空公司	Pacific Airlines	T5	

非洲地区航空公司

国　家	中文名	英文名	二字代码/三字代码	数字码
埃及	埃及航空公司	Egyptair	MS	77
	开罗航空公司	Air Cairo	4Z	
	石油航空服务公司	Petroleum Air Services	PAS	
埃塞俄比亚	埃塞俄比亚航空公司	Ethiopian Airlines	ET	71
安哥拉	安哥拉航空公司	TAAG-Angola Airlines	DT	118
	安哥拉包机公司	AAC Angola Air Charter	C3	
	环非国际航空公司	Transafrik International		
贝宁	贝宁航空公司	Aero Benin	1M	
博茨瓦纳	博茨瓦纳航空公司	Air Botswana	BP	636
布基纳法索	布基纳法索航空公司	Air Burkina	VH	226
布隆迪	布隆迪航空公司	Air Burundi	PB	919
佛得角	佛得角航空公司	TACV Cabo Verde Airlines	VR	
瓜德罗普	瓜德罗普航空公司	Air Guadeloupe	TX	427
吉布提	达洛航空公司	Daallo Airlines	D3	
几内亚	几内亚航空公司	Air Guinee	GI	93
加蓬	加蓬航空公司	Air Gabon	GN	185
津巴布韦	津巴布韦航空公司	Air Zimbabwe	UM	168
	津巴布韦快运航空公司	Zimbabwe Express Airlines	Z7	
喀麦隆	喀麦隆航空公司	Cameroon Airlines	UY	604
科尔迪瓦	非洲航空公司	Air Afrique	RK	92
肯尼亚	肯尼亚航空公司	Kenya Airways	KQ	706
	肯尼亚航空运输公司	Airkenya Aviation	QP	
	非洲鹰国际航空公司	International African Eagle	Y4	
利比亚	利比亚阿拉伯航空公司	Libyan Arab Airlines	LN	
毛里求斯	毛里求斯航空公司	Air Mauritius	MK	239
摩洛哥	摩洛哥王家航空公司	RAM Royal Air Maroc	AT	147
莫桑比克	莫桑比克航空公司	LAM	TM	68
南非	南非航空公司	South African Airways	SA	83
	商用航空公司	Commercial Airways	CAW	
	南非支线航空公司	SA Airlink Airlines	A4Z	
	南非快运航空公司	SA Express Airways	YB	
	南非货运航空公司	Safair Freighters	FA	
尼日利亚	尼日利亚航空公司	Nigeia Airways	WT	87
	弗拉什航空公司	Flash Airlines	7K	
	卡博航空公司	Kabo Air	KO	
	梅纳航空公司	Maina Air	MNI	
苏丹	苏丹航空公司	Sudan Airways	SD	200

续表

国 家	中文名	英文名	二字代码/三字代码	数字码
坦桑尼亚	坦桑尼亚航空公司	Air Tanzania	TC	197
突尼斯	突尼斯航空公司	Tunisair	TU	199
	突尼斯尼韦尔航空公司	Nouvelair Tunisie	BJ	
乌干达	联盟航空公司	Alliance Airlines	3A	317
扎伊尔	扎伊尔航空公司	Air Zaire	QC	207
	扎伊尔快运公司	Zaire Express	EO	
	扎伊尔航空运输公司	Zairean Airlines	ZAR	

欧洲地区航空公司

国 家	中文名	英文名	二字代码/三字代码	数字码
爱尔兰	爱尔兰航空公司	Aer Lingus	EI	53
	瑞安航空公司	Ryanair	FR	224
	爱尔兰阿伦航空公司	Aer Arann	1I	
	爱尔兰通勒航空公司	Aer Lingus Commuter	EI	
	爱尔兰航空有限公司	Ireland Airways	EIX	
	泛空中航空公司	TransAer	T8	
爱沙尼亚	爱沙尼亚航空公司	Estonian Air	OV	960
	爱沙尼亚航空有限公司	EIK Airways	S8	
奥地利	奥地利航空公司	Austrian Airlines	OS	257
	维也纳劳达航空公司	Lauda Air	NG	
	蒂罗林航空公司	Tyrolean Airways	VO	
白俄罗斯	欧洲航空运输公司	EAT European Air Transport	QY	615
	白俄罗斯航空公司	Belair-Belarussian Airlines	BL	
	贝拉维亚白俄罗斯航空公司	Belavia-Belarussian Airlines	B2	
	德尔塔航空运输公司	DAT Delta Air Transport	DL	
保加利亚	巴尔干保加利亚航空公司	Balkan Bulgarian Airlines	LZ	196
北欧	北欧航空公司	SAS Scandinavian Airlines System	SK	117
	北欧通勤航空公司	SAS Commuter	SK	
北塞浦路斯	塞浦路斯土耳其航空公司	Kibris Turkish Airlines	YK	56
比利时	比利时航空公司	Sobelair	S3	
	比利时世界航空公司	SABENA	SN	82
	维珍快运公司	Virgin Express	BQ	
	维尔姆航空公司	VLM	VG	
冰岛	冰岛航空公司	Icelandair	FI	108
	亚特兰大冰岛航空公司	Air Atlanta Icelandic	CC	
波兰	波兰航空公司	LOT Polish Airlines	LO	80

续表

国　家	中文名	英文名	二字代码/三字代码	数字码
波斯尼亚和黑塞哥维那	波黑航空公司	Air Bosna	4V	
丹麦	马尔斯克航空公司	Maersk Air	DM	349
	辛伯航空公司	Cimber Air	QI	647
	格陵兰航空公司	Greenlandair	GL	
	首要航空公司	Premiair	DK	
	明星航空公司	Star Air	SRR	
	斯特灵欧洲航空公司	Sterlines European Airlines	NB	
德国	德国汉莎航空公司	Lufthansa	LH	20
	汉堡航空公司	Hamburg Airlines	HX	99
	劳埃德航空公司	Aero Lloyd	YP	633
	汉莎城市快运	Lufthansa Cityline	Q6	
	柏林航空公司	Air Berlin	AB	
俄罗斯	西伯利亚航空公司	Siberia Airlines	S7	421
	俄罗斯国际航空公司	Aeroflot Russian International Airlines	SU	555
	普尔科沃航空公司	Aviation Enterprise Pulkovo	Z8	
	多莫杰多沃航空公司	Domodedovo Airlines	HN	
	顿河航空公司	Donavia	D9	
法国	法国航空公司	Air France	AF	57
	滨海航空公司	Air Littoral	FU	659
	不列特航空公司	Brit Air	DB	750
	阿祖尔天鹰座航空公司	Aigle Azur	4C	
	欧洲跨地区航空公司	TAT	IJ	
芬兰	芬兰航空公司	Finnair	AY	105
荷兰	荷兰马丁航空公司	Martinair Halland	MP	129
	荷兰皇家航空公司	KLM Royal Dutch Airlines	KL	74
	荷兰包机航空公司	Air Holland Charter	GG	
	荷兰皇家城市短途航空公司	KLM CityHopper	KL	
	施莱纳航空公司	Schreiner Airways	AW	
	泛航航空公司	Transavia Airlines	HV	
捷克	俄斯特拉发航空公司	Air Ostrava	8K	
	捷克航空公司	Czech Airlines	CK	
克罗地亚	克罗地亚航空公司	Croatia Airlines	OU	831
拉脱维亚	波罗的海航空公司	Air Baltic	BT	
立陶宛	立陶宛航空公司	Lithuanian Airlines	TE	874
卢森堡	卢森堡航空公司	Luxair	LG	149
	卢森堡国际货运航空公司	Cargolux Airlines Intemational	CV	172

续表

国家	中文名	英文名	二字代码/三字代码	数字码
罗马尼亚	罗马尼亚航空公司	TAROM Transporturile Aeriene Romane	RO	281
	DAC 航空公司	DAC Air	GCP	
	罗马尼亚空运公司	Romavia Romanian Aviation Company	VQ	
马耳他	马耳他航空公司	Air Malta	KM	643
马其顿	马其顿航空公司	Palair Macedonian	3D	216
	马其顿进出口贸易航空公司	Avioimpex Makedonija Airways	M4	
挪威	布拉森斯南美和远东空运公司	Braathens South American & Far East Air Transport	BU	154
	维德勒航空公司	Wideroe	WF	701
	弗雷德奥尔森空运公司	Frrd Olsen"s Air Transport	FO	
葡萄牙	葡萄牙航空公司	TAP Air Portugal	TP	47
	葡萄牙航空运输公司	Portugalia Airlines	NI	685
	亚速尔航空公司	SATA Air Acores	SP	737
	葡萄牙空运公司	Portugalia	NI	
瑞典	泛瑞典航空公司	Transwede Airways	TQ	227
	瑞典航空公司	Air Sweden	PT	
	欧洲北方航空公司	Nordic European	N7	
	天空之路航空公司	Skyways	JZ	
	太阳之路航空公司	Sunways Airlines	SWY	
	泛瑞典休闲航空公司	Transwede Leisure	TQ	
瑞士	瑞士航空公司	Swissair	SR	85
	瑞士国际航空公司	SWISS	LX	724
	英基阿地纳航空公司	Air Engiadina	RQ	
	法纳航空运输公司	Famner Air Transport	FAT	
	瑞士环欧洲航空公司	TEA Switzerland	BH	
萨尔瓦多	塔卡国际航空公司	TACA International Airlines	TA	202
塞尔维亚	南斯拉夫航空运输公司	JAT Yugoslav Airlines	JU	115
塞浦路斯	塞浦路斯航空公司	Cyprus Airways	CY	48
斯洛伐克	亚德里亚航空公司	Adria Airways	JP	165
	塔特拉航空公司	Tatra Air	QS	904
乌克兰	乌克兰国际航空公司	Ukraine International Airlines	PS	566
	乌克兰航空公司	Air Ukraine	6U	891
	空中世界航空公司	Aerosvit Airlines	3N	
	安东诺夫航空公司	Antonov Airlines	BG	
	安东诺夫设计局	Antonov Design Bureau	ADB	
乌兹别克斯坦	乌兹别克斯坦航空公司	Uzbekistan Airways	HY	250

续表

国　家	中文名	英文名	二字代码/三字代码	数字码
西班牙	西班牙航空公司	Iberia Airlines	IB	75
	西班牙商业航空公司	Aviaco	AO	110
	斯潘航空公司	Spanair	JK	680
	西班牙欧洲航空公司	Air Europa Lineas Aereas	5S	
	维瓦航空公司	Viva Air	FV	
希腊	奥林匹克航空公司	Olympic Airways	OA	50
	奥林匹克航空公司	Olympic Aviation	7U	
	维纳斯航空公司	Venus Airlines	V4	
匈牙利	匈牙利航空公司	Malev	MA	182
意大利	意大利航空公司	Alitalia	AZ	55
	多洛米蒂航空公司	Air Dolomiti	EN	101
	一号航空公司	Air One	AP	312
	意大利欧洲航空公司	Air Europe Italy	PE	
	意航快运	Alitalia Express	AP	
	欧洲飞行航空公司	Eurofly	EEZ	
意大利	默里迪恩纳航空公司	Meridiana	IG	
英　国	英国航空公司	British Airways	BA	125
	联合王国航空公司	Air UK	UK	130
	英国中部航空公司	British Midland Airways	BD	236
	亨廷货运航空公司	Hunting Cargo Airlines	AG	912
	维珍航空公司	Virgin Atlantic Airways	VS	932

北美地区航空公司

国　家	中文名	英文名	二字代码/三字代码	数字码
加拿大	加拿大航空公司	Air Canada	AC	14
	加拿大国际航空公司	Canadian Airlines International	CP	18
	不列颠哥伦比亚航空公司	Air BC	ZX	742
	阿莱恩斯航空公司	Air Alliance	3J	
	加拿大大西洋航空公司	Air Atlantic	9A	
美国	美利坚航空公司	American Airlines	AA	1
	大陆航空公司	Continental Airlines	CO	5
	达美航空公司	Delta Air Lines	DL	6
	西北航空公司	Northwest Airlines	NW	12
	环球航空公司	TWA Trans World Airlines	TW	15
墨西哥	墨西哥国际航空公司	Mexicana	MX	132
	墨西哥航空公司	Aeromexico	AM	139
	大湖航空公司	Aeromar	VW	942

南美地区航空公司

国　家	中文名	英文名	二字代码/三字代码	数字码
	加利福尼亚航空公司	Aero California	JR	
	加勒比航空公司	Aerocaribe	QA	
	墨西哥空运公司	Aeroexo	SX	
	利托罗尔航空公司	Aerolitoral	5D	
	墨西哥联运航空公司	Aeromexpress	3F	
阿根廷	奥斯特拉尔航空公司	Austral Lineas Aereas	AU	
	阿根廷航空公司	Aerolineas Argentinas	AR	44
	阿根廷航空运输公司	LAPA	MJ	
巴拉圭	巴拉圭航空公司	LAPSA Air Paraguay	PZ	705
巴西	瓦力格航空公司	Varig	RG	42
	圣保罗航空公司	VASP	VP	343
	伊塔佩米林航空运输公司	ITA-Itapemirim	IT	
	诺德斯特航空公司	Nordeste	JH	
	里奥南部地区航空服务公司	Rio-Sul	SL	
	亚马逊航空公司	TABA	T2	
	巴西地区空运公司	TAM	KK	
	环巴西航空公司	Transbrasil	TR	
玻利维亚	玻利维亚劳埃德航空公司	LAB-Lioyd Aero Bolivia	LB	51
	玻利维亚苏尔航空公司	Aerosur	3M	
厄瓜多尔	厄瓜多尔航空公司	SAETA-Air Ecuador	EH	156
	国民航空服务公司	SAN	WB	739
	厄瓜多尔军运航空公司	TAME	EQ	
哥伦比亚	哥伦比亚国家航空公司	Aerovias Nacionales de Colombia	AV	134
	哥伦比亚中央航空公司	ACES Colombia	VX	
	共和国航空公司	Aero Republica	SP	
	苏克雷航空公司	Aerosucre	6N	
	艾尔斯哥伦比亚航空公司	Aires Colombia	4C	
	阿卡哥伦比亚航空公司	Arca Colombia	ZU	
	洲际航空公司	Intercontinental de Aviatcion	RS	
	环美洲航空公司	Lineas Aereas Suramericanas	LAU	
	哥伦比亚麦德林航空公司	SAM Colombia	MM	
	萨泰纳航空公司	SATENA	ZT	
哥伦比亚	坦帕航空公司	TAMPA	QT	
秘鲁	秘鲁航空公司	Aeroperu	PL	210
	大陆航空公司	Aero Continente	N6	
	秘鲁跨海空运公司	Aeronaves del Peru	XX	
	美洲航空公司	Americana de Aviation	8A	

续表

国家	中文名	英文名	二字代码/三字代码	数字码
	秘鲁福西特航空公司	Faucett Peru	CF	
委内瑞拉	委内瑞拉国际航空公司	Viasa Venezuelan International Airways	VA	164
	喷射航空公司	Aeroejecutivos	VE	
	卡拉博博航空服务公司	Aéroservicios Carabobo	R7	
	委内瑞拉航空公司	Aérovas Venezolanas	VE	
智利	智利国家航空公司	Lan-Chile	LA	45
	拉德科智利航空公司	Ladeco Chilean Airlines	UC	145

中非地区航空公司

国　家	中文名	英文名	二字代码/三字代码	数字码
安提瓜	背风群岛航空公司	LLAT	LI	140
	海绿航空运输公司	Seagreen Air Transport	ES	
巴拉圭	巴拉圭航空公司	LAPSA Air Paraguay	PZ	705
巴哈马	巴哈马航空公司	Bahamasair	UP	111
多米尼加共和国	多米尼加航空公司	Dominicana	DO	113
哥斯达黎加	哥斯达黎加航空公司	LACSA	LR	133
古巴	古巴统一航空公司	Cubana	CU	136
	古巴航空公司	Cubana de Aviacion	GW	
	古巴加勒比航空公司	Aero Caribbean	CRN	
瓜德罗普	瓜德罗普航空公司	Air Guadeloupe	TX	427
萨尔瓦多	塔卡国际航空公司	TACA International Airlines	TA	202
特立尼达和多巴哥	英国西印度国际航空公司	BWIA International Airways	BW	106
危地马拉	危地马拉航空公司	Aviateca	GU	240

参 考 文 献

[1] 赵加平. 国际货运及代理操作实务[M]. 北京：中国海关出版社，2011.

[2] 肖旭. 国际货运代理[M]. 北京：高等教育出版社，2012.

[3] 陈彩凤. 国际货运代理[M]. 北京：北京交通大学出版社，2010.

[4] 张莉娜. 国际货运代理实务[M]. 天津：天津大学出版社，2011.

[5] 李春富. 国际货运代理操作实务[M]. 北京：中国人民大学出版社，2011.

[6] 陶春柳. 国际货运代理实务[M]. 青岛：中国海洋大学出版社，2010.

[7] 中国国际货运代理协会. 国际货运运输代理概论[M]. 北京：中国商务出版社，2010.

[8] 中国国际货运代理协会. 国际海上货运代理理论与实务[M]. 北京：中国商务出版社，2010.

[9] 中国国际货运代理协会. 国际航空货运代理理论与实务[M]. 北京：中国商务出版社，2010.

[10] 中国国际货运代理协会. 国际陆运货运代理与多式联运理论与实务[M]. 北京：中国商务出版社，2010.

[11] 中国国际货运代理协会 http://www.cifa.org.cn.

[12] 锦程物流网 http://www.jctrans.com.

[13] 中远集运 http://www.coscon.com.

[14] 海运订舱网 http://www.sinotransbooking.com.

[15] 国际航空运输协会 http://www.iata.org.

北京大学出版社第六事业部高职高专物流管理系列教材目录

书 名	书 号	主 编	定 价
采购管理实务（第 2 版）	978-7-301-17917-8	李方峻	30.00
采购实务	978-7-301-19314-3	罗振华，等	33.00
采购与仓储管理实务	978-7-301-23053-4	耿　波	34.00
采购与供应管理实务	978-7-301-19968-8	熊　伟，等	36.00
采购作业与管理实务	978-7-301-22035-1	李陶然	30.00
仓储管理技术	978-7-301-17522-4	王　冬	26.00
仓储管理实务（第 2 版）	978-7-301-25328-1	李怀湘	35.00（估）
仓储配送技术与实务	978-7-301-22673-5	张建奇	38.00
仓储与配送管理（第 2 版）	978-7-301-24598-9	吉　亮	36.00
仓储与配送管理实务（第 2 版）	978-7-301-24597-2	李陶然	37.00
仓储与配送管理实训教程（第 2 版）	978-7-301-24283-4	杨叶勇，姚建凤	35.00（估）
仓储与配送管理项目式教程	978-7-301-20656-0	王　瑜	38.00
第三方物流综合运营（第 2 版）	即将出版	施学良	35.00（估）
电子商务物流基础与实训（第 2 版）	978-7-301-24034-2	邓之宏	33.00
供应链管理（第 2 版）	978-7-301-26290-0	李陶然	33.00
进出口商品通关	978-7-301-23079-4	王　巾，佘雪锋	25.00
企业物流管理	978-7-81117-804-3	傅莉萍	32.00
物流案例与实训（第 2 版）	978-7-301-24372-5	申纲领	35.00
物流成本管理	978-7-301-20880-9	傅莉萍，罗春华	28.00
物流经济地理	978-7-301-21963-8	葛颖波，等	29.00
物流商品养护技术	978-7-301-22771-8	李燕东	25.00
物流设施与设备	978-7-301-22823-4	傅莉萍，涂华斌	28.00
物流市场调研	978-7-81117-805-0	覃　逢，等	22.00
物流市场营销	978-7-301-21249-3	张　勤	36.00
物流信息技术与应用（第 2 版）	978-7-301-24080-9	谢金龙，等	34.00
物流信息系统	978-7-81117-827-2	傅莉萍	40.00
物流信息系统案例与实训	978-7-81117-830-2	傅莉萍	26.00
物流营销管理	978-7-81117-949-1	李小叶	36.00
物流运输管理（第 2 版）	978-7-301-24971-0	申纲领	35.00
物流运输实务（第 2 版）	978-7-301-26165-1	黄　河	38.00
物流专业英语	978-7-5655-0210-1	仲　颖，等	24.00
现代生产运作管理实务	978-7-301-17980-2	李陶然	39.00
现代物流概论	978-7-81117-803-6	傅莉萍	40.00
现代物流管理	978-7-301-17374-9	申纲领	30.00
现代物流概论	978-7-301-20922-6	钮立新	39.00
现代物流基础	978-7-301-23501-0	张建奇	32.00
物流基础理论与技能	978-7-301-25697-8	周晓利	33.00
新编仓储与配送实务	978-7-301-23594-2	傅莉萍	32.00
药品物流基础	978-7-301-22863-0	钟秀英	30.00

书　名	书　号	主　编	定　价
运输管理项目式教程（第2版）	978-7-301-24241-4	钮立新	32.00
运输组织与管理项目式教程	978-7-301-21946-1	苏玲利	26.00
运输管理实务	978-7-301-22824-1	黄友文	32.00
国际货运代理实务	978-7-301-21968-3	张建奇	38.00
生产型企业物流运营实务	978-7-301-24159-2	陈鸿雁	38.00
集装箱检验与维修	978-7-301-26006-7	林赞明，王学锋	38.00
国际货运代理项目教程	978-7-301-26331-0	夏伟华	32.00

如您需要更多教学资源如电子课件、电子样章、习题答案等，请登录北京大学出版社第六事业部官网 www.pup6.cn 搜索下载。

如您需要浏览更多专业教材，请扫下面的二维码，关注北京大学出版社第六事业部官方微信（微信号：pup6book），随时查询专业教材、浏览教材目录、内容简介等信息，并可在线申请纸质样书用于教学。

感谢您使用我们的教材，欢迎您随时与我们联系，我们将及时做好全方位的服务。联系方式：010-62750667，851085153@qq.com，pup_6@163.com，lihu80@163.com，欢迎来电来信。客户服务 QQ 号：851085153，欢迎随时咨询。